PRÁTICAS E POSSIBILIDADES COMUNICACIONAIS

DA GESTÃO ESTRATÉGICA À COMUNICAÇÃO 3.0

Editora Appris Ltda.
1.ª Edição - Copyright© 2025 dos autores
Direitos de Edição Reservados à Editora Appris Ltda.

Nenhuma parte desta obra poderá ser utilizada indevidamente, sem estar de acordo com a Lei nº 9.610/98. Se incorreções forem encontradas, serão de exclusiva responsabilidade de seus organizadores. Foi realizado o Depósito Legal na Fundação Biblioteca Nacional, de acordo com as Leis nos 10.994, de 14/12/2004, e 12.192, de 14/01/2010.

Catalogação na Fonte
Elaborado por: Dayanne Leal Souza
Bibliotecária CRB 9/2162

U311p 2025	Uhry, Ricardo Práticas e possibilidades comunicacionais: da gestão estratégica à comunicação 3.0 / Ricardo Uhry. – 1. ed. – Curitiba: Appris, 2025. 265 p. ; 23 cm. – (Coleção Ciências da Comunicação). Inclui referências. ISBN 978-65-250-7498-6 1. Práticas e habilidades. 2. Comunicação. 3. Gestão estratégica. 4. Comunicação 3.0. I. Uhry, Ricardo. II. Título. III. Série. CDD – 302.2

Livro de acordo com a normalização técnica da ABNT

Appris editora

Editora e Livraria Appris Ltda.
Av. Manoel Ribas, 2265 – Mercês
Curitiba/PR – CEP: 80810-002
Tel. (41) 3156-4731
www.editoraappris.com.br

Printed in Brazil
Impresso no Brasil

Ricardo Uhry

PRÁTICAS E POSSIBILIDADES COMUNICACIONAIS

DA GESTÃO ESTRATÉGICA À COMUNICAÇÃO 3.0

Appris editora

Curitiba, PR
2025

FICHA TÉCNICA

EDITORIAL	Augusto Coelho
	Sara C. de Andrade Coelho
COMITÊ EDITORIAL E CONSULTORIAS	Ana El Achkar (Universo/RJ)
	Andréa Barbosa Gouveia (UFPR)
	Antonio Evangelista de Souza Netto (PUC-SP)
	Belinda Cunha (UFPB)
	Délton Winter de Carvalho (FMP)
	Edson da Silva (UFVJM)
	Eliete Correia dos Santos (UEPB)
	Erineu Foerste (Ufes)
	Fabiano Santos (UERJ-IESP)
	Francinete Fernandes de Sousa (UEPB)
	Francisco Carlos Duarte (PUCPR)
	Francisco de Assis (Fiam-Faam-SP-Brasil)
	Gláucia Figueiredo (UNIPAMPA/ UDELAR)
	Jacques de Lima Ferreira (UNOESC)
	Jean Carlos Gonçalves (UFPR)
	José Wálter Nunes (UnB)
	Junia de Vilhena (PUC-RIO)
	Lucas Mesquita (UNILA)
	Márcia Gonçalves (Unitau)
	Maria Margarida de Andrade (Umack)
	Marilda A. Behrens (PUCPR)
	Marília Andrade Torales Campos (UFPR)
	Marli C. de Andrade
	Patrícia L. Torres (PUCPR)
	Paula Costa Mosca Macedo (UNIFESP)
	Ramon Blanco (UNILA)
	Roberta Ecleide Kelly (NEPE)
	Roque Ismael da Costa Güllich (UFFS)
	Sergio Gomes (UFRJ)
	Tiago Gagliano Pinto Alberto (PUCPR)
	Toni Reis (UP)
	Valdomiro de Oliveira (UFPR)
SUPERVISORA EDITORIAL	Renata C. Lopes
PRODUÇÃO EDITORIAL	Sabrina Costa
REVISÃO	Bruna Fernanda Martins
DIAGRAMAÇÃO	Bruno Ferreira Nascimento
CAPA	Carlos Pereira
REVISÃO DE PROVA	Jibril Keddeh

COMITÊ CIENTÍFICO DA COLEÇÃO CIÊNCIAS DA COMUNICAÇÃO

DIREÇÃO CIENTÍFICA	Francisco de Assis (Fiam-Faam-SP-Brasil)
CONSULTORES	Ana Carolina Rocha Pessôa Temer (UFG-GO-Brasil)
	Antonio Hohlfeldt (PUCRS-RS-Brasil)
	Carlos Alberto Messeder Pereira (UFRJ-RJ-Brasil)
	Cicilia M. Krohling Peruzzo (Umesp-SP-Brasil)
	Janine Marques Passini Lucht (ESPM-RS-Brasil)
	Jorge A. González (CEIICH-Unam-México)
	Jorge Kanehide Ijuim (Ufsc-SC-Brasil)
	José Marques de Melo (*In Memoriam*)
	Juçara Brittes (Ufop-MG-Brasil)
	Isabel Ferin Cunha (UC-Portugal)
	Márcio Fernandes (Unicentro-PR-Brasil)
	Maria Aparecida Baccega (ESPM-SP-Brasil)
	Maria Ataíde Malcher (UFPA-PA-Brasil)
	Maria Berenice Machado (UFRGS-RS-Brasil)
	Maria das Graças Targino (UFPI-PI-Brasil)
	Maria Elisabete Antonioli (ESPM-SP-Brasil)
	Marialva Carlos Barbosa (UFRJ-RJ-Brasil)
	Osvando J. de Morais (Unesp-SP-Brasil)
	Pierre Leroux (Iscea-UCO-França)
	Rosa Maria Dalla Costa (UFPR-PR-Brasil)
	Sandra Reimão (USP-SP-Brasil)
	Sérgio Mattos (UFRB-BA-Brasil)
	Thomas Tufte (RUC-Dinamarca)
	Zélia Leal Adghirni (UnB-DF-Brasil)

APRESENTAÇÃO

Um panorama crítico de quem se dedica à prática e ao estudo da Comunicação é o que Ricardo Uhry nos traz, em uma abordagem que perpassa aspectos de áreas correlatas, ao reunir conceitos técnicos e teóricos de comunicação, sociologia, administração e *marketing*. Com mais de 20 anos de atuação no âmbito da comunicação corporativa, deixa clara a sua percepção sobre as constantes mudanças do campo e os enormes desafios apresentados a gestores e profissionais de comunicação.

Pesquisador curioso, Uhry defende a ideia de que, em um momento em que tudo se torna cada vez mais digital e global, entender práticas que norteiam a comunicação eficiente e estratégica em instituições é crucial. É preciso estar atento às novas tecnologias que transformam as práticas comunicacionais nas organizações, pois o instrumental muda, os públicos se fragmentam e, assim, as expectativas por uma comunicação ágil e assertiva crescem exponencialmente.

A obra fornece uma visão das práticas de comunicação em organizações, da gestão estratégica à comunicação 3.0, com uma descrição de abordagens comunicacionais, desde as mais tradicionais, como a propaganda e as relações públicas, até inovações favorecidas pela tecnologia, e está organizada em partes: 1) *Práticas de comunicação na sociedade* – oferece uma visão geral de práticas tradicionais de comunicação, como jornalismo, publicidade e propaganda, *marketing* e relações públicas; 2) *Possibilidades de comunicação na sociedade* – enfatiza a comunicação organizacional, perspectivas comunicacionais contemporâneas e tendências de um novo paradigma impulsionado pelas tecnologias digitais, inteligência artificial e redes sociais.

O trabalho oferece uma abordagem didática e reflexiva que convida à compreensão desse campo do saber, além de trazer um apanhado das principais teorias e conceitos comunicacionais e de dialogar com outros campos, sendo, portanto, uma valiosa fonte de pesquisa para estudiosos de diversas áreas. É uma obra de interesse para os que defendem a transversalidade dos saberes e reconhecem a importância da integração entre diferentes campos do conhecimento para uma compreensão mais completa da realidade. Desejo a todos uma boa leitura.

Prof.ª Dr.ª Mônica C. Fort
Universidade Tuiuti do Paraná

PRÓLOGO

Com Práticas e possibilidades comunicacionais, *Ricardo Uhry cumpre o desafio de abrir possibilidades, oferecendo repertório para construção de soluções potencializadas pela comunicação. Vivemos em transições culturais, econômicas, políticas e tecnológicas com alto impacto na gestão, e a comunicação mostra-se cada dia mais estratégica como antecipação do futuro e diferenciação das organizações públicas e privadas.*

Dr. Carlos Alberto Araújo Netto

Philip Kotler talvez tenha sido o primeiro a identificar a mudança: o Marketing 3.0 mudou de foco: ia do produto para o consumidor, o que já era notável, mas deu um passo à frente, rumo ao ser humano. A receita para produtos, bens e serviços serem bem-sucedidos tornou-se não prejudicar o meio ambiente, nem a convivência. Mas como contribuir para aperfeiçoar as práticas do setor? E como alcançar isso e em que se basear?

É aí que entra *Práticas e possibilidades comunicacionais*, de Ricardo Uhry, notável pesquisador e bom escritor. Num estilo leve, sem perder a profundidade dos temas, numa linguagem técnica, mas acessível e adequada para acadêmicos e profissionais da comunicação e do marketing, Uhry examina estratégias para bom desenvolvimento da gestão da comunicação nas organizações, que inclui as práticas tradicionais, a gestão integrada, o digital e as novas possibilidades com visão prospectiva e especulativa de tendências da Comunicação 3.0.

Al Ries já pontificara a necessidade de fixar a marca na mente dos clientes e mudar o posicionamento. Como fazer isso, sem ferir a ética de procedimentos? A abordagem de Uhry vai além da mera promoção da marca, ao incluir mapeamento de questões sociais, ambientais, culturais, éticas e estéticas.

Conforta um professor recomendar mais um livro de seu ex-aluno, outrora autor promissor, hoje de prestígio consolidado, enveredando por novos campos do saber, sem perder o rumo, manifestando grande apreço por dizer as coisas com clareza. Uhry tem este dom: sabe escrever, e o faz com disciplina e bom entendimento do que lê e pesquisa.

Deonísio da Silva
Doutor em Letras pela USP, foi professor da Universidade Federal de São Carlos e Universidade Estácio de Sá. É colunista da BandNews e escritor.

PREFÁCIO

Com *Práticas e possibilidades comunicacionais*, Ricardo Uhry nos traz uma visão da sociedade contemporânea a partir das práticas comunicacionais e de sua gestão. Nem por isso se detém em um empirismo avesso à teoria, pelo contrário. Sua abordagem consiste em estabelecer várias tensões, em diferentes planos de realidade – público e comunicadores; sociedade e mercado; os diferentes campos profissionais da comunicação (jornalismo, marketing, publicidade/propaganda, comunicação organizacional) – sem, contudo, limitar-se a entregar visões parciais e fragmentadas desses segmentos, que é uma tendência muito atual, mas que deixa ao leitor a difícil tarefa de juntar as partes.

A opção adotada, ao contrário, é por uma visão integrada, de modo que as práticas comunicacionais vão se incorporando umas às outras, perfazendo um perfil comunicacional em correspondência com a sociedade contemporânea, de que surgem as transições entre os planos de realidade e as práticas profissionais. Procedimento que também se reflete no próprio modo que a obra está organizada, os capítulos vão se sucedendo como uma explicitação crescente da problemática inicial.

Tal projeto não poderia ser realizado sem passar por largas extensões do conhecimento, envolvendo uma diversidade de autores e disciplinas, os quais o autor reúne com grande erudição, graças ao exame de novas práticas comunicacionais, como aquelas proporcionadas pelas tecnologias digitais e a Internet, das quais o Marketing 3.0 e as novas modalidades de jornalismo constituem bons exemplos.

Contudo, é o propósito final que confere uma orientação clara ao projeto, pois a análise das práticas de comunicação na sociedade não resulta em um panorama amplo e disperso, ele visa à gestão estratégica da comunicação. Imediatamente se abre uma grande interlocução com a área de Administração, sem se limitar a uma relação com o mercado.

Os processos comunicacionais são vistos de forma ampla, envolvendo interfaces internas e externas às instituições. O que envolve questões como a de manter a coerência na comunicação, ligar as diversas interfaces organizacionais e com isso os desafios próprios à gestão (coordenação de esforços, economia de gastos, construção da marca etc.).

As características mais próprias da sociedade contemporânea resultam em um aumento da importância dos processos comunicacionais, que passam a ser um ponto-chave para as empresas – e não somente para elas. Nenhuma organização, ou, ainda, de maneira mais ampla, nenhuma instituição pode passar ao largo de uma certa compreensão da comunicação, já que se trata de sua inserção na sociedade, como também de suas relações internas.

As próprias práticas de gestão administrativa e de marketing ganham novas cores ao adotarem a dimensão relacional, ou seja, não apenas aquelas relacionadas à comunicação hierarquizadas ou centradas em um ponto de irradiação (radiofusão), como na visão clássica de comunicação de massas. Elas incluem contatos mais personalizados, em que os indivíduos (pessoas, empresas...) devem ser tratado em sua especificidade, suas necessidades, desejos, ambições... E – por que não? – em seus comportamentos estratégicos.

As novas práticas e estratégias dizem respeito a um novo ambiente comunicacional, o que é identificado como uma terceira fase das relações entre comunicação e sociedade. Daí emerge o conceito de *comunicação 3.0*, para marcar esse ambiente, em que prevalecem as redes, as ações mercadológicas referenciadas em responsabilidade socioambiental, os valores emocionais e espirituais. Elas incorporam uma visão do público como consumidores-cidadãos e a figura de comunicadores, os quais não estão mais restritos ao campo clássico dos profissionais da comunicação.

Tal "expansão" do âmbito da comunicação é analisada no famoso Esquema de Lasswell. Uhry sistematicamente amplia cada um dos segmentos ou partes do processo comunicacional, mas, sobretudo, propõe um mapeamento das práticas comunicacionais, deixando claro que o Mapa relacional busca uma visão crítica, aberta, e procura ir bem além de "função" e de "influência". Para isso toma como ponto de partida o mapa das mediações, de Martín-Barbero, que lhe permite organizar e introduzir novas dimensões: sociocultural, simbólico, política, economia, valores, imaginário, sensibilidade, recursos, fins... Como toda representação gráfica, o mapa conceitual permite visualizar um quadro das relações e constitui um útil instrumento para agilizar a gestão e a análise de estratégias de comunicação.

O próprio Uhry desdobra essas relações, discutindo cada uma dessas dimensões, suas análises objetivas vão direto ao ponto e estão apoiadas em uma bibliografia pertinente, que pode servir de guia de introdução para um vasto conjunto de problemas mais específicos. Um ponto a se destacar é a atenção dada à estratégia participativa, por se tratar de um modelo que questiona as hierarquias existentes, e com isso desloca o centro da abordagem estratégica clássica para levar em conta o ponto de vista dos grupos locais, que passam a ser efetivamente considerados nas políticas de desenvolvimento de projetos (alocação de recursos, sugestões de mudanças).

A partir dessa base teórica, apresentada no capítulo inicial, o livro se aprofunda em campos específicos das práticas comunicativas, tanto novas como mais antigas: comunicação editorial, jornalística, radiofônica e televisiva (capítulo 2), comunicação digital (capítulo 3), comunicação publicitária/propaganda (capítulo 4). Essas análises seguem um padrão, ao mesmo tempo que colocam em movimento o programa de comunicação integrada.

Apoiam-se em uma relevante seleção de dados e teorias da comunicação, que trazem um bom apanhado do estado atual do sistema comunicativo e das questões norteadoras que estruturam os debates em torno das práticas comunicativas. Os efeitos da chegada das tecnologias digitais, como não poderia deixar de ser, marcam profundos impactos no sistema comunicacional. A apresentação histórica permite retraçar as várias etapas da constituição do ambiente digital, que se constitui rapidamente em poucas décadas.

As muitas inovações e a necessidade de acompanhar a forma do novo sistema mediático emergente estão ligadas à necessidade de estabelecer diálogos dinâmicos dos veículos de comunicação com seus públicos. As tecnologias interativas formaram outra compreensão dos atores sociais. Dos consumidores aos cidadãos, mas passando por todos os campos sociais (cultura, trabalho, educação...), indivíduos e organizações viram expandir as possibilidades de ação. Os planos de comunicação e as ações estratégicas, que aí ganham sua expressão mais instrumental, também tiveram que acompanhar esse movimento e se adaptar a um público que ganha novas potencialidades dentro do processo comunicacional.

As oscilações entre posições negativas e otimistas, tão em voga nos primeiros momentos da revolução digital, devem dar lugar ao realismo das novas condições trazidas pelo novo ambiente comunicacional, independentemente dos valores que possamos lhes atribuir. Daí surge o interesse em conhecer suas reais potencialidades e não desconectar as práticas das teorias. O livro segue à risca esse preceito, caminha nessas duas searas, como dão prova esses capítulos.

A segunda parte do livro levará mais adiante a exploração do ambiente digital, estando consagrada a reflexões sobre suas possibilidades no contexto trazido pela pandemia e um ambiente comunicacional marcado pelas plataformas digitais e a desinformação. O jornalismo, por exemplo, desdobra-se em vários sentidos (mobile, de dados, adaptativo, sustentável...), mostrando sua capacidade de articular com as novas tecnologias e explorar as possibilidades que elas propiciam.

Em suma, o livro traça um bom panorama das práticas comunicacionais e as teorias correspondentes. Sua preocupação em fornecer uma visão integrada proporciona unidade de concepção e um método de abordagem dos diferentes âmbitos do campo comunicacional. Um ponto relevante para aqueles que precisam lidar com os problemas que envolvem ações de comunicação estratégica.

De outra parte, além de fornecer bibliografia de qualidade e equilibrada, no tocante às fontes nacionais e estrangeiras, ele conta com alguns dispositivos que se mostram muito úteis para a consulta e a leitura, como as sinopses que pontuam o início dos capítulos e as "questões para reflexão" ao final deles, que permitem ao leitor rapidamente revisar os principais pontos tratados. Esse conjunto de características confere uma particularidade a este livro, que pode preencher um segmento pouco explorado da demanda de profissionais e acadêmicos.

Prof. Dr. Luiz C. Martino
Universidade de Brasília

SUMÁRIO

INTRODUÇÃO 17

PARTE I
PRÁTICAS DE COMUNICAÇÃO NA SOCIEDADE

1
DA GESTÃO ESTRATÉGICA À COMUNICAÇÃO 3.0 23
1.1 ESTRATÉGIA DE COMUNICAÇÃO... 26
1.2 AVALIAÇÃO DA COMUNICAÇÃO 32
1.3 ESTRATÉGIA RELACIONAL 42
    1.3.1 Estratégia relacional e o mapeamento comunicacional 42
    1.3.2 Estratégia participativa 57
1.4 UMA TENDÊNCIA FUTURA, A COMUNICAÇÃO 3.0? 61

2
COMUNICAÇÃO EDITORIAL,
JORNALÍSTICA, RADIOFÔNICA E TELEVISIVA........................... 67
2.1 COMUNICAÇÃO EDITORIAL E JORNALÍSTICA 67
    2.1.1 Comunicação editorial – o livro 68
    2.1.2 Comunicação jornalística – as notícias.....................................71
2.2 COMUNICAÇÃO RADIOFÔNICA E TELEVISIVA 74

3
COMUNICAÇÃO DIGITAL 89
3.1 COMUNICAÇÃO DIGITAL: CONCEITOS E OBJETIVOS 89
3.2 PROCESSO, MODELOS E TEORIA 93
3.3 OPORTUNIDADES E PESQUISAS DA COMUNICAÇÃO DIGITAL 96
3.4 CRÍTICAS, RELEVÂNCIA E TENDÊNCIAS.................................... 102

4
COMUNICAÇÃO PUBLICITÁRIA: PROPAGANDA..........................113
4.1 CONCEITO E OBJETIVOS DA PROPAGANDA 113
4.2 TEORIAS E FORMAS DA PROPAGANDA 117
4.3 PROCESSO DE COMUNICAÇÃO PUBLICITÁRIA.............................119
4.4 PROPAGANDA: CRÍTICAS, RELEVÂNCIA E TENDÊNCIAS................... 120

5
COMUNICAÇÃO VOLTADA À VENDA 127
5.1 PROMOÇÃO DE VENDAS 128
5.2 MARKETING DIRETO OU VENDA DIRETA 138
5.3 VENDA PESSOAL.. 145
5.4 MARKETING DE RELACIONAMENTO 156

6
COMUNICAÇÃO COM OS PÚBLICOS: RELAÇÕES PÚBLICAS 165
6.1 CONCEITOS E OBJETIVOS DE RELAÇÕES PÚBLICAS....................... 165
6.2 TEORIAS E FORMAS DE RELAÇÕES PÚBLICAS.............................. 167
6.3 PROCESSO DE RELAÇÕES PÚBLICAS 172
6.4 RELAÇÕES PÚBLICAS: CRÍTICAS, RELEVÂNCIA E TENDÊNCIAS 174
6.5 RELAÇÕES PÚBLICAS DE MARKETING 177

PARTE II
POSSIBILIDADES DE COMUNICAÇÃO NA SOCIEDADE

7
COMUNICAÇÃO ORGANIZACIONAL 187
7.1 COMUNICAÇÃO ORGANIZACIONAL 187
   7.1.1 Comunicação organizacional integrada 189
   7.1.2 Conceituação de comunicação organizacional.......................... 192
   7.1.3 Aspectos teóricos, contexto, estrutura, processo e pesquisas 194
      7.1.3.1 Aspectos teóricos... 194
      7.1.3.2 Contexto – ambientes interno e externo: 196
      7.1.3.3 Estrutura – padrões de interdependência organizacional: 198
      7.1.3.4 Processo: comportamento comunicativo em organizações: 199
      7.1.3.5 Pesquisas: 201

8
POSSIBILIDADES E PERSPECTIVAS COMUNICACIONAIS..............207
   8.1 POSSIBILIDADES COMUNICACIONAIS: REINVENÇÃO DIGITAL?............207
      8.1.1 Jornalismo móbile..210
      8.1.2 Jornalismo de dados..210
      8.1.3 Jornalismo de grande formato (*longform journalism*)....................210
      8.1.4 Jornalismo de laboratório..211
      8.1.5 Jornalismo adaptativo..211
      8.1.6 Jornalismo sustentável...211
      8.1.7 Datificação e as plataformas...212
      8.1.8 Jornalismo de alta tecnologia (hi-tech, robo-journalism)................213
      8.1.9 Jornalismo híbrido humano-algoritmo......................................214
      8.1.10 Inteligência Artificial (IA) na comunicação?...........................216
   8.2 POLÍTICAS REGULATÓRIAS..217
   8.3 HIPERMEDIAÇÕES: A COMUNICAÇÃO DIGITAL INTERATIVA..............220
   8.4 POSSIBILIDADES COMUNICACIONAIS...221

CONSIDERAÇÕES, SÍNTESES REFLEXIVAS,
MAIS POSSIBILIDADES E PERSPECTIVAS...................................225

REFERÊNCIAS..237

INTRODUÇÃO

Ninguém é o único autor de uma obra, que pertence também ao espaço, ao tempo e ao lugar em que foi concebida e tem como coautores aqueles que participam da história de vida do autor, dentre os quais destaco Greimas, Landowski, Habermas, Martino, Caetano, Lopes, Kunsch e Kotler – alguns dos mestres inspiradores – e, principalmente, você, o principal motivo para escrever. (R. Uhry)

Assumi a ousadia de dedicar-me a expor sobre a comunicação na sociedade. Um primeiro estudo focou as competências básicas da comunicação interpessoal (Uhry, 2010). As pesquisas continuaram e ganharam fôlego, tanto que, com relação ao livro produzido, os pareceristas sugeriram que separasse os achados em duas partes. Acolhi a sugestão e, na segunda obra publicada, apresenta-se uma visão panorâmica (Uhry, 2024).

Ao dedicar-me ao presente terceiro livro dessa trilogia da comunicação, vieram-me à mente as palavras de Geertz (2008, p. 4): "se você quer compreender o que é ciência, você deve olhar, em primeiro lugar, não para as suas teorias ou as suas descobertas", nem "para o que seus apologistas dizem sobre ela: você deve ver o que os praticantes da ciência fazem", ou seja, examinar as práticas da comunicação, o que também está relacionado com a gestão e as formas possíveis de atuar comunicativamente.

Assim se apresenta um panorama crítico sobre a gestão estratégica das relações comunicativas, as práticas gerenciais institucionalizadas para viabilizar a comunicação contemporânea e, ao mesmo tempo, as possibilidades comunicacionais a partir de abordagem exploratória e prospectiva de tendências futuras, o que dá continuidade a pesquisas, percepções, constatações e teorização de "relações comunicativas: uma visão panorâmica" (Uhry, 2024).

Busca-se manter sua atenção nas relações comunicacionais, focando as práticas e possibilidades comunicacionais que, em uma sociedade, se estabelecem, especialmente a interface da comunicação, da administração, sociologia e de outras disciplinas. Abranger as interrelações entre disciplinas pode permitir melhor situar a comunicação nas organizações e na sociedade, ampliando a concepção gerencial comunicacional para além de meros resultados, promoção, publicidade etc. de forma a incluir questões sociais, culturais e éticas, considerando não só os interesses comerciais, mas também os impactos ambientais e sociais das práticas comunicacionais.

Em Uhry (2024) foi mais bem desenvolvida a teorização em que se propôs o Mapa das relações comunicacionais (Uhry, 2021), o Mapa relacional, obra em que se refletiu sobre público, atuação social, os meios de comunicação, enfocou-se a perspectiva dos comunicadores e públicos, focou-se a integração e a gestão estratégica da comunicação integrada e examinou-se, a um tempo, as visões social e mercadológica e demais questões envolvidas, de forma crítica, e, além de ir através, buscou-se ir adiante, no sentido de considerar e propor alternativas com relação às questões levantadas, ou seja, transcender, ao que se dá continuidade na presente obra.

Uma primeira aplicação do Mapa relacional foi a tese em que se analisou o discurso noticioso a partir das práticas premiadas internacionalmente e examinou-se a questão da revitalização jornalística a partir da perspectiva das relações comunicativas (Uhry, 2023). O Mapa relacional pode ser considerado inovador ao permitir integrar formas comunicacionais e considerar aspectos sociais, culturais, mercadológicos, simbólicos e tecnológicos que podem permitir aos gestores da comunicação visualizarem, analisarem e planejarem suas estratégias comunicacionais de forma integrada e sistemática.

O objetivo da presente pesquisa formalizada em livro é delinear as possibilidades de gestão das relações comunicacionais com a sociedade por meio de uma abordagem transdisciplinar, buscando-se os seguintes objetivos específicos: (a) expor sobre a integração da comunicação e a estratégia de comunicação; (b) expor como se dá a gestão estratégica da comunicação; (c) expor sobre a avaliação das estratégias de comunicação; (d) expor sobre o Mapa relacional, as estratégias relacional e participativa; (e) expor sobre a comunicação radiofônica, televisiva, editorial e jornalística; (f) expor sobre a comunicação digital; (g) expor sobre a estratégia de comunicação publicitária: propaganda; (h) expor sobre a estratégia de comunicação voltada à venda: promoção de vendas, marketing direto, venda pessoal e marketing de relacionamento; (i) expor sobre as estratégias de comunicação com os públicos: relações públicas; (j) expor sobre comunicação organizacional, que trata da comunicação nas e das organizações para a sociedade; (k) referir-se a outros aspectos e possibilidades comunicacionais; (l) averiguar sinteticamente sobre as práticas e possibilidades comunicacionais relacionadas com a gestão da comunicação na sociedade, registrando considerações, sintetizando, sistematizando reflexões e fazendo proposições; (m) propor um conjunto de questões com as quais é possível refletir sobre os aspectos levantados, incentivando uma apropriação crítica, para o que também se apresenta, no final, bibliografia que permite aprofundamento, sugerindo-se prosseguir nos estudos.

Assim a obra abrange tanto as práticas tradicionais de gestão estratégica da comunicação integrada quanto enfoca a natureza disruptiva do comunicacional digital e organizacional, outras possibilidades e estratégias relacional, participativa e colaborativa que sinalizam um possível momento em que possa emergir a Comunicação 3.0. Para o que precisamos ainda proceder estudos de casos e analisar exemplos práticos de organizações que implementem tais práticas e possibilidades, para o qual fica convidado.

Tendo o envolvido, sou muito grato a você, leitor(a), por me acompanhar na exposição reflexiva e espero que o incentive a estudos de aplicação.

Se a obra anterior, *Relações comunicativas* (Uhry, 2024), foi mais teórica, reflexiva e propositiva, *Práticas e possibilidades comunicacionais* aprofunda as formas institucionalizadas da gestão da comunicação integrada na sociedade. Espero que você aprecie as obras frutos das pesquisas, constatações e reflexões e, principalmente, se envolva ao buscar a aplicação das práticas e possibilidades comunicacionais!

O sentido desta obra é o que lhe atribui Hannah Arendt: "expressão de talento no qual pomos a alma". Gratidão por me acompanhar no relato das investigações comunicacionais que, espero, encontrem *insights* que o instiguem a continuar ou aprofundar as pesquisas, fazer mais aplicações, estudos de caso, constatações. Continuemos as reflexões sobre quais podem ser as práticas, possibilidades e aplicações mais relacionadas ao futuro comunicacional que construiremos em conjunto.

Curitiba (PR), inverno de 2024.

PARTE I

PRÁTICAS DE COMUNICAÇÃO NA SOCIEDADE

Na primeira parte apresentam-se as práticas de gestão da comunicação na sociedade, que podem ser as mais consolidadas: no Capítulo 1 está a Gestão estratégica da comunicação, que se refere a um plano estratégico de comunicação e os conceitos de eficácia e a efetividade, relacionados à avaliação, o ponto alto da gestão integrada da comunicação. As questões para reflexão são: o que é integração? Como é a gestão da comunicação comercial? Como acontece a administração integrada da comunicação, que envolve como o mercado gere a comunicação e a concepção de um plano estratégico de comunicação integrada. Também há o mapeamento comunicacional e as estratégias relacional e participativa. A seguir apresentam-se a Comunicação radiofônica, televisiva, jornalística e editorial (Capítulo 2). No Capítulo 3 examina-se a comunicação digital: oportunidades, pesquisas e lança-se um olhar crítico sobre a questão da desinformação. O que é seguido das diversas estratégias comunicacionais: comunicação publicitária, Propaganda (Capítulo 4), as estratégias voltadas à venda: promoção de vendas, marketing direto, venda pessoal e marketing de relacionamento (Capítulo 5) e a comunicação com os públicos: relações públicas (Capítulo 6).

1

DA GESTÃO ESTRATÉGICA À COMUNICAÇÃO 3.0

> *Instrumentos musicais como o saxofone, o trompete ou o piano soam maravilhosamente, quando tocados solo. Mas o efeito pode ser ainda melhor quando vários instrumentos são cuidadosamente mesclados em um conjunto. (Shimp, 2002)*

SINOPSE: A partir da ideia da comunicação integrada chega-se à gestão estratégica da comunicação: 1.1 estratégia de comunicação; 1.2 avaliação da comunicação integrada, destacando-se a eficácia e a efetividade – o fazer as coisas certas: as empresas assumindo sua responsabilidade social e ambiental; 1.3 Estratégias relacional e participativa e a possibilidade do mapeamento comunicacional, a que se faz referência, chegando a 1.4 uma tendência futura, a Comunicação 3.0.

Apresenta-se inicialmente a mais conhecida prática de gestão da comunicação, a visão da administração, a partir da estratégia organizacional. A partir da concepção de comunicação integrada, chega-se à gestão estratégica da comunicação, que se constitui um processo que envolve a possibilidade de integração e coordenação das diferentes estratégias de atuação comunicacional na sociedade, que são organizadas como formas persuasivos de comunicação: propaganda e as mais relacionadas às vendas: marketing direto, venda pessoal, promoção de vendas e marketing de relacionamento, além de relações públicas, comunicação digital, comunicação organizacional e outras estratégias e possibilidades.

O conceito de integração tem proximidade com o conceito transdisciplinar, no sentido de que, a partir das partes, buscar-se olhar para o todo, e do todo pelas partes, e busca-se ir além da atuação por meio de formas de comunicação isoladas. O pressuposto é o de que atuar de forma isolada ao se comunicar constitui um fator limitador, pois propicia uma abordagem parcial. Assim comunicação estratégica pode ser considerada a qual envolve a comunicação com o mercado e vai além, ao abranger as partes interessadas (*stakeholders*), considerar a sociedade como um todo e todos os relacionamentos possíveis.

O escopo da comunicação estratégica integrada vai de uma interlocução com o encarregado da limpeza, da recepção, até o relatório anual, envolve a fala do presidente, o vestuário dos funcionários, abrange o *design* dos prédios, o *layout* dos ambientes, a expressão dos atendentes, a propaganda veiculada nos meios de comunicação, os documentos impressos com o timbre da empresa, o *site* e quaisquer formas que permitem estabelecer relacionamentos com clientes e demais partes interessadas. Tudo o que é comunicado por um indivíduo, que age em nome de uma empresa ou organização, para seus diferentes públicos, constitui um discurso e pode (ou não) fazer parte de uma estratégia deliberada de comunicação. A organização comunica e cada uma das partes transmite o que é o todo empresarial.

Tal constatação sugere que não basta adotar ações isoladas, uma única forma de comunicação de forma isolada, impulsiva, baseada em experimentalismos, sem que haja integração das ações e um propósito estratégico e planejamento. Em tal concepção todos os elementos relacionados com comunicação devem ser integrados de forma pertinente, coerentemente ligados com a estratégia da empresa, partindo-se da análise e diagnóstico ambiental e sendo formalizados em um plano que integra todas as formas de comunicação.

De forma semelhante a Schultz, Tannenbaum e Lauterborn (1994), Ogden (2002, p. xi) enfatiza que os profissionais de comunicação devem se certificar de que as comunicações que chegam aos consumidores sejam integradas: cada pessoa ligada à empresa e cada produto e serviço prestado deve passar a mesma informação, manter coerência para que "todas as formas de comunicação ao consumidor, todos os departamentos e meios forneçam a mesma mensagem".

Já para Ogden e Crescitelli (2008), a aplicação do conceito de comunicação integrada está fundamentada em (i) tema central, "elementos que agregam e integram a mensagem às diferentes maneiras" que o comunicacional é praticado; (ii) formas de comunicação, o que "envolve pelo menos duas, ou mais, tanto as massificada: propaganda, publicidade, patrocínio, relações públicas e outras, quando as segmentadas: promoção, merchandising, marketing direto, venda pessoal e outras"; (iii) públicos-alvo, que são os "diferentes públicos, não só o consumidor e outros públicos de interesse que podem afetar o processo de comercialização" (Ogden; Crescitelli, 2008, p. 16-20).

Yeshin (2005, p. 289-290) destaca benefícios da comunicação integrada: melhor mensurabilidade de resposta, consistência da entrega da mensagem, maior interação dos envolvidos, melhor utilização dos meios de comunicação e maior controle da verba e salienta a abordagem holística no desenvolvimento das ações de comunicação "no centro da integração", em lugar de se desenvolver cada uma das formas de comunicação separadamente. O que seria o conhecimento das partes pelo todo e do todo pelas partes.

Belch e Belch (2008, p. 11-15) salientam o aumento da importância da comunicação integrada: as empresas podem coordenar seus esforços de comunicação, "evitar a duplicação, aproveitar as sinergias" das formas comunicacionais, desenvolver planos "mais eficazes e efetivos", maximizar "o retorno de seu investimento em marketing e promoção" e contribuir para o "desenvolvimento e manutenção da identidade e valor da marca".

No entanto, existem aspectos que dificultam a implementação da integração das estratégias de comunicação. Schultz, Tannenbaum e Lauterborn (1994) mostram que a integração precisa superar barreiras como: 1) resistência à integração da comunicação, uma tendência a manter as coisas do jeito que sempre se fez; 2) a estrutura da organização torna-se um impedimento para a integração porque o comunicacional não é considerado prioridade; 3) os especialistas tentam manter separados os programas de comunicações (Schultz; Tannenbaum; Lauterborn, 1994, p. 172-181).

As propostas de solução para as questões levantadas, na visão de Schultz, Tannenbaum e Lauterborn (1994), passam por atribuir poderes (*empowerment*) a uma pessoa que assuma a coordenação da comunicação e oriente o foco para clientes, não para produtos, revise as funções especializadas voltadas a produtos, direcionando-as a clientes. Assim são os seguintes os requisitos para integrar as estratégias de comunicação: (a) a integração deve ter total apoio da cúpula (*board*); (b) o marketing deve ser focalizado no consumidor; (c) a comunicação deve permitir estreitar relacionamento com clientes; (d) a comunicação deve ser centralizada, permitindo que exista uma visão ampla do comunicacional (Schultz; Tannenbaum; Lauterborn, 1994, p. 181-197).

Na visão de Kitchen e Tourky (2022, p. 69-87), somente as comunicações integradas são uma boa modalidade para consolidar a imagem e o significado da marca em mensagens unificadas, o que exige um compromisso e uma interação estratégica e financeira para maximizar totalmente as potencialidades da integração da comunicação (Kitchen; Tourky, 2022).

Nopal e Sofyan (2023) pesquisaram a estratégia de comunicação integrada executada por "Marrs.id", uma das micro, pequenas e médias empresas de Kuningan Regency (Indonésia): os resultados indicam que a "Marrs.id" utiliza uma estratégia de comunicação integrada de várias formas: publicidade na imprensa escrita, digital, internet, marketing direto no comércio eletrônico, comunicação digital – internet nas redes sociais como o Instagram, TikTok, promoção de vendas através da oferta de descontos e amostras de produtos, realização de ações sociais, venda pessoal através da participação em eventos e exposições, promovendo seus produtos o mais amplamente possível, embora registrem que "há estratégias que não foram maximizadas" (Nopal; Sofyan, 2023).

Também Sharma, Mahajan e Kapse (2024) pesquisaram 845 gerentes ou proprietários de pequenas e médias empresas da Índia: os resultados mostram correlação entre a comunicação integrada e o desempenho aprimorado das empresas: as pequenas e médias empresas podem melhorar os planos de desempenho ao incorporar a orientação para o mercado e a comunicação integrada, especialmente as empresas do setor de serviços, que se beneficiariam muito da abordagem gerencial integrada (Sharma; Mahajan; Kapse, 2024).

Em síntese, propõe-se uma visão mais abrangente da comunicação, que englobe a perspectiva de todas as formas comunicacionais e possibilidades de atuação, o que pode ser relacionado à integração das estratégias de comunicação.

Na concepção aqui exposta, a coordenação do processo é da administração, a partir do planejamento estratégico, e o viés que se assume é o do marketing como uma das funções e a comunicação integra todas as estratégias de atuação e relacionamentos com as partes. A seguir será mais bem explicitado o plano estratégico de comunicação.

1.1 ESTRATÉGIA DE COMUNICAÇÃO

Assim, partindo do conceito de integração, chegamos à comunicação estratégica integrada, que é como uma orquestra em que vários instrumentos tocam harmoniosamente. Quanto à questão de integrar e harmonizar o discurso da empresa, destacou-se que é necessário desenvolver a comunicação dentro de uma visão estratégica, o que, para Holloway e Hancock (1973), exige promover uma análise da oferta, do mercado, dos sistemas econômicos, sociais, tecnológicos, legais e das forças ambientais envolvidas.

É semelhante ao que Hax e Majluf (1991, p. 17-18) propõem para a gestão estratégica, que se constitui de uma sequência de interações, em que se faz a definição de qual é: (i) a visão da empresa, missão, segmentação de negócios, integração vertical e horizontal, filosofia corporativa, infraestrutura gerencial, cultura corporativa e gerência de pessoas chaves; (ii) a postura estratégica e linhas mestras do planejamento: orientações estratégicas, desafios futuros de negócios e funcionais, e objetivos corporativos; (iii) a missão do negócio: escopo de negócios, meios de competição e identificação de segmentos mercado-produto; (iv) a formulação da estratégia de negócios e amplos programas de ação; (v) a formulação da estratégia funcional: participação do planejamento de negócios, proposta de estratégia de negócios com considerações ou não da concorrência, amplos programas de ação; (vi) a consolidação do negócio e das estratégias funcionais, gerencial, e designação nas prioridades de alocação de recursos; (vii) a definição e avaliação de programas de ação específicos em nível de negócios e (viii) funcional; (ix) a alocação de recursos e definição de medidas de desempenho para controle gerencial; (x) a orçamentação em nível de negócios e (xi) funcional; (xii) a consolidação orçamentária e aprovação dos fundos estratégicos e operacionais.

Do que se destaca que existem definições nos seguintes níveis: (a) estratégias corporativas, (b) objetivos corporativos, (c) estratégia de negócios e (d) estratégia funcional, em que nos interessa a de marketing, uma das funções. A criação de um plano estratégico de comunicação parte da gestão estratégica para, a seguir, no nível funcional, definir o plano de atuação mercadológica. De forma semelhante, Certo e Peter (1993, cap. 1-6 e 11), Kotler (1998, cap. 3), Brochand *et al.* (1999, cap. 2) e Wright, Kroll e Parnel (2000, cap. 1-10) sugerem como se realizam os processos de formulação estratégica, que envolvem:

1) Análise e diagnóstico da situação: ambiente externo (macroambiente e setorial) e ambiente interno (recursos, definição da missão e visão), resultando em um diagnóstico da situação atual: mercado, produto/serviço, concorrência, macroambiente, ameaças/oportunidades, forças/fraquezas.

2) **Estabelecimento de objetivos estratégicos**: volumes de vendas, participação no mercado e resultado esperado.

3) **Escolha das opções estratégica da função de marketing**: a partir da análise do mercado-foco e do comportamento do consumidor, definem-se como serão atingidos os objetivos, fontes de mercado e posicionamento.

4) **Criação do plano tático de ação**, que envolve a formulação e avaliação do *mix* de marketing, fixando-se as ações prioritárias, a orçamentação e delineando um plano de ação para atingir os resultados esperados.

5) **Definição do processo de controle** para avaliar o atingimento dos objetivos.

Assim um plano estratégico de comunicação parte de um plano de marketing elaborado a partir da estratégia empresarial e envolve em síntese[1] o seguinte:

1) Defina missão e visão, que estão a seguir explicitados:

Missão – formaliza-se uma declaração: fazer o quê? Qual o objetivo que se deseja atingir? Qual é o negócio? Quem é o cliente? Onde atuar? Em que setor em que está inserida? Local? Como atuar? Qual o principal desafio a enfrentar, o diferencial competitivo? Com que finalidade? Que grupos de interesse atingir?

Na concepção do Marketing 3.0 ainda é necessário oferecer uma missão de transformação, criar histórias atrativas e com abordagem inovadora que comova as pessoas e envolver os consumidores em sua concretização (*empowerment*) (Kotler; Kartajaya; Setiawan, 2010, p. 73-74).

Visão – com base na declaração de missão, redige-se a declaração da definição do que a empresa quer alcançar no futuro: o que a empresa faz, qual seu rumo, de forma a mobiliar sentimentos e emoções, atender necessidades e expectativas, definir o que se pretende atingir, representar algo pelo que valha a pena lutar, que dê significado ao trabalho das pessoas e seja simples. Pressupõe valores, que podem ser explicitados.

No Marketing 3.0, a visão ainda "deve envolver o conceito de sustentabilidade" (Kotler; Kartajaya; Setiawan, 2010, p. 131).

2) **Realize análise e diagnóstico da situação**: mercado, produto/serviço, concorrência, macroambiente, ameaças/oportunidades, forças/fraquezas. Reflita: quais são as vantagens ou desvantagens competitivas?

---

[1] Como a presente obra não é um manual, as **demais** tarefas a seguir referidas são explicitados com base nas fontes referidas.

3) Estabeleça objetivos estratégicos.

4) A partir da análise do mercado-foco e do comportamento do consumidor, escolha as opções de marketing, definindo como serão atingidos os objetivos.

5) Crie o plano tático de ação, que envolve a formulação e avaliação do mix de marketing, fixando as ações prioritárias, a orçamentação e delineando um plano de ação para atingir os resultados esperados.

6) Defina como avaliar o atingimento dos objetivos.

Criado o plano de marketing, o próximo passo é o desenvolvimento do plano estratégico de comunicação integrada, que envolve um processo de elaboração semelhante ao anterior. No entanto, Brochand *et al.* (1999, p. 38) alertam que uma boa estratégia de marketing "não se traduz automaticamente numa comunicação bem-sucedida, mas ajuda muito". Kotler (1998, cap. 20), Brochand *et al.* (1999, cap. 2) e Shimp (2002, partes I e II) sugerem que, em síntese, o plano estratégico de comunicação integrada exige que: (i) formalize missão e visão da comunicação; (ii) realize análise situacional da comunicação; (iii) defina a tática da comunicação: orçamento, público foco, posicionamento, estratégia criativa e seleção da estratégia de mídia; e (iv) fixe como será a avaliação de cada uma das formas de comunicação.

Assim foram sugeridos elementos a constar na parte inicial de um plano. Na sequência há ainda que se elaborar mais planos a partir dos quais se busca a integração da comunicação, o que se dá por meio da formalização de uma série de planos específicos com relação a: propaganda, relações públicas, comunicação digital, vendas: marketing direto e venda pessoal, promoção de vendas, marketing de relacionamento, outras formas e possibilidades de comunicação, e ainda inclui a mensuração da eficácia e efetividade da comunicação e um possível mapeamento comunicacional além das estratégias relacional e participativa.

Como se vê, os planos de comunicação e marketing partem da estratégia empresarial e por isso podem ser denominados comunicação estratégica integrada. É o que pode ser relacionado com uma concepção transdisciplinar, no sentido de se olhar várias possibilidades de maneira mais estruturada. Em tal ótica, ao se conceber o plano, é preciso ter o cuidado de não desenvolver práticas isoladas, e, ao mesmo tempo, também evitar conceber ideias abstratas deslocadas da realidade.

Sugere-se adotar tais cuidados, de se evitar adotar estratégias isoladas que possam ser vistas como nuvens esparsas e de evitar experimentalismos empíricos. No entanto, nem sempre o que se formaliza é o que vai acontecer. Os planos são apenas possibilidades e devem ser concebidos com flexibilidade de forma a se prever planos B, C, D, o que sugere a necessidade de estar sempre monitorando o ambiente para replanejar diante de mudanças de cenários.

No entanto, a integração da comunicação não é algo tão simples que se resuma a formalização de planos e mais planos de cada uma das estratégias de comunicação. Há que se ter em mente que, além de uma boa partitura, é preciso afinação entre os músicos, um maestro presente e atento para que os instrumentos toquem de maneira afinada e harmônica, e é necessário muito ensaio, além de que, às vezes, pode ser necessário criatividade, *insights* e até mesmo improviso diante de uma nova situação que surja.

E no plano de comunicação integrada, que vai embasar a gestão estratégica da comunicação integrada, é necessário também retomar, analisar, refletir, considerar e registrar: 1) quem faz comunicação: quem são os comunicadores e seus gestores; 2) o quê: as formas de atuação comunicativa na sociedade; 3) por quê: definir com clareza quais objetivos que se pretende alcançar; 4) como: quais os meios específicos para atingir cada um dos objetivos traçados; 5) a quem: quais são os públicos que se quer atingir com cada uma das ações de comunicação que se planeja desenvolver.

Também seria importante uma reflexão analítica a partir do Mapa das relações comunicacionais proposto em Uhry (2024): 1) Perspectiva social – o que, com meu plano de comunicação, proponho em termos de relações comunicacionais com a sociedade e por quê? Quais são os valores que embasam a atuação? 2) Perspectiva mercadológica – Como irei realizar? Que recursos econômicos mobilizo? 3) Perspectiva dos comunicadores – quem são os comunicadores que darão forma às relações comunicacionais e quem são seus gestores? Quais são os fins das ações e as normas que embasam tal atuação comunicacional? 4) Perspectiva dos públicos – a quem? Quem são os públicos? Quais os meios tecnológicos e inovações que poderei lançar mão ao atuar comunicativamente em sociedade? E quais os cuidados que tenho de tomar para que as práticas comunicativas não venham a se revelar ações isoladas, ou que se caracterizem como individualismo, nem sejam associadas com aspectos como consumismo, negativismo, sensacionalismo e outras questões problemáticas? E como me assegurar que as formas de acompanhamento e mensuração são as apropriadas?

Por exemplo, em Uhry (2023) foi realizada uma análise da indústria noticiosa no contexto das relações comunicacionais e o Mapa relacional foi o instrumento que contribuiu com a análise.

Questões para reflexão

a. Defina integração da comunicação.
b. Qual deve ser o ponto de partida de um plano estratégico de comunicação?
c. Quais os cuidados ao se criar um plano de comunicação integrada?
d. Qual o fundamento para integrar a comunicação sob uma visão estratégica?
e. Quais os principais elementos a constar na estratégia empresarial? E no plano de marketing? E no plano de comunicação?
f. Em que consiste um plano estratégico de comunicação integrada?
g. A formalização de planos por si só garante a integração da comunicação?
h. Que aspectos relacionados com a Visão geral e o Mapa das relações comunicacionais podem ser incluídos no planejamento e na gestão da comunicação integrada?
i. Elabore um plano de comunicação integrada de uma organização ou empresa.
j. Que cuidados se deve ter ao planejar e gerir a comunicação integrada?

1.2 AVALIAÇÃO DA COMUNICAÇÃO

> *O primeiro passo na medição das respostas dos consumidores às comunicações integradas de marketing é simples: [...] embutir nas ações de comunicações instrumentos de resposta e projetar programas de comunicações que provoquem uma resposta mensurável do consumidor.* (Schultz; Tannenbaum; Lauterborn, 1994, p. 135)

Há questões que foram sugeridas: a formulação de um plano estratégico de comunicação integrada é suficiente para gerir a comunicação? Que mais deve ser considerado no acompanhamento e na mensuração e avaliação de um plano? Ao se delinear um plano de integração das estratégias de comunicação, há que registrar formas de avaliação. Começa-se apresentando os conceitos de eficácia, eficiência e efetividade, mostram-se possibilidades de mensuração e reflete-se sobre o que seria realmente eficaz na ação dos meios de comunicação, ou seja, o que poderia chegar até o subconsciente.

A mensuração e a avaliação são imprescindíveis à administração da comunicação e marketing, devendo ser especificadas no plano e estando relacionadas com a gestão propriamente dita. Ao apresentar as dimensões do administrar, Drucker (1974, p. 45-46; 1962) refere-se a três conceitos:

- Efetividade *(effectiness)*: fazer as coisas certas, o que está relacionado a valores;
- Eficiência *(efficiency)*: fazer coisas certo, otimizar o uso dos recursos, referindo-se aos custos, o que está relacionado aos instrumentos;
- Eficácia *(effective)*: "espera-se que [...] faça que as coisas sejam feitas. [...] Conduz seus esforços para resultados" (Drucker, 1977, p. 9-31), o que está relacionado ao atingimento dos objetivos.

De forma complementar, Fischer e Tavares (2005) definem gestão como "um ato relacional que se estabelece entre pessoas, em espaços e tempos relativamente desenvolvidos, objetivando realizações e expressando interesses de indivíduos, grupos", o que envolve dilemas entre: "efetividade – valores" x "eficácia – estratégias + eficiência – instrumentos", porque envolve "gerir por instrumentos estrategicamente orientados por valores socialmente sustentáveis". Note que a essência do Marketing 3.0 apresentado por Kotler, Kartajaya e Setiawan (2010) são os valores e que o conceito se aproxima de "efetividade" que Drucker (1962) propôs na década de 60.

Assim, com relação à avaliação das estratégias de comunicação, há que se ter em mente que não basta mensurar a eficácia, ou seja, que se façam as coisas que devem ser feitas para se atingir resultados – os objetivos das formas de comunicação, o acompanhamento, a avaliação e correção dos planos traçados, a realização dos testes de ações de comunicação específicas. Além disso, é necessário mensurar a efetividade das ações de comunicação, o valor agregado à comunidade no que vai adiante da eficácia e a eficiência, que está relacionada ao emprego otimizado dos recursos para se atingir os objetivos.

De tal forma, ao se planejar a integração das formas de comunicação, os objetivos, metas, estratégias, orçamento, táticas e planos de ação devem ser registrados no plano junto com as formas de avaliação. Quanto à eficácia, as reflexões que se colocam são as seguintes: (i) Estão sendo atingidos os objetivos do plano de integração das estratégias de comunicação? Se não tiverem sido alcançados, por que não? (ii) O plano de integração das estratégias de comunicação, com relação a cada uma das formas de atuação, está sendo seguido? (iii) As metas vêm sendo atingidas? (vi) O plano está sendo eficaz? Se não, por quê? Quais aspectos não têm correspondido? (v) Como o público foco reage às ações de comunicação? Quais ações corretivas têm sido tomadas? (vi) Os critérios de mensuração estão correspondendo aos objetivos traçados? Critérios como os a seguir indicados: volume de vendas; conhecimento da marca (*brand awareness*); compreensão da mensagem; mudanças de atitude em relação ao produto; percepção da marca/empresa/serviço; intenções de compra, entre outros.

Ao levantar dados quantitativos e qualitativos para montagem de plano, estabelecimento de metas e formas de avaliação, pode-se utilizar dados de domínio público, como órgãos de pesquisa públicos como IBGE, e/ou contratar pesquisas personalizadas de fornecedores privados (Ipsos, Marplan, Gallup, Kantar Ibope Media, Snel e outros), de universidades, centros de pesquisa privados e públicos.

Também há empresas realizando pesquisas com métodos de rastreamento mental, referidos como neuromarketing, e que analisam e consideram "neurônios-espelho" e "marcadores somáticos"[2], mensagens subliminares, a relação de compras com rituais, superstição, fé, religião

---

[2] Neurônios espelho: quando assistimos alguém fazendo algo, nosso cérebro reage como se nós mesmos estivéssemos realizando aquela atividade (Lindstrom, 2009, p. 56). Marcadores somáticos são atalhos cognitivos que estão por trás da maioria de nossas decisões de compra (Lindstrom, 2009, p. 117).

e sexo e o uso dos sentidos (olfato, audição) na publicidade e em outras formas de comunicação, como mostra Lindstrom (2009).

Diante de tantas formas de levantamento de dados e possibilidades de avaliação, a questão principal parece ser a colocada por Schultz, Tannenbaum e Lauterborn (1994, p. 118): "o que realmente conseguimos por todo o tempo, trabalho e dinheiro que investimos?". Os autores abordam a questão de como medir a integração das estratégias de comunicação, de tal forma a chegar "o mais próximo possível do real comportamento de compra" (Schultz; Tannenbaum; Lauterborn, 1994, p. 122), o que sintetizam na figura explicativa a seguir:

Figura 1 – Medição da comunicação

Transações – Transações parciais – Filiações – Atitudes – Rede
Fonte: Schultz, Tannenbaum e Lauterborn (1994, p. 123)

Na visão dos autores, o processo de avaliação inicia-se pelo (a) *comportamento de compra*, buscando-se identificar quem são os clientes que estão efetuando as transações, ou ainda não ocorreu a compra, mas existe o (b) *interesse ou compromisso*. Se isso não puder ser medido, passa-se ao (c) *relacionamento com a marca*, que inclui o tipo de relação: antigo, novo usuário, afiliação. A próxima ação será focando as (d) *atitudes*, buscando-se compreendê-las para "explicar alguns de seus comportamentos" e também o porquê de não ter acontecido a atitude esperada. A última etapa de avaliação busca compreender as (e) *"redes de marcas e de categorias"* que foram desenvolvidas pelo cliente e que "tenham relação com a marca comercializada" (Schultz; Tannenbaum; Lauterborn, 1994, p. 123-124).

Schultz, Tannenbaum e Lauterborn (1994) também se referem a "o comportamento mensurável" a partir de "atitudes, opiniões e relacionamentos mentais", de bancos de dados criados para avaliar e de um processo circular em que atitudes influenciam comportamentos, que afetam atitudes: "Se uma pessoa tem boa experiência com uma marca, a experiência ou reforça a rede positiva ou induz o consumidor a mudar a rede e as atitudes anteriores", o que sugere que "conceitos de medição deveriam estar embutidos no processo de planejamento". Assim, ao "desenvolver um plano de comunicação, definiríamos o contato da marca que devia ter sido feito". Por exemplo, se por meio de "marketing direto, uma compra real poderia ser o comportamento mensurável". Se um evento, o "comparecimento seria o resultado". Se um "anúncio de televisão, o objetivo poderia ser uma mudança nas atitudes" com relação à marca. Ou seja, "o objetivo comportamental é fixado antecipadamente" e "o sistema de medição" será previsto para tal (adaptado de Schultz; Tannenbaum; Lauterborn, 1994, p. 124-125). Sob tal concepção, o plano de cada uma das formas de comunicação integrada deve prever, de maneira clara, a forma de avaliação.

Quanto a isso, há certo questionamento (Ogden, 2002, p. 121) sobre se realmente vale a pena mensurar, por não se sabe exatamente o que testar. Apesar disso, o próprio Ogden (2002) destaca razões para avaliar: pode levar a tomada de decisão mais segura, uma vez que se dispõe de maiores informações, e há "aumento do valor e da produtividade da campanha de integração das estratégias de comunicação" e se mostra se está no caminho certo, ou se é necessário promover ajustes, prevenir erros, aumentar a "eficácia das estratégias e táticas" (Ogden, 2002, p. 120), além de que também serve para justificar o investimento feito.

A avaliação é relevante, mesmo porque, se não se mensura, fica muito empírico, sem saber se realmente as formas de comunicação estão atingindo os objetivos. Para saber se a ação é eficaz, às vezes é preciso desenvolver testes. Assim, além da preocupação em avaliar os objetivos da integração das estratégias de comunicação como um todo, podem ser usados métodos para medir a eficácia da estratégia de comunicação, ou mesmo de uma ação específica, de uma campanha.

Para Ogden (2002, p. 121-129), o plano de integração das estratégias de comunicação deve incluir as formas de mensuração da eficácia, o que envolve avaliação e testes dos planos traçados, considerando-se: quais são os objetivos de avaliação no plano de integração das formas de comunicação? Uma possibilidade é comparar os resultados de uma campanha com os seus objetivos pré-definidos: definem-se os testes a serem realizados para avaliar a eficácia da campanha. Os testes envolvem os objetivos, as táticas e as metodologias adequadas para o que será realizado, podendo-se incluir um fluxograma. O objetivo dos testes de avaliação é comparar as metas de uma ação de comunicação com os resultados que estão sendo alcançados.

Kotler, Kartajaya e Setiawan (2017) apresentam um sistema avaliativo que usa influências dos próprios profissionais do marketing, "dos outros e externas" para conduzir os clientes por um processo em cinco etapas que quer que o consumidor internalize o que está entre parênteses: 1) assimilação ("eu sei"), 2) atração ("eu gosto), 3) arguição ("estou convencido"), 4) ação ("eu compro"), até 5) apologia ("eu recomendo"), que consiste em criar relações comerciais que desencadeiam práticas de compra, recompra, defesa (demonstrando compromisso) e recomendação da marca (denotando afinidade), com "métricas de produtividade" com coeficientes de ação de compra e de defesa da marca que permitem medir a eficácia das atividades comunicacionais (Kotler; Kartajaya; Setiawan, 2017, p. 77-112). Assimilação e atração estão mais relacionadas à publicidade, arguição ao site e à central de atendimento, ação a vendas e apologia ao pós-vendas.

Por outro lado, um especialista em construção de marcas traz uma reflexão crítica sobre a confiabilidade das pesquisas e testes realizados usualmente e as formas tradicionais de avaliação. As percepções de Lindstrom (2009) foram objeto de estudos de neuromarketing, um dos quais envolveu 2081 voluntários dos Estados Unidos, Inglaterra, Alemanha, Japão e China e buscava revelar "as verdades ocultas por trás do modo como as mensagens de *branding* e marketing funcionam" no cérebro, ou seja, "como o nosso eu mais verdadeiro reage a estímulo em um nível mais profundo que o pensamento consciente e como a mente inconsciente controla o nosso comportamento", que geralmente é o contrário do que pensamos ou externamos em uma pesquisa ou um teste (Lindstrom, 2009, p. 19).

As pesquisas relatadas por Lindstrom utilizaram tecnologias de rastreamento cerebral – imagem por ressonância magnética funcional (IRMf) – para rastrear com exatidão o que os voluntários pesquisados estavam percebendo diante da exposição a formas de comunicação, que áreas cerebrais estavam sendo afetadas, o que era comparado com as respostas prévias aos testes. Assim chega-se a percepções de áreas cerebrais que espelham algo do inconsciente, o que pode ser confrontado com percepções conscientemente externadas. O neuromarketing torna-se uma chave para entender a lógica do consumo, tendo-se acesso, por meio do rastreamento mental, a "os pensamentos, sentimentos e desejos subconscientes que impulsionam as decisões de compra" (Lindstrom, 2009, p. 13).

As conclusões de Lindstrom (2009, p. 167-176) são de que "a maior parte das estratégias de marketing, publicidade e *branding* são um jogo de adivinhação" e o que é bem-sucedido pode ser considerado "pura sorte", pois "90% do nosso comportamento de consumo é inconsciente". Relata que as empresas começam a usar técnicas de rastreamento mental para testar e avaliar antes de lançar produtos e marcas. Entre os exemplos está o perfume *J'adore*, lançado pela Christian Dior; e a influência dos preços pagos por vinhos: "quanto mais alto o preço de um produto, maior o prazer que sentimos", entre outros. E expõe e analisa também casos de fracasso de ações de comunicação.

O neuromarketing poderá ajudar a "prever direções e tendências" de compras e é algo que pode ser útil: "quanto mais as empresas souberem a respeito de nossas necessidades e desejos subconscientes, mais produtos úteis e significativos elas introduzirão no mercado". O desafio é "fornecer produtos pelos quais nos apaixonemos" (Lindstrom, 2009, p. 14). Além disso, Lindstrom (2009, p. 124-143) também se refere ao *branding* sensorial, a nova forma cativar pelos sentidos, com uso de fragrâncias e músicas, o que os gestores e produtores da comunicação também devem conhecer, podem incluir em seus planos e criar formas de avaliar.

Por outro lado, ao apresentar as possibilidades de medição e controle de comprometimento do consumidor, Schultz, Tannenbaum e Lauterborn (1994, p. 158-171) referem-se às formas de medir as compras do consumidor por meio de medidas diretas, ou de compras indiretas, mesmo através de canais complexos e que preveem respostas para clientes ativos e potenciais, programas transacionais digitais para aprimorar os relacionamentos de forma que "cada contato deve ser um instrumento de comunicação". Para isso, preveem a utilização de bancos de dados e mensuração dos contatos, prevendo-se análise dos dados e das respostas dos consumidores, criando se um sistema de "comunicações de mão dupla", de forma a receber a informação "que determinará o tipo de abordagem e a maneira de abordar o consumidor".

Do que se evidencia que, além de permitir a avaliação, comunicação é um fator determinante na construção e consolidação da interatividade com consumidores, "para construir relacionamentos com clientes em lugar de meramente estar envolvido em transações" (Schultz; Tannenbaum; Lauterborn, 1994, p. 43). Tal constatação sugere o caminho para o marketing de relacionamento, pois em essência a comunicação é um diálogo e, quando atinge a efetividade, todas as partes ganham. Para McKenna (1993, p. 121), comunicar-se com os clientes compreende tanto ouvir quando falar.

    Belch e Belch (2008, p. 222-223) igualmente se referem ao "desafio da mensuração" de cada uma das seguintes formas de comunicação e atribuem um valor de 1 a 5 para a mensurabilidade do retorno do investimento: (i) *propaganda*, depende do meio: televisão (4,5): gera efeitos mais sutis e graduais que mostram grande variabilidade; impresso (4,5): o *"timing* e a precisão dos dados são determinantes para a mensuração", podendo ser as publicações mensais, semanais ou direcionadas; rádio (3): "dados disponíveis não são tão fortes"; mídia exterior (2): "dados disponíveis são limitados"; (ii) *relações públicas* (4): há empresas especializadas em mensuração da qualidade das práticas de relações públicas e que podem medir o número de impressões causadas de uma marca. O problema é que muitos anunciantes não compram esses dados de mensuração; (iii) *comunicação digital* (5): Internet é muito influente para compras de bens de alto valor, como carros, e muito mensurável a partir de mecanismos de busca e anúncios digitais; (iv) *marketing direto* (5): mala direta e telemarketing são mais mensuráveis; (v) *promoção de vendas* (5): ofertas como cupons e descontos geram respostas dos consumidores e volume de dados. Do que se destacam Internet, marketing direto e promoção de vendas.

    Yanaze e Markus (2016) abordam a avaliação na prática empresarial e sugerem a adequação dos *"outputs"* por meio dos seguintes objetivos da comunicação mensuráveis e "quantificados sempre que possível" e com "definição precisa e entendimento claro": despertar consciência, chamar a atenção, suscitar interesse, proporcionar conhecimento, despertar empatia, criar desejo, conseguir a preferência, levar à decisão, efetivar a ação, garantir a satisfação, estabelecer interação, obter fidelidade e gerar disseminação de informações (adaptado de Yanaze; Markus, 2016, p. 295-305).

    Refletindo sobre a prática do marketing, Kotler (2004, p. 25-88) aponta "pecados mortais do marketing", três dos quais podem ser relacionados à comunicação da empresa com seus públicos: (1) não entende por "completo seus públicos-alvo"; (2) não administra "adequadamente o relacionamento com os *stakeholders"* e (3) é deficiente "a capacidade de construção de marcas e de comunicação", para o que propõe as seguintes soluções: A empresa deve: (1) mapear necessidades, percepções, preferências e comportamentos dos clientes e, em seguida, motivar seus *stakeholders* a atendê-los e satisfazê-los; (2) estabelecer parcerias com seus *stakeholders* e os recompensar; (3) construir marcas fortes ao utilizar ferramentas de marketing que apresentarem a melhor relação custo/eficácia. (adaptado de Kotler, 2004, p. 127-128).

Avaliação da comunicação foi objeto da tese de doutoramento de Lopes (2005), e há também um artigo (Lopes, 2016), em que são referidos os principais modelos de mensuração: 1) "Modelo PII"; 2) Régua da efetividade; 3) Relacionamento com *stakeholders*; 4) Modelo de curta duração; e 5) Modelo contínuo. Lopes (2016) faz menção aos "Princípios de Barcelona" (Amec, 2020), o resultado de um evento internacional que culminou num documento sobre mensuração de resultados em comunicação, do qual se sintetiza os princípios: 1) Defina objetivos e metas que são fundamentais para a mensuração. 2) Prefira mensurar efeitos sobre os resultados em lugar de avaliar a produção. 3) Afira o resultado da contribuição da comunicação ao resultado do negócio. 4) Mensure quantidade e qualidade de mídia quanto a credibilidade, relevância, destaque e efeitos (negativo, positivo ou neutro). 5) Utilize métricas validadas e indicadas para valoração e que reflitam a qualidade da cobertura. 6) Mensure os meios social. 7) Mensure com transparência e de forma replicável (adaptado de Amec, 2020; Lopes, 2016, p. 347-350).

Do que se destacam os "Princípios de Barcelona" e os modelos referidos, de que Lopes (2016, p. 350) salienta que "estão sendo testados", havendo incentivo para que as organizações venham "a aderir aos padrões com a aspiração de fortalecer o setor" de comunicação.

Kotler (2004) mencionou os objetivos da comunicação ("a empresa deve") e a necessidade de desenvolver boa relação com os grupos de interesse (*stakeholders*), atender bem, criar parcerias; e avaliar a relação entre custo e eficácia com relação a cada uma das estratégias de comunicação de marketing, entre as quais destacou relações públicas e marketing direto e registrou restrições às promoções de vendas e à propaganda.

No entanto, em uma ótica transdisciplinar, quer-se ir além, adiante da perspectiva mercadológica, o exige uma compreensão mais ampla da questão da mensuração das estratégias de comunicação. Martín-Barbero e Rey (2001, p. 77) sugerem que a gestão empresarial da comunicação enfrenta indubitável tensão, pois se busca cada vez mais o mercado, mas a atuação é "marcada por elementos como eficiência, avaliação da produtividade, segmentação dos públicos ou planificação prospectiva".

Além de os gestores da comunicação também "costumam desconhecer sua especificidade (informativa, cultural), impondo, em certas ocasiões, coativa e restritivamente, as lógicas comerciais às comunicativas".

Além de as lógicas do marketing e as da comunicação não serem as mesmas, e isso exigir cuidado, há ainda outra questão, que é, em termos de avaliação, não se deve buscar só a eficácia, ou seja, o atingimento dos objetivos (metas), que devem ser alcançados com eficiência, isto é, com a otimização dos recursos, mas urge que se vá além. Precisa-se também buscar a efetividade, agregar valor à sociedade, com a prática de responsabilidade social, preocupar-se com a comunidade, o ambiente e todos os grupos de interesses, o que implica que não se busquem só atingir objetivos ou otimizar o uso dos recursos, mas principalmente fazer as coisas certas, beneficiar a toda a sociedade e fazer da ética uma prática.

Drucker (1974, p. 312) foi um dos primeiros a chamar a atenção para a questão: apontou a efetividade como "fundamento do sucesso" e alertou para os impactos sociais e os problemas relacionados com responsabilidade social, que agora foi ampliada para responsabilidade socioambiental. É o que se pode denominar de "fazer as coisas certas" no dizer de Drucker, ou seja, não só perseguir resultados e menores custos, mas procurar ir adiante, agregando valor social e ambiental.

Giacomini Filho (2008) alerta que "as estratégias de comunicação persuasiva, vendas e exploração de mercados são invasivas, interferindo nas decisões de compra, consumo e qualidade de vida de pessoas e coletividade". E refere-se a um modelo piramidal em que no topo estaria (i) a cidadania – a empresa que contribui com a comunidade e procura melhorar a qualidade de vida; abaixo, (ii) a ética – fazer o que é "certo, justo e correto", evitando prejudicar pessoas e o meio ambiente; logo a seguir, (iii) a lei – o que é certo e errado; e, na base, (iv) a economia – a rentabilidade nas relações comerciais, o que "sustenta todas as demais responsabilidades". Assim, as ações de comunicação e marketing, "no esforço de beneficiar a empresa", não devem se descuidar de manter "consonância com os valores sociais", obedecendo "a determinados padrões éticos e morais" (Giacomini Filho, 2008, p. 398-399).

Kotler, Kartajaya e Setiawan (2010, p. 153) referem-se à atuação empresarial como um crescendo que vai de: (i) contribuição para "causas dignas", (ii) criação de "campanhas de marketing de causas", (iii) operação de "mecanismo de desenvolvimento sociocultural" até (iv) o "comprometimento com problemas públicos e sociais", pelo que os "consumidores passam a julgar as empresas". Em tal concepção, quando a empresa incorporar o "desafio social à filosofia empresarial" pode contribuir para transformar a sociedade, momento em que passará ao Marketing 3.0.

As fases da transformação da sociedade propostas por Kotler, Kartajaya e Setiawan (2010, p. 147-153) são (a) a identificação dos desafios socioculturais atuais e futuros nas áreas de bem-estar (nutrição, médica, educação ou injustiça social); (b) a seleção dos componentes envolvidos para impactar imediata ou futuramente: base da pirâmide, classe média, mulheres, idosos, crianças, jovens; (c) o oferecimento de uma solução transformadora que modifique comportamentos e permita às pessoas ascender ou almeje uma transformação mais colaborativa, cultural e criativa.

Além de tais aspectos, Kotler, Kartajaya e Setiawan (2010, p. 191) também destacam o marketing verde: "tornar seus processos mais voltados para o meio ambiente", o que tem seus "inovadores, investidores e propagadores" e salientam que "as empresas que promovem sustentabilidade ambiental estão praticando o Marketing 3.0". A nova onda do marketing está centrada em preocupações social, cultural e ambiental e tais valores é que a distinguem das outras fases, mais voltadas ao consumo e à venda. E Kotler, Kartajaya e Setiawan (2017, p. 29) destacam que os consumidores "desconfiam cada vez mais da comunicação de marketing das marcas e preferem confiar no círculo social."

Credidicio e Yanaze (2011, p. 617) fazem uma revisão da matéria e esclarecem terminologias, denominando *filantropia empresarial* às doações que a empresa faz, mas "não se preocupa com a forma com que os recursos são utilizados nem com os impactos sociais gerados"; *marketing social*: "planejamento e execução de programas desenvolvidos para a promoção de mudança social", mediante uso de princípios de marketing; *marketing relacionado a causas* é "entendido como gestão estratégica que associa empresas e marcas a uma questão ou causa social relevante, com benefício para a sociedade"; *responsabilidade social empresarial*: "forma de conduzir negócios" em que se busca o desenvolvimento social, além de "ouvir os interesses dos diferentes públicos com os quais interage"; e a *"empresa-cidadã"*: a que é ética, goza de direitos socais, cumpre obrigações social e administra a relação com os públicos de forma a "minimizar os potenciais conflitos" (Credidicio; Yanaze, 2011, p. 617-619).

A propósito da "empresa cidadã" e da "ênfase na responsabilidade social", Peruzzo (2009a) faz uma crítica de que se trata de um discurso de desprendimento e "a favor dos interesses coletivos", mas, em essência, trata-se de "adornos" para "aumentar os lucros", uma vez que o "modus operandi" dos empresários é pela "continuidade dos negócios, se possível cada vez mais rentáveis". Apesar disso, Peruzzo mostra que existe a obrigação de se reverter tal postura e que os lucros empresariais não podem "suplantar as pessoas, a sociedade brasileira e o planeta Terra" (Peruzzo, 2009a, p. 181-182).

A seguir se apresentam outras estratégias que permitem avaliação: a relacional que inclui o mapa comunicacional e a estratégia participativa que inclui algumas perguntas que podem a orientar a gestão estratégica.

1.3 ESTRATÉGIA RELACIONAL

A partir do conceito de integração, chegamos à comunicação estratégica integrada, que é forma tradicional de gestão da comunicação sob o viés da administração e do marketing, mas também se pode considerar a possibilidade da estratégia relacional que envolve o mapeamento comunicacional e está relacionada com a estratégia participativa.

1.3.1 Estratégia relacional e o mapeamento comunicacional

Uma possibilidade que pode também contribuir com a gestão da comunicação é a estratégia relacional, que se refere às relações comunicacionais que se estabelecem e envolve o Mapa relacional e que foi aplicado à análise da indústria de notícias, mapeando as relações comunicacionais (Uhry, 2023).

A estratégia relacional está relacionada à comunicação e à participação, como se vê desde a origem do termo. Azevedo (1957, p. 42) mostra que, em latim, o substantivo "com-municatìo, ónis" significa "comunicação, partilha". Os verbos latinos "com-munìco, ás, ávi, átum, áre" têm o significado de "comunicar, repartir; partilhar; ter relações com; praticar, conversar" (Azevedo, 1957, p. 42) e "particìpo, as, ávi, átum, áre" – derivado de "pars, partis" – significa "ter parte em, participar; partilhar, comunicar" (Azevedo, 1957, p. 142).

Analisando a dupla acepção de origem da comunicação, quanto aos verbos que indicam as ações: 1.º comunicar: repartir [algo com alguém]; partilhar [algo com alguém]; ter relações [comunicativas] com [alguém]; praticar [a comunicação: falar – emitir sons, escrever, gesticular, desenhar, exibir imagens e outras práticas], conversar [com alguém]; 2.º participar: ter parte em [uma conversa]; participar [de uma conversa]. Organizando os termos das ações referidas, podemos tentar uma sistematização: um [sujeito] reparte, partilha, tem relação com [alguém], pratica [comunica-se], conversa, tem parte em [conversa, comunicação], participa [de uma conversa, relação].

Daí podemos deduzir que comunicar é estabelecer uma relação compreensiva de apreensão conjunta deliberada, participativa, com o outro, em que se reparte, partilha, pratica-se comunicação, conversa-se, tem-se parte em comunicar e participa-se da comunicação. No mesmo sentido, Martino (2017) ensina que "compartilhar, transmitir, anunciar, trocar, reunir e ligar (pôr em contato)" derivam "de um sentido primordial e mais geral que exprime relação." E, da etimologia, salienta um aspecto relevante: sua origem dos mosteiros cenobitas, em que a busca da relação está articulada ao intencional rompimento do isolamento, destacando, da origem de "communicatìo", o aspecto de se tratar de uma escolha de participação de "um tipo de relação intencional exercida sobre outrem." (Martino, 2017, p. 53-56).

Eis o fundamento do termo relação comunicacional ao destacar uma perspectiva relacional intencional compreensiva de apreensão conjunta, participativa, entre um locutor e pelo menos um interlocutor. Para a semiótica (Greimas; Courtés, 1983), trata-se de uma enunciação em que há um actante, alguém que realiza o ato comunicacional, um sujeito enunciador locutor que se comunica com outro actante enunciatário interlocutor, gerando com participação a circulação e constituição de sentidos.

As relações comunicacionais básicas acontecem entre "alguém", "outro", "coisa a que se refere" e o *organum*[3], que é "o fenômeno suscetível à percepção sensorial, normalmente um fenômeno acústico", que é

---

[3] Órganon é o título do conjunto dos escritos de Aristóteles que abordam a lógica, considerada um conhecimento cujo fim não está em si mesmo, mas um meio, órgão ou instrumento (*organon*). O "maior discípulo de Platão", Aristóteles já registra que "um discurso comporta três elementos: a pessoa que fala, o assunto de que se fala e a pessoa a quem se fala; e o fim do discurso refere-se a esta última, que eu chamo o ouvinte". Quanto à pessoa que fala, considera-se "o caráter moral do orador" – *ethos*, a credibilidade ou autoridade; as "disposição que se criam no ouvinte" – *páthos*, a capacidade de formar vínculo emocional com o ouvinte; e "as do próprio discurso, pelo que demonstra ou parece demonstrar" – *logos*, capacidade lógica (Aristóteles, 1967, p. 13-39).

possível relacionar aos três fundamentos, quer "seja essa relação direta ou mediada". Em 1934, Bühler (2020) propôs a tipologia: o emissor (um) e a função expressiva; o receptor (o outro) e a função apelativa; o mundo (objetos e relações) e a função representativa.

À proposta de Bühler, em 1963 Jakobson (1992) acrescentou mais três funções, de forma que, para cada um dos seis elementos do processo de comunicação, corresponde uma função da linguagem que pode predominar: (1) expressiva ou emotiva – expressão direta da atitude de quem fala (emissor, 1.ª pessoa), suscita emoção; (2) conativa ou apelativa – uso de vocativo e forma imperativa (receptor, 2.ª pessoa); (3) poética ou estética (mensagem); (4) referencial ou de **representação** – pendor para o referente, denotativo ou cognitivo (contexto, 3.ª pessoa, alguém ou algo de que se fala); (5) metalinguística – língua (**código**); (6) fática – canal (contato).

Para Habermas (2003a; 2003b), o *télos* da comunicação é o entendimento, o êxito e a expressão. Em síntese, comunicar serve como: 1.º caminho para a convivência entre as pessoas por meio do diálogo e outras formas fundamentais de comunicação (interativa, entendimento); 2.º estratégia para alcançar a eficácia (e/ou a efetividade) por meio da atuação social, discursiva e/ou mercadológica (transacional, êxito); 3.º forma de deleite (e/ou estesia, *páthos*) por meio das formas literárias e estéticas (simbólica, expressão); 4.º possibilidade de ir além.

Quanto ao referido contexto das relações comunicacionais, trata-se de perspectiva em que destacam **as ligações complexas que se estabelecem entre os indivíduos e a sociedade** e que podem ser as relações comunicacionais social, noticiosa ou em redes, as relações comunicacionais publicitária (ou propaganda), as **relações comunicacionais comercial (ou promoção)**, as relações comunicacionais voltadas às vendas (promoção de vendas, marketing direto, **venda pessoal e marketing de relacionamento**), as relações comunicacionais com os públicos (relações públicas), as relações da comunicação digital, as relações comunicacionais nas e das organizações (comunicação organizacional), as relações entre os comunicadores e os públicos, os gestores da comunicação, os donos dos meios de comunicação, os políticos, entre outros atores sociais, as relações comunicacionais dos atores sociais entre si, as relações comunicacionais de todas as perspectivas de análise, das categorias e dos elementos entre si, entre outras possibilidades do comunicar.

Com o que se sugere uma concepção com que se busca passar uma visão complexa da comunicação, da qual se apresentam a seguir os referenciais teóricos e se propõe a estratégia relacional relacionada ao Mapa das relações comunicacionais, a seguir denominado simplesmente Mapa relacional, com seguintes perspectivas:

Perspectiva Social/Cultural, a trajetória sociocultural em que se desenvolveram os meios de comunicação, com foco em o que é comunicado e o porquê, e apresenta-se a questão do espaço público e um percurso da comunicação.

Perspectiva Social/Mercadológica: destaca-se a integração e a gestão estratégica da comunicação e o como.

Perspectiva dos Comunicadores: a questão passa a ser quem faz a mediação, as lógicas de produção, de controle social e o discurso noticioso.

Perspectiva dos Públicos ou interagentes: a ênfase está em "para quem" (consumidores, cidadãos, proconsumidores e outros intervenientes) e envolve questões de recepção e apropriação das ações de comunicação, o que será adiante explicitado, começando com algumas teorizações relacionadas com esses processos e relações.

Entre as teorizações que fundamentam nossa concepção, salienta-se o Mapa das mediações (Martín-Barbero, 2003, p. 11-21), que propõe uma reflexão sobre a hegemonia comunicacional do mercado na sociedade, no sentido de que "estamos necessitando pensar o lugar estratégico que passou a ocupar a comunicação na configuração dos novos modelos de sociedade", situando-a de forma a não só abarcar aspectos tecnológicos, mas principalmente questões relacionadas com cultura e política.

O Mapa das mediações proposto por Martín-Barbero (2010, p. XXV) tem dois eixos: um horizontal, diacrônico, histórico de longa duração, entre as Matrizes Culturais e as Formas Industriais; outro vertical, sincrônico, entre Lógicas de Produção e Competências de Recepção (Consumo). De acordo com Martín-Barbero (2003, p. 16-21), as mediações entre Matrizes Culturais e Lógicas de Produção encontram-se mediadas por diferentes regimes de institucionalidade, enquanto as mediações entre Matrizes Culturais e Competências de Recepção (Consumo) estão mediadas por diversas formas de socialidade. Entre Lógicas de Produção e Formatos (*Formas* no original) industriais medeiam as tecnicidades e entre os Formatos Industriais e as Competências de Recepção (Consumo) medeiam as ritualidades.

Para Martín-Barbero (2003, p. 16-17), quanto às Matrizes Culturais e Formatos Industriais, a relação remete à história das mudanças na articulação entre movimentos sociais e discursos públicos. Por exemplo, o gênero melodrama será teatro, depois folhetim em capítulos, daí passa ao rádio, ao teatro e à telenovela na América Latina e ao cinema nos Estados Unidos da América.

Em concepção mais recente, Martín-Barbero (2010, p. XIII-XIX) registra que as mudanças tecnológicas fizeram surgir uma nova configuração, a que denomina "um novo ecossistema comunicativo" exposto em um novo mapa das mediações denominado de "mutações comunicativas e culturais", do qual não apresentou esquema de visualização, e que contém igualmente dois eixos: um horizontal (migrações – fluxos) e outro vertical (temporalidades – espacialidade). As mediações entre temporalidade e fluxos dão-se pela tecnicidade; fluxos e espacialidade igualmente são mediados pela ritualidade; ao passo que entre migrações e espacialidade as mediações se dão pela cognitividade; e migrações e temporalidades são mediadas pela identidade.

Lopes (2014, p. 72-73) opina que este último escrito de Martín-Barbero (2010) é "um notável **esforço em oferecer pistas para elucidar**" as relações entre meios e mediações, mas salienta que o anterior mapa das mediações (Martín-Barbero, 2003) é bastante rico e abrangente, a ponto de Lopes (2014, p. 71) ter destacado que possibilita "operacionalizar a análise de qualquer fenômeno social que relaciona comunicação, cultura e política" por articular "produtores, mídia, mensagens, receptores e cultura".

A concepção inicial de **Martin-Barbero** é relevante e embasa a estrutura do Mapa relacional, já **na sua** última obra não está relacionada a nossa proposta. Lopes registrou que é um esforço para "oferecer pistas" em diferente direção.

Por outro lado, no tocante às formas de interação possíveis, recorre-se a Landowski (2014) a partir de sua teorização em macro perspectiva sociossemiótica, que consta de **quatro** regimes de interação e lógicas respectivas: I. Acidente (risco), fundado na lógica da aleatoriedade, na probabilidade mítica ou matemática, relacionado à descontinuidade e ao "fazer sobrevir". II. Manipulação (estratégia), fundada na lógica da intencionalidade, na motivação **consensual** ou decisória, relacionada à não descontinuidade e ao "fazer **querer**". III. Programação (regularidade), fundada na lógica da regularidade causal ou simbólica, relacionada à continuidade e ao "fazer advir". IV. Ajustamento (sensibilidade), fundado na lógica da sensibilidade perceptiva ou reativa, relacionado à não-continuidade e ao "fazer sentir" (Landowski, 2014, p. 80).

Na apresentação de seu modelo, Landowski (2014) traz alguns exemplos esquemáticos dos regimes de interação e sugere que cada um dos regimes teria que ser "analisado a partir de *corpus* textuais precisos ou práticas empiricamente observáveis" (Landowski, 2014, p. 85). É uma teorização relevante que em essência está em consonância com o Mapa relacional, o que torna possível que se integre o modelo de Landowski, que se refere, por exemplo, ao ajustamento como um modo vinculativo de interação de um e outro poderem se realizar mutuamente (*accomplissement,* no original), criando uma relação interativa gratificante (Landowski, 2014, p. 52-54).

E Landowski também propõe ideias relacionadas com os regimes de interação acidente, manipulação, programação e ajustamento, relacionando-os com as "pequenas elipses [que] articulariam a lógica internas das oposições binárias", as "formas de acaso, de motivação, de regularidade e de sensibilidade" e que poderiam prever "outros tantos minipercursos de transformação igualmente complexos" (Landowski, 2014, p. 85).

Em síntese, o Mapa relacional foi influenciado principalmente por Martín-Barbero e Landowski. E também as concepções da estratégia relacional e participativa e o Mapa relacional permitem contribuir com a gestão estratégica da comunicação ao promover a análise das relações comunicacionais da seguinte forma:

Uma pessoa relaciona-se, agindo em nome de uma organização (ou individualmente), o que é levado a efeito por intermédio de formas discursivas (e uso de suportes e materialidades de comunicação), com o propósito de interagir com um indivíduo, ou mesmo com uma grande e heterogênea extensão da população. E, de forma complementar, a relação comunicacional comercial envolve, além de estratégias massificadas de atuação, formas discursivas personalizadas. Assim, de forma sintética, pode-se traçar um panorama geral das relações comunicacionais que podem envolver os seguintes aspectos básicos:

Quem se assume como comunicador? Primeiro os que agem em nome de uma organização, que tradicionalmente podem ser Publicitário; Relações públicas; Produtor audiovisual televisivo ou cênico; Jornalista, radialista e profissional de televisão; Escritor ou produtor editorial; Profissional de comunicação mercadológica; Comunicador digital, produtor multimídia; Comunicador institucional ou organizacional. Também os que não integram uma organização: Comunicador alternativo, amador, influenciador etc.; Interlocutor, que pode ser qualquer um dos públicos a quem se dirige a enunciação, formando-se um círculo de relações comunicacionais discursivas com a sociedade, ao também abranger "a quem", e outros.

O que é comunicado, ou noticiado? Refere-se ao conteúdo e uma ou mais formas discursivas de estabelecer relações sociais de comunicação: discurso noticioso, discurso jornalístico, discurso radiofônico (notícias, reportagens, músicas), discurso televisivo (novelas, séries, filmes, notícias, reportagens, músicas), discurso editorial (livros, jornais, revistas, folhetos e outros impressos), discurso publicitário (propaganda), discursos comerciais (marketing direto, marketing de relacionamento, venda pessoal e promoção de vendas), discursos para os públicos (relações públicas), discurso *on line* (comunicação digital), discurso de e para a sociedade (comunicação organizacional, institucional), discursos alternativos (comunicação alternativa), outras comunicações discursivas (interlocução, *feedback*, diálogo, conversa etc.).

Por que se desenvolve a **ação** (objetivo) e quais os efeitos sociais, culturais e mercadológicos pretendidos? Posicionamento e imagem, atenção desperta, contato personalizado, fidelização, consumo, flexibilidade, rapidez e baixo custo, informações, valores, entretenimento, influência, sedução, persuasão, encantamento, venda, participação digital, comunicação em mão dupla (*feedback*) e outros.

Como é mediado, veiculado ou divulgado por meio de atuação social, mercadológica ou tecnológica? Rádio, televisão, cinema, veículos de divulgação: jornal, revista, livro, folhetos, cartazes, manuais, catálogos de serviços e Ponto De Venda, **correio**, digital (Internet, e-mail, site, blog, sites/comunidades de relacionamento, smartphone, tablet, computador etc.), mídia externa (*outdoor*, *busdoor*, painéis), canais de atendimento ao cliente e de percepção do receptor, conversa, telefone, celular, reuniões, interação, interlocução e outros.

Que público constitui o foco da ação de comunicação? Cidadão, consumidor ou cliente que se assume como espectador, ouvinte, leitor, internauta, interlocutor, prescritor; intermediários (distribuidor, atacadista, varejista) ou grupos de interesse (imprensa, governos, organizações não governamentais, associações, acionistas, estudantes e outros), e monitores de canais que acompanham a percepção dos receptores, interlocutores e outros que também podem se assumir como comunicadores. Todos compõem o conjunto que aqui se define como "a sociedade" e que pode formar um círculo virtuoso dos interlocutores com "quem" se comunicar.

Note-se que no final de cada um dos itens apresentadas há "outros", indicando um conjunto aberto a outros comunicadores, outras formas discursivas, outros objetivos comunicativos, outros meios de comunicação, outros públicos, outras concepções de sociedade, outros valores etc. Por exemplo, o conjunto de comunicadores citados é um referencial dos mais usuais, mas é sabido que a prática enunciativa exige polivalência, múltiplas competências discursivas e relacionais e é desejável também uma visão mais global, panorâmica e crítica que permita fazer frente aos desafios que a complexidade das relações comunicacionais com a sociedade apresenta na atualidade.

Tal rol de componentes das relações comunicacionais serve de base para o Mapa relacional que se estabelece na comunicação na sociedade, mas o que se pretende é ultrapassá-la com ligações, interfaces, articulações e confrontos entre atores sociais, categorias sociológicas, forças macroambientais, disciplinas, especialidades, formas de relações e outras formas discursivas e conexões possíveis a serem localizadas visualmente no Mapa relacional.

Trata-se de uma relação dos intervenientes e que se constitui de uma visão mais ampla das relações comunicacionais na sociedade, no qual "O quê?" se refere às formas discursivas de atuação social, e "Por quê?" se relaciona à perspectiva Social/Cultural, "Quem?" à perspectiva dos Comunicadores, "Como?" aos meios de comunicação e à perspectiva Social/Mercadológica e "A quem?" à perspectiva dos Públicos.

Refletindo, temos a concepção clássica da "estrutura e função da comunicação", publicada em 1948: quem? "Comunicadores" focam no que Lasswell (1975) denominou "*control analys*" no sentido de controlar os comunicadores quanto aos fatores que iniciam e guiam o ato comunicativo; o quê? "Formas de atuação social" têm alguma correlação com o que foi denominado "*content analysis*", a análise de conteúdo de Lasswell; por quê? "Objetivo social" está relacionado com o que Lasswell denominou "*effect analys*", o impacto sobre a audiência; como? "Meios de comunicação" podem ser associados à "*media analysis*" na concepção de Lasswell; a quem? "Públicos" é possível associar à *"audience analysis"* (Lasswell, 1975). As cinco áreas são tradicionalmente referidas em estudos de comunicação relacionados à perspectiva *"mass communication research"* de viés funcionalista ("função e influência").

A propósito, a concepção do Mapa relacional é crítica, aberta e procura ir bem além de "função" e de "influência". Amplia-se para uma concepção de estratégia relacional transversal que vai além de áreas estanques de estudo em que há interligação entre os interagentes das relações comunicacionais na sociedade e mesmo as perspectivas e dimensões propostas se comunicam.

Um mapa pode ser um fator orientador por permitir formalizar visualmente os achados, o que proporciona interessantes possibilidades visuais, analíticas e explicativas. É o que se intenta traçar na presente obra, ao lançar um olhar mais abrangente sobre a comunicação de forma a destacar os relacionamentos tanto dos atores individuais membros de uma sociedade, que se convertem em atores sociais, quanto da própria atuação social e dos elementos envolvidos.

Para tal, considerando como ponto de partida o mapa de Martín-Barbero (2003, p. 11-21), as lógicas e regimes de interações de Landowski (2014) e a visão dos interagentes das relações comunicacionais, que indica os atores, as formas de atuação discursiva e relações, propõe-se preliminarmente a concepção das relações comunicacionais na forma de um Mapa que permite formalizar visualmente diferentes territórios e relações, com dois eixos relacionais com contrafluxos:

1.º <u>Integrar de forma mediada</u>: eixo horizontal, diacrônico, histórico de longa duração que permite relacionar o aspecto Social/Cultural (o quê e o porquê?) com as mudanças sofridas em direção à predominância do Social/Mercadológico (como?), aquele relacionado à integração social cidadã, este mais ligado à perspectiva dos gestores da comunicação, o que envolve a gestão integrada da comunicação e a adequação dos formatos culturais e industriais às conveniências do mercado. No contrafluxo da integração mediada, há também uma postura contra-hegemônica no sentido de reafirmação da cidadania e não integração mercadológica, que é a função primordial de integração social da comunicação na sociedade, no sentido de contribuir para construir a identidade, formar a opinião pública etc.

2.º <u>Mediar de forma a integrar</u>: eixo vertical, sincrônico, que relaciona interativamente os atores sociais e os Públicos em um determinado momento, analisa as lógicas de produção dos Comunicadores (quem?) e as competências de recepção dos Públicos (a quem?). No contrafluxo da mediação integrativa, a relação comunicativa pode assumir também uma postura contra-hegemônica no sentido de reafirmação da cidadania e do papel social da comunicação.

Os eixos relacionais fazem referência aos sistemas de mediação como sendo modelos integrativos, devido ao encontro dos eixos "Integração de forma a mediar" e "Mediação de forma a integrar", e com quatro perspectivas compõem de tal forma o Mapa relacional.

Assim exatamente no quadrante central do Mapa, em que os eixos relacionais – que indicam as ações de integrar e de mediar – se entrecruzam, é que se localizam as forças macroambientais "político-legais, econômicas, tecnológicas e culturais" (Wright; Kroll; Parnel, 2000, p. 47-59), conceitos da Administração, ao que se soma a dimensão simbólica, que também pode perpassar as demais dimensões. A tipologia clássica da Administração tem certa semelhança – e é complementada pela Sociologia – com o sistema social de Parsons na síntese de Habermas (2003b, p. 334-442) e de Münch (1999, p. 184-187): político (fins), econômico (recursos), social/cultural (valores) e personalidade (simbólico). Ao que se inclui no modelo as lógicas e os regimes de interação semiótica de Landowski (2014): regularidade (programação), intencionalidade (manipulação), aleatoriedade (acidente) e sensibilidade (ajustamento), compondo as dimensões do Mapa relacional:

Político: envolve o subsistema de integração (normas) e o atingimento dos fins (Habermas, 2003b, p. 334-442) e "ação política controlada pelo poder regulador numa ordem de autoridade" concretizada na "consecução de fins" (Münch, 1999, p. 184-187). Pode ser relacionado à lógica de regularidade e ao regime de interação de programação (Landowski, 2014), que tem proximidade com a concepção de "institucionalidade" (Martín-Barbero, 2010, p. XIII).

Econômico: engloba o subsistema de adaptação (meios tecnológicos) e comportamento (recursos) (Habermas, 2003b, p. 334-442) e "é determinado por atos de concorrência e intercâmbio num mercado", desempenhando "as funções de alocação de recursos e preferências" sob o viés da "utilidade" (Münch, 1999, p. 184-187), e que é possível relacionar à lógica de aleatoriedade e ao regime de interação de risco (Landowski, 2014), e é uma releitura do conceito de "tecnicidade", que seria a "espessura sociocultural das novas tecnologias" (Martín-Barbero, 2010, p. XIII).

Social/Cultural: abrange o sistema de manutenção de padrões culturais e estruturas (valores) (Habermas, 2003b, p. 334-442) e "surge do discurso, conduzido por argumentos (compromisso de valor) regulados pela ordem do discurso e "é a concretização da função de manutenção de padrões" (Münch, 1999, p. 184-187), e é possível relacionar à lógica de intencionalidade e ao regime de interação de manipulação (Landowski, 2014), e à concepção de "socialidade cotidiana", definida como "a ação comunicativa" por Martín-Barbero (2010, p. XII).

Simbólico: envolve "um subsistema de personalidade", a vida simbolicamente estruturada para atingir fins, desempenhar papéis (Habermas, 2003b, p. 334-442), com "um máximo de complexidade simbólica" e em que "o esquema de significado é a internalização do significado relevante pela personalidade" (Münch, 1999, p. 184-187). Está relacionado à lógica de sensibilidade e ao regime de interação de ajustamento (Landowski, 2014), e há proximidade com o conceito de "ritualidade", o "nexo simbólico da cultura contemporânea com as memórias largas, seus ritmos mestiços e ritos" (Martín-Barbero, 2010, p. XIII).

De tal forma, propõe-se o Mapa a partir das perspectivas apresentadas na Figura 2, a seguir, em que as relações comunicacionais acontecem em todas as direções (e sugerem possibilidades de *feedback* e de contrafluxo) e podem ser visualizada na forma de um Mapa em que se indicam os dois eixos relacionais (mediar e integrar) com contrafluxos em sentido inverso (contra-hegemônicos), ligações, interfaces, articulações e confrontos entre atores sociais, categorias sociológicas, forças macroambientais, disciplinas, especialidades, formas de enunciar e outras conexões possíveis que sugerem a circularidade do modelo, que permite contrafluxo em mão-dupla para todos os lados e em todas as direções.

Figura 2 – Mapa relacional

COMUNICADORES

Regularidade — Aleatoriedade

Fins — Recursos

Político — Econômico

SOCIAL/CULTURAL — Contra-hegemônico — RELAÇÕES COMUNICATIVAS — INTEGRAR — SOCIAL/MERCADOLÓGICO

Social/Cultural — Simbólico

Valores — Imaginário

Intencionalidade — Sensibilidade

(CONTRAFLUXO / MEDIAR)

PÚBLICOS

Fonte: o autor (2023)

É algo que se vislumbra na Figura 2 e se dá por meio da transversalidade entre as dimensões, perspectivas, lógicas e atores sociais, sugerindo-se eliminação de fronteiras rígidas, havendo comunicação e retroalimentação (*feedback*) contínuos em todas as direções. Com tal teorização, que se quer flexível, passa-se a examinar a comunicação sob as seguintes perspectivas de análise:

Perspectiva Social/Cultural: foco em "o que" se atua no social e cultural (estratégia ou forma) e em "o porquê", objetivo ou efeito a ser comunicado, em que, no seu eixo no sentido da perspectiva Social/Mercadológica (tipos e produtos culturais), está relacionado à adequação dos formatos culturais às conveniências comerciais, para fins de consumo dos Públicos, e o percurso da comunicação. É o que Martín-Barbero (2003) denomina "socialidade" e em nossa concepção envolve os valores. Do Social/Cultural em direção aos Públicos, envolve os aspectos macroambientais culturais e os valores, que estão conectados a manter estruturas e padrões culturais, e está relacionado à "lógica intencional e às relações interativas manipulativas". Do Social/Cultural aos Comunicadores envolve os aspectos político-legais e o subsistema integrador, das normas, está relacionado à "lógica de regularidade e às relações interativas de programação" (Landowski, 2014).

Perspectiva dos Comunicadores: "quem" é que produz a enunciação, as competências discursivas, o controle social, as ideologias profissionais e rotinas produtivas, e está relacionado com os Públicos, que são cidadãos, consumidores e outros. É o que Martín-Barbero (2003) denomina "institucionalidade" e, nessa concepção, envolve os fins, as normas. Em relação aos Comunicadores, em seu eixo no sentido Social/Cultural, considera-se as forças macroambientais político-legais e as normas (leis) que têm ligação com a integração e envolvem a "lógica da regularidade e as relações de programação"; dos Comunicadores ao Social/Mercadológico, envolve a dimensão econômica e os recursos que podem ser relacionados à "lógica de aleatoriedade e às relações interativas de risco e acidente" (Landowski, 2014).

Perspectiva dos Públicos: para quem? Consumidores e/ou cidadãos e outros e abrange questões de recepção e, no sentido da perspectiva Social/Mercadológica, refere-se à vida simbólica em função de obtenção dos fins, desempenho de papéis e o subsistema personalidade, relacionando-se ao imaginário, ao sensível, e à "lógica da sensibilidade e às relações interativas de ajustamento". Martín-Barbero (2003) denomina "ritualidade" e, em nossa concepção, é simbólico e imaginário. Dos Públicos em direção ao Social/Cultural, envolve aspectos culturais e os valores, e é possível relacionar à "lógica de intencionalidade e ao regime de interação de manipulação" (Landowski, 2014).

Perspectiva Social/Mercadológico: como? abrange a gestão estratégica da comunicação integrada, as forças macroambientais econômicas e, em direção ao eixo Comunicadores, está relacionado às forças econômicas, aos recursos e à "lógica de aleatoriedade e às relações de interação de risco e acidente". Martín-Barbero (2003) denomina "tecnicidade" e, em nossa concepção, economia e recursos; e o Social/Mercadológico tem ligação com a perspectiva dos Públicos e com as tecnologias do simbólico e do imaginário, podendo ser relacionado à "lógica da sensibilidade e às relações interativas de ajustamento" (Landowski, 2014).

Do exposto, destaca-se que o Mapa relacional se baseia em Martín-Barbero (2003) e, além de outras contribuições referidas, está imbricado na teorização de Landowski (2014), a qual também pode ser adaptada para auxiliar a analisar as práticas comunicacionais como se propõe a seguir:

Regime de interação acidente (risco), fundado na lógica da aleatoriedade (insensatez), na probabilidade mítica ou matemática, relacionado à descontinuidade e ao "fazer sobrevir" que pode ser relacionado às práticas jornalísticas experimentais disruptivas, que envolvem puro risco (morte do jornal). Regime de interação manipulação (estratégia), fundada na lógica da intencionalidade (de risco limitado), na motivação consensual ou decisória, em que o sentido é ter significação, relacionada à não-descontinuidade e ao "fazer querer" que pode ser relacionado às práticas jornalísticas manipulativas ("saber fazer"), de convencimento, ("poder fazer"). Regime de interação programação (regularidade), fundada na lógica da regularidade causal ou simbólica, relacionada à continuidade e ao "fazer advir" que pode ser relacionado às práticas jornalísticas tradicionais seguras (como sempre se fez), com risco insignificante. Regime de interação ajustamento (sensibilidade), fundado na lógica da sensibilidade perceptiva ou reativa, relacionado à não-continuidade e ao "fazer sentir", o que pode estar ligado às práticas jornalísticas experienciais, experimentais, artísticas em que se busca fazer sentido e há risco da insegurança (adaptado de Landowski, 2014).

Também se pode referir à concepção de "relações das ações comunicativos no mundo", de Habermas (2003b, p. 180), que propõe que o locutor e o interlocutor se entendem por meio das ações comunicativas desde e a partir do "mundo da vida" – cultura, linguagem que lhe é comum -, sobre algo no mundo social (exterior), no mundo objetivo e no mundo subjetivo (interno), em que as setas de linha dupla denotam as relações comunicacionais que os atores entabulam com o mundo, concepção que também inspirou a concepção do Mapa relacional.

O mundo e os domínios de referência "objetivo, subjetivo e social" – abordados por Habermas – podem ser considerados subjacentes às relações comunicacionais. Assim, tendo considerado teorizações em que se baseia o Mapa relacional, esclarece-se que é possível considerar a comunicação intencionalmente relacional e, ao mesmo tempo, de apreensão conjunta, assim como toda relação é comunicacional, do que destacamos possibilidades discursivas, relacionais e participativas.

Além de o Mapa relacional poder contribuir com a gestão estratégica da comunicação, ao promover a análise das relações comunicacionais, como exposto anteriormente, evidencia-se que se constitui possibilidade de aplicar, analisar e visualizar tanto os temas abordados, quanto problemas comunicacionais, aspectos estratégicos etc.

Ao propor o Mapa relacional, Uhry (2024) identificou alguns problemas comunicacionais para os quais propôs soluções na forma de novos valores (*indicados em itálico*): desinformação, quanto aos fins (político-legais), novo valor *humanismo*; consumismo, quanto aos valores (social), novo valor *espiritualidade*; negativismo, quanto ao imaginário (simbólico), novo valor *espiritualidade*; sensacionalismo, quanto aos recursos (econômico), novo valor *ecologia*.

Por sua vez, ao analisar estudos de caso da indústria noticiosa com o Mapa relacional, Uhry (2023) identificou problemas da indústria de notícias, entre os quais: desinformação e abuso do poder quanto aos fins (político-legais); desumanização quanto aos valores (social); negativismo quanto ao imaginário (simbólico); sensacionalismo quanto aos recursos (econômico).

Do que se sugere que o Mapa relacional pode ajudar na análise e contribuir na gestão estratégica da comunicação no sentido de que permite localizar visualmente problemas que podem estar relacionados a uma organização, sugerindo-se a seguir mais algumas reflexões a respeito de cada um dos aspectos do Mapa relacional:

1.º Competitivo, relacionado aos fins (político-legal): como melhor comunicar, atender, prospectar, vender, reter, distribuir? Como programar? Como cooperar?

2.º Cultural, relacionado aos valores (social-cultural): como relacionar, selecionar, engajar, avaliar, desenvolver, incentivar melhor? Como comunicar valores? Como respeitar a cidadania? Como incentivar a participação?

3.º Inovador, relacionado ao imaginário (simbólico): como incentivar melhor, compartilhar mais, criar melhor, monitorar melhor, aprimorar mais, lançar mais e melhor? Como se comunicar melhor? Como vislumbrar necessidades futuras? Como envolver *stakeholders*? Como promover relacionamentos e envolvimento?

4.º Operacional, relacionado aos recursos (econômico): como melhor direcionar processos e sistemas, direcionar recursos melhor, otimizar investimentos, reduzir custos melhor? Como errar menos, investir melhor? Como atuar de forma adequada ambiental, humana e espiritualmente? Com incentivar os *stakeholders*?

São assim sugestões para reflexões com relação aos quadrantes do Mapa relacional que podem contribuir com a gestão estratégica da comunicação, podendo-se também considerar aspectos complementares da estratégia participativa a seguir apresentados.

1.3.2 Estratégia participativa

Comunicação participativa é possibilidade comunicacional associada à estratégia relacional, a que fazemos menção a seguir, e que poderia também estar referida na comunicação organizacional, em que há outras pesquisas com foco na participação.

Aboi (2017) investigou o papel da comunicação participativa no funcionamento e nas atividades das Sociedades Cooperativas em Kaduna, Nigéria, estudando como a capacitação e o desenvolvimento sustentáveis são possíveis através da comunicação participativa, que permite aos pobres e aos que auferem baixos rendimentos aproveitarem eficazmente os seus recursos humanos e naturais e possam participar de empreendimentos produtivos através de cooperativas de proprietários. As conclusões sugerem que as operações e atividades das cooperativas assentam em processos dialógicos ou de comunicação que se caracterizam pela inclusão, parceria igualitária, transparência, partilha de poder, partilha de responsabilidade, auto sacrifício e investimentos que geram crescimento e desenvolvimento autossustentáveis para os membros.

Para Servaes e Servaes (2021), a comunicação participativa enfatiza a importância da identidade cultural das comunidades locais e da democratização e participação internacional, nacional, local e individual. O ponto de partida deve ser a comunidade, local em que os problemas das condições de vida são discutidos e que as interações com outras comunidades são estimuladas. A forma mais desenvolvida de participação é a autogestão, que envolve o direito à participação no planejamento e na produção de conteúdo comunicacional. Um dos obstáculos para a comunicação participativa é que ameaça as hierarquias existentes. A questão principal é que o ponto de vista dos grupos locais dos públicos é considerado antes da alocação de recursos para projetos, bem como suas sugestões de mudanças (Servaes; Servaes, 2021, p. 120-141).

Para os autores, é possível distinguir duas abordagens da comunicação colaborativa: uma visa a produzir um entendimento comum entre todos os participantes de uma iniciativa por meio da implementação de um projeto comunicacional, ou seja, o modelo de cima para baixo, que será apresentado na comunicação organizacional. A outra enfatiza o envolvimento das bases na tomada de decisões que melhorem suas próprias vidas, ou seja, o modelo de baixo para cima.

Por outro lado, Nikoi e Boateng (2013) abordam os processos de comunicação colaborativa e a tomada de decisão nas organizações, concentrando-se em pesquisas sobre equipes virtuais nas organizações que possuem redes de escritórios e funcionários em vários locais geográficos e o papel da tecnologia nos processos e atividades de tomada de decisões organizacionais. Os autores constatam que, embora a tomada de decisões comunicacionais possa ser muito complexa, a compreensão das aplicações tecnológicas é significativa não apenas para determinar a utilidade dos grupos virtuais nas organizações, mas também para a elaboração de atividades de comunicação colaborativa eletrônica.

Incio, Navarro, Arellano e Meléndez (2021) analisam a importância da comunicação participativa como estratégia crítica na construção da cidadania, constatando que a comunicação participativa facilita a integração e a coesão das comunidades, com base em projetos conjuntos, tomada de decisões, participação e ações que beneficiam os cidadãos. A cidadania depende da participação do cidadão; é essencial recuperar a relação entre cidadania e participação na busca do desenvolvimento sociocultural. A participação da comunidade deve ser legítima, holística e inclusiva. A contribuição da comunicação está na dinamização dos atores sociais e nos enfoques da comunicação participativa que permitem dinamizar os comportamentos sociais determinantes para alcançar o empoderamento social.

Madsen (2022) foca a estratégia participativa a partir da mídia social interna, que pode ser uma mídia transformadora na estratégia de comunicação interna, pois pode capacitar os funcionários a se tornarem comunicadores ativos em vez de receptores passivos e tornar a comunicação organizacional visível para todos os membros da organização. No entanto, as organizações raramente aproveitam os benefícios da comunicação, pois ela exige um ambiente de comunicação aberto e uma liderança atenta e responsiva. Madsen propõe uma visão de como a mídia social interna pode desempenhar um papel importante na comunicação interna estratégica, possibilidades e desafios ao fazê-lo e como a comunicação na mídia social interna pode fornecer uma visão dos processos de comunicação interna e da construção participativa da organização pelos funcionários.

Tufte e Mefalopulos (2010) trazem um guia prático da "Comunicação participativa", em que se referem a dois modelos: 1.º um monológico, da comunicação de uma mão para informar e persuadir; 2.º um dialógico, da comunicação de mão dupla para: (a) analisar com o objetivo de avaliar, sondar e analisar questões, evitar conflitos, no qual há preferência por uso intenso do método interpessoal; (b) empoderar com o objetivo de desenvolver capacidades, envolver as partes interessadas, no qual há preferência por uso do diálogo para promover a participação (Tufte; Mefalopulos, 2010, p. 13).

No modelo comunicativo participativo dialógico de Tufte e Mefalopulos (2010, p. 8) há percepção de que o problema pode ser a falta de engajamento dos *stakeholders*, o que envolve comunicar para engajar quanto às questões sociais, o que exige articulação com relação aos processos políticos e sociais, mudanças sustentáveis e ações coletivas de médio e longo prazo.

A obra de Tufte e Mefalopulos (2010) é bastante rica e abrangente e traz também exemplos de aplicação, entre os quais se destaca a importância fazer perguntas como as seguintes, antes de qualquer estratégia de comunicação para a intervenção, que tenha vieses participativo relacional: qual é o problema a ser resolvido: informações, falta de habilidades ou desigualdade social? Que noção de cultura é inerente à abordagem estratégica proposta? O catalisador ou agente de mudança está sendo compreendido? Que princípios orientam a compreensão da educação que está envolvida? Há partes interessadas ativas ou público-alvo a ser abordado? Quais são suas respectivas funções no processo de comunicação? Que mensagens serão comunicadas: exemplos, experiências de vida ou questões sociais? Qual é o objetivo da mudança estratégica: comportamentos individuais, normas sociais, relações de poder, estruturas sociais ou econômicas? Como os resultados serão monitorados ou avaliados? Qual é a perspectiva de tempo para alcançar as mudanças desejadas?

São questões relevantes que podem contribuir com a gestão estratégica da comunicação, bem como a seguinte, de relações em rede interpessoais participativas e colaborativas voltadas a atuação social.

Focando a Web e suas possibilidades, Dimantas (2008) também traz o que pode ser chamada de estratégia relacional participativa colaborativa, que seria "uma das formas de diminuir a fricção entre a sociedade e os anseios das pessoas", o que envolve aprender a "colaborar, desenvolver projetos on-line", pois a Web facilita "a publicação das ideias e o acesso indiscriminado. A Internet está ensinando o usuário a se interrelacionar nesse espaço virtual. Criar para a sociedade" participando "voluntariamente de algum projeto" (Dimantas, 2008, p. 380-382).

A internet "trouxe a ideia de revolução e traz consigo críticas inequívocas de como a sociedade está estruturada", continua Dimantas (2008), pois "nas entrelinhas digitais há um lapso de esperança. Uma sociedade mais humana". A "revolução" que acontece com as pessoas se interrelacionando no espaço virtual; a "era da conexão" entre "pessoas, ideais, modos de vida e produção social"; a "comunicação focada nos mercados virtuais", que exige o "diálogo como forma de engajamento"; mercados como conversações que acontecem com "pessoas sobre coisas que as interessam"; "novo bom senso" é criado, no qual há software livre e aberto, conteúdo e música livre; a "Internet nos dá a oportunidade de escapar do peso imposto pelos meios de massa"; as micro audiências, os micromercados, micro canais surgem; a "dinâmica da Internet nos leva a outro modelo Um a um, de muito para muitos"; "a internet urge" por participação da empresa no mercado, o que exige interação com uma comunidade de pessoas, para aprender e trocar informações; o "marketing hacker", que é "um modelo caótico, interativo e colaborativo" que pretende mostrar que a tecnologia tem favorecido um pensamento libertário e provocado um processo de mutação no mercado" (Dimantas, 2008, p. 380-396).

Dimantas (2008) refere-se à heterodoxia informacional, mostrando que a "Internet é um ambiente ainda misterioso", ainda "muito novo", que traz "insegurança" e em que há "uma diferença em relação aos outros meios", pois "as pessoas estão conversando na rede de modo muito peculiar", por meio das comunidades virtuais, estabelecendo-se a ligação, "umas linkadas às outras por interesses, laços familiares ou manifestações humanas que levam as pessoas a se relacionar" (Dimantas, 2008, p. 395-396).

Sempre focando o relacional participativo colaborativo, Dimantas (2013) destaca as interações em rede para influenciar a transformação social, apresentado o estudo de caso do projeto MetaReciclagem – vide http://rede.metareciclagem.org –, um experimento colaborativo voltado para a inclusão digital, que não só recicla aparelhos tecnológicos, monta laboratórios de informática com software livre, como disponibiliza conhecimentos informáticos gratuitamente, mas envolve também relacionamentos pela Web que contam "com a genuína participação de uma rede [de pessoas] que – por seu tempo de permanência e por projetos já desenvolvidos, além da qualidade das discussões – nos faz ter orgulho" (Dimantas, 2013, p. 165).

1.4 UMA TENDÊNCIA FUTURA, A COMUNICAÇÃO 3.0?

Além da gestão estratégica da comunicação, das estratégias relacional, participativa e colaborativa, aqui se aventa mais uma possibilidade futura, que vai além da estratégia empresarial tradicional, que seria a tendência Comunicação 3.0, um novo momento comunicacional relacionado à estratégia relacional que, por sua vez, engloba ou está intimamente relacionada à comunicação participativa, que também é foco de pesquisas na comunicação organizacional. Trata-se de uma síntese de tendências.

A comunicação estratégica integrada pode se inserir em uma concepção ampliada, que envolve o desafio de apresentar a área comunicacional de maneira ponderada, explorando aspectos de diferentes visões, destacando as questões de relevância e, ao mesmo tempo, apontando aspectos críticos e tendências. Eis o respeito à alteridade, da perspectiva da complexidade.

Assim, procurou-se salientar, de um lado, a força do "integrar" com *a comunicação integrada de marketing*, e suas possibilidades de incentivo à venda, e a teoria da integração dos públicos pelo mercado; e, do outro lado, *um olhar crítico da comunicação massificada*, mais relacionado ao "mediar" de forma a integrar e que foi exposto, e possíveis questões problemáticas que se destacaram nos Mapas das relações comunicacionais.

Entra aqui a questão da relação entre a comunicação de marketing, comunicação organizacional e a comunicação massificada: pode-se dizer que são visões complementares, diferentes lados da comunicação e é preciso conhecer e refletir criticamente sobre todas, mas, além disso, é preciso transcender, adotar uma macro perspectiva da floresta da comunicação, olhar além do que já tentou vislumbrar. Buscando ir mais além é possível mais uma ousadia de propor um comparativo preliminar de vários momentos ou tendência da comunicação na sociedade:

Um dos momentos poderíamos denominar de primeira fase, da **Comunicação 1.0**, que se refere à comunicação massificada, que tem como formas os jornais, revistas, rádio e televisão, livros, filmes, publicidade e relações públicas, e a comunicação humana que é a intersubjetiva, do diálogo, do correio e do telefone, telégrafo e outros meios de comunicação. A força econômica propulsora é a sociedade industrial. Na perspectiva mercadológica, busca-se desenvolver produtos e vender, com proposição de valor funcional e transações tipo um-a-um e na qual floresce a indústria cultural. Da perspectiva dos públicos, destacam-se os consumidores, uma massa com necessidades informativas e físicas que os levam procurar mercadorias, surge o espaço público que se desenvolve por meio de jornais e debates em cafés e clubes. Da perspectiva social, poucos expressam suas opiniões e as massas as recebem dos meios de comunicação massificada, sendo difícil se manifestar. Rádio traz novelas. Da perspectiva dos comunicadores, transmite-se informações, ideias e influencia-se atitudes às audiências massivas pelos meios de comunicação social, e em que um influencia o outro.

A segunda fase seria a **Comunicação 2.0**, a atual, a da comunicação social, comunicação comercial e comunicação organizacional, e que tem como formas os meios de comunicação de massa – a comunicação massificada[4] (Figura 3), a comunicação integrada de marketing e a comunicação nas e das organizações. A força econômica propulsora é a sociedade informacional digital em que se destacam as tecnologias. Na perspectiva mercadológica, busca-se integrar consumidores ao mercado pela diferenciação dos produtos para vender, buscando-se satisfazer e reter o consumidor, com **proposição de valor funcional e emocional**, relacionamento um-a-um e em que floresce um mercado consumidor. Da perspectiva dos públicos, destacam-se consumidores exigentes dos quais se precisa conquistar o **coração e a mente**, e a indústria de entretenimento. Da perspectiva social, a comunicação permite expressar e receber opiniões, e as organizações têm sistemas de comunicação dentro e para fora. TV traz novelas, surge Internet e tecnologias digitais. Da perspectiva dos comunicadores, mediação com uso de tecnologias digitais: informar e influenciar **consumidor e cidadão**, persuadir, vender, satisfazer e reter consumidores.

A terceira fase, **Comunicação 3.0**, refere-se às relações comunicacionais um-a-um, um-mediada-um, um-mediada-muitos, em que se destacam todas as formas de se estabelecer relacionamentos por meio da comunicação. A força econômica propulsora é a sociedade relacional, de rede, fluxos. Da perspectiva mercadológica, destaca-se a empresa-cidadã que, além da efetividade e da **responsabilidade socioambiental**, cultiva valores como humanismo, espiritualidade e ecologia, as proposições de valor são funcional, emocional e espiritual e em que se destaca a colabo-

---

[4] Comunicação massificada refere-se à comunicação de massa e à comunicação social, na qual se utilizam os meios de comunicação de massa.

ração um-para-muitos. Da perspectiva dos públicos, destacam-se consumidores-cidadãos capazes de recepção crítica dos meios de comunicação e do contexto global em que estão inseridos, dos quais é necessário conquistar espírito, coração e mente, sendo a Internet o novo espaço público. Da perspectiva social, destacam-se tanto formas hegemônicas quanto contra-hegemônicas de comunicação e se evidencia o cidadão-consumidor consciente de sua responsabilidade planetária. Da perspectiva dos comunicadores, destacam-se internet, *smartphones*. As comunicações estão regulamentadas e desenvolveu-se uma visão abrangente que permite destacar sua importância cultural e social.

Aqui é possível ousar fazer um comparativo entre diferentes momentos e propor que uma nova tendência, a das relações comunicacionais. O futuro comunicacional sendo embasado por valores como o humanismo, a espiritualidade e a ecologia e por relações comunicacionais participativas. É o sintetizado na Figura 3, a seguir.

Figura 3 – Comparativo entre momentos comunicacionais

Comparativo entre as fases da comunicação	Comunicação 1.0	Comunicação 2.0	Comunicação 3.0
Denominação	- Comunicação de massa - Comunicação humana	- Comunicação social - Comunicação comercial - Comunicação organizacional	Relações comunicacionais: - interpessoal - mediada quase interpessoal - mediada massificada - mediada personalizada
Estratégias	Jornais, revistas, rádio e televisão, livros, filmes, publicidade e relações públicas - Diálogo, telefone, correio	- Comunicação massificada - Comunicação integrada de marketing - Comunicação nas e das organizações	Todas as formas de estabelecer relacionamentos por meio da comunicação
Forças econômicas propulsoras	Sociedade industrial	Sociedade informacional	Sociedade relacional

Perspectiva social/ mercadológica	- Desenvolver produtos e vender, com proposição de valor funcional e transações tipo um-a-um - Indústria cultural	Diferenciar produtos para satisfazer e reter, com proposição de valor funcional e emocional, - relacionamento um-a-um - Integrar ao mercado consumidor	Empresa-cidadã, valores: humanismo, espiritualidade e ecologia, proposições de valor: funcional, emocional e espiritual, colaboração um-para-muitos
Perspectiva dos públicos	- Consumidores: massa com necessidades informativas e físicas - Espaço público se desenvolvendo	- Consumidores exigentes de que se precisa conquistar coração e mente - Indústria de entretenimento - TV - Tecnologias digitais - Consumismo cultural	– Consumidores-cidadãos capazes de recepção crítica - Precisa-se conquistar espírito, coração e mente - Internet como novo espaço público
Perspectiva social	- Poucos expressam opiniões e as massas as recebem dos meios de comunicação, sendo difícil se manifestar - Rádio	- Comunicações permitem expressar e receber opiniões - Persuadir a comprar - Comunicação interna e externa	- Formas contra-hegemônicas de comunicação - Cidadão-consumidor consciente de sua responsabilidade planetária
Perspectiva dos comunicadores	Transmitir informações, ideias e influenciar atitudes: - a uma audiência massiva pelos meios de comunicação social MCS - um influencia outro	- Informar e influenciar consumidor e cidadão - Persuadir, vender, satisfazer e reter consumidores - Mediar para integrar - Comunicar dentro e fora da organização	- Internet, smartphones, TV digital e comunicação digital - Comunicações regulamentadas - Visão abrangente da comunicação

Fonte: o autor

Fica assim para sua reflexão o comparativo entre os três diferentes momentos da comunicação, de estarmos vivendo tendências comunicacionais e uma delas sinaliza uma possível terceira fase comunicativa com novos valores e outras possibilidades relacionais. Por que não?

<u>Sistematizando e refletindo</u>. Retomando e buscando sintetizar, do exposto sobre a gestão estratégica da comunicação integrada, evidenciaram-se a "efetividade" na mensuração e as empresas que assumem sua responsabilidade social, ambiental e planetária, a "empresa-cidadã", o que se destaca.

Procurou-se assim indicar como se dá a mensuração da gestão das estratégias de comunicação. É claro que a simples formalização do plano não basta. É por tal razão que se buscou apresentar uma visão ampliada da questão da comunicação, com uma possibilidade na forma de um mapeamento para que se tenha em mente que é preciso formar uma visão mais panorâmica dos diferentes territórios da comunicação. Uhry (2023) fez um mapeamento da indústria de notícias e identificou temas e problemas, e Uhry e Caetano (2023) mapearam as relações comunicacionais em premiações jornalísticas internacionais.

Também se fez referência a uma nova forma de pesquisa, denominada neuromarketing, o que, em uma visão crítica, pode gerar apreensão quanto a um possível uso do rastreamento mental para subjugar mentes com finalidades comerciais, incentivando o consumismo. É possível. Por outro lado, igualmente é admissível acreditar em um uso ético do rastreamento mental por parte das empresas no sentido de que venham a contribuir com uma melhor compreensão da eficácia das ações de comunicação e para que se desenvolvam produtos que encantem os clientes.

A gestão estratégica da comunicação pode ser considerada uma perspectiva instrumental do comunicacional a partir da administração com o viés do marketing em que se propõe a integração. Adiante, na apresentação das possibilidades e práticas será feito menção a outras maneiras possíveis de gerir o comunicacional.

Por fim cabem reflexões: como efetivamente integrar todas as estratégias de comunicação de forma a ter uma atuação comunicacional satisfatória? Como seria a gestão e integração da comunicação considerada como um todo orgânico? O Mapa relacional pode contribuir para uma melhor gestão da comunicação, assim como as estratégias relacional e participativa. Eis questão a ser mais bem pesquisada.

Assim, nos capítulos a seguir serão apresentadas as práticas tradicionais de comunicação que podem ser geridas de forma integrada. A ideia é que sejam incluídas na gestão estratégica comunicacional. E, na segunda parte, no Capítulo 7 será apresentada a Comunicação Organizacional, que também possibilita gerir a comunicação de forma estratégica, além de que cada estratégia pode ter contribuições. A seguir, a abordagem da comunicação editorial, jornalística, radiofônica e televisiva.

Questões para reflexão

a. Por que a avaliação é relevante para a gestão da comunicação?

b. O que é eficácia, eficiência e efetividade da comunicação?

c. O que abrange o processo de avaliação? Analise e comente a relevância da responsabilidade social e ambiental no contexto da comunicação e marketing.

d. O que seria necessário para uma empresa se tornar uma empresa-cidadã?

e. Que outras questões deveriam ser consideradas na avaliação da comunicação?

f. Ao plano de comunicação integrado que está a elaborar, acrescente as formas de mensuração de cada uma das formas de comunicação, inclusive a dos capítulos a seguir.

g. Como a aplicação de um Mapa relacional e a estratégia relacional e participativa podem contribuir para a gestão comunicacional?

h. Que momento comunicacional estamos vivendo e quais valores o embasam?

2

COMUNICAÇÃO EDITORIAL, JORNALÍSTICA, RADIOFÔNICA E TELEVISIVA

> *A história da humanidade e do social legaram-nos uma multiplicidade de modos de comunicação: a gestualidade, o discurso, a imagem, a escrita, etc. que podem funcionar separadamente, mas em muitos casos, combinam-se e interagem em atos particulares de comunicação. (Meunier; Peraya, 2008, p. 208)*

SINOPSE: A gestão estratégica da comunicação integrada é constituída de formas de comunicação que têm uma história antiga e que estão relacionadas à transmissão da voz, das imagens e à impressão e que se combinam e constituem práticas comunicativas que recebem denominações como: 2.1 Comunicação editorial e jornalística; 2.2. Comunicação radiofônica e televisiva. Uma questão suscitada é como se medem os efeitos relacionais que as formas de comunicação implicam.

2.1 COMUNICAÇÃO EDITORIAL E JORNALÍSTICA

Ao tratar da "midiatização da comunicação", especialmente relacionada às publicações de forma escrita (impressa) da comunicação editorial e jornalística, Meunier e Peraya (2008) referem-se ao "desenvolvimento da escrita" que seria, "sob certo ângulo, tecnologias do conhecimento" ou "tecnologias da relação social", uma vez que a "escrita tem efeito pragmático de conferir ao emissor e ao texto certa soberania e, consequentemente, induzir uma distância social em relação aos leitores", o que implica que "a escrita amplia a distância", de forma que a relação comunicativa é dificultada (Meunier; Peraya, 2008, p. 222-224).

Com relação à comunicação editorial e jornalística, de livros, jornais, revistas e outras publicações escritas impressas, embora não se trate de uma concessão pública, há formas de controle. Por exemplo, há possibilidade de controle exercido pelo Governo na importação do papel de imprensa, ou sobre a produção do papel. E na origem da impressão de livros e notícias havia censura e controle, como se verá a seguir.

2.1.1 Comunicação editorial – o livro

"O livro impresso é o primeiro dos grandes meios modernos de comunicação" registra Williams (2013, p. 23) em sua obra *Communications*, o que permitiu a "rápida difusão" de livros impressos que no século XVII atingiam tiragens de 2 mil exemplares e de almanaques populares 16 mil exemplares. Em 1538 surgiu em Londres a censura governamental e necessidade de licença sob o pretexto de limitar o número de impressoras "para evitar abusos" (Williams, 2013, p. 23).

Para contextualizar, inicialmente apresenta-se uma visão mercadológica em que traz os dados sobre quantidade de exemplares produzidos, faturamento, e depois a questão dos leitores, seus hábitos, barreiras e preferências e especificidades, baseado na pesquisa "Retratos da leitura", além do mercado de livros e leitores de maneira geral.

Uma síntese do mercado de livros no Brasil: em 2023 foram publicados 9,27 milhões de livros; em 2024 os varejistas venderam 24,70 milhões de livros contra 25,66 milhões em 2023; faturaram R$ 1,28 bilhão em 2024 quando havia faturado R$ 1,19 bilhão em 2023, segundo dados da Nielsen Bookscan Brasil (Publishnews, 2024).

A pesquisa "Retratos da leitura no Brasil 5", do Instituto Pró-Livro (2021), define como "leitor é aquele que leu, inteiro ou em parte, pelo menos 1 livro nos últimos 3 meses" e constata que 52% da população de mais de 5 anos pode ser considerada leitora, embora a média de livros lidos inteiros seja de apenas 1. Quanto ao que se lê, as maiores preferências de leitura: Bíblia, didáticos e técnicos, contos, religião, romance, poesia e infantil. As razões para não ler mais são falta tempo (47%), cansaço ou não ter paciência (15%) e preferir outra atividade (9%). Quanto ao uso do tempo livre, as preferências são: Internet (75%), do que se destaca os usos de: WhatsApp (68%), Facebook, Instagram, X (50%); Televisão (66%); Rádio e música (65%); Vídeo, filmes (60%); escreve (60%); livros (40%); jornais, notícias (33%) (Instituto Pró-Livro, 2021).

Da pesquisa dos hábitos de leitura, sugere-se que internet (redes sociais) é o que mais ocupa o tempo dos leitores, com a televisão em segundo lugar, seguido do rádio e música, vídeos, filmes. Surpreende que os leitores indiquem que escrevem, em um percentual maior do que a leitura de livros e de jornais e notícias. O que sobressai do estudo é que na mostra de leitores apenas se lê um único livro inteiro nos três últimos meses, além de ser a Bíblia o livro mais lido.

Apesar de o brasileiro ler muito pouco ("um livro inteiro") e de ter-se desenvolvido uma "literatura sem leitores, como foi e é em parte a nossa", de acordo com Candido (2006), houve o reconhecimento do escritor, que imprimiu "cor local, a exibição afetiva, o pitoresco descritivo e a eloquência", requisitos que mostraram que o "homem das letras foi aceito como cidadão", porque estava "disposto a falar aos grupos; e como amante da terra, pronto a celebrá-la com arroubo, para edificação de quantos, mesmo sem o ler, estavam dispostos a ouvi-lo" (Candido, 2006, p. 91).

No entanto, apesar de se tratar de uma "literatura muito acessível", para ser lida em "voz alta", com "tom de crônica, de fácil humorismo, de pieguice, que está em Macedo, Alencar e até Machado de Assis" (Candido, 2006, p. 95), verifica-se que não acontece a inclusão cultural dos leitores: "Com efeito, o escritor se habituou a produzir para públicos simpáticos, mas restritos, e a contar com a aprovação dos grupos dirigentes, igualmente reduzidos". Ao que se soma uma "esmagadora maioria de iletrados que ainda hoje caracteriza o país", o que "nunca lhe permitiu diálogo efetivo com a massa, ou com um público de leitores suficientemente vasto" (Candido, 2006, p. 95).

Essa literatura fácil, com "características da produção falada para ser ouvida" passa por mudanças que indicam um "possível enriquecimento da leitura e da escrita feita para ser lida" (Candido, 2006, p. 98). Apesar de os jornais inicialmente contribuírem para a literatura leve com a publicação de romances de folhetim, contos e especialmente crônicas, a partir de 1922, surgiram "obras marcadas por visível inconformismo, como se viu nas de alguns modernistas e pós-modernistas" (Candido, 2006, p. 97).

Na visão de Candido (2006, p. 98), o surgimento do rádio "reinstalou a literatura oral". Candido (2006, p. 100) registra que "é preciso chegar ao século XIX para encontrar os primeiros escritores formados aqui e destinando a sua obra ao magro público local". De certa forma a literatura tinha sido preservada por ser considerada relacionada com a alta cultura, para pouca gente, não um produto como sabão. A literatura também sofreu influência da oralidade, como se fosse uma literatura para ser lida, ouvida, e os gêneros mais populares são os de leitura amena e os marcados pela oralidade, como a crônica que foi publicada inicialmente em jornal e revista.

E com relação aos "contos, romances e poesias" citados na pesquisa Pro-Livro, quem são os autores? Analisando listas dos livros lidos, constata-se que só há um único romance brasileiro, *D. Casmurro*, de M. Assis, que deve ter sido indicado em escolas; e dois romances clássicos: francês (*Os Miseráveis*) e colombiano (*Cem anos de solidão*). Não há nenhum ficcionista brasileiro – contista, romancista ou poeta – atual. Apenas aparecem as histórias em quadrinhos da *Turma da Mônica* e a autoajuda de *Ansiedade*, de A. Cury.

Os livros citados são quase na totalidade de autores estrangeiros de livros de crônica banal, história, infantil, *bestsellers* e autoajuda espiritual, religiosa e financeira. Destacam-se escritores que figuram na lista do *New York Times Review of Books* na categoria *advice,* equivalente a autoajuda e séries de televisão / cinema / *streaming*.

O que sugere que os escritores nacionais atuais não conseguem conquistar os leitores e ocupar o mercado interno, que se encontra sintonizado com os interesses do mercado internacional, o que demonstra a atualização do público e a potencialidade de nosso leitor de interagir em um plano globalizado.

Cabem reflexões: será que os editores não publicam e divulgam adequadamente os autores brasileiros? Por que o público leitor se encanta com os autores estrangeiros de *bestsellers,* autoajuda, e séries norte-americanas? Por que os editores/leitores não valorizam mais os escritores locais? E o curioso é que os leitores pesquisados gostam de escrever mais do que ler livros, jornais e revistas? Como escrever sem ler?

Assis (2011, p. 703-705) aborda o mercado do livro, que considera "empresas familiares" e, por vezes, "amadoras", e coloca questões como: "Quem é o leitor, o que ele gostaria de ler, qual é a razão do sucesso ou fracasso de determinada publicação", sem trazer respostas, pois o mercado editorial é "pobre em estatísticas", uma vez que "dados sobre finanças e vendagens são tratados nos bastidores". Também traz indicações quanto ao planejamento de marketing editorial, quanto à distribuição, segmentação e divulgação de livros.

Em diferente perspectiva, hoje os mercados editoriais são dominados por grandes grupos que compram as pequenas editoras. O proprietário do canal de televisão é também dono da revista, da editora e do jornal. O crítico que elogia um livro em uma revista trabalha para o dono de tudo, além de que ainda é possível se citar o livro na novela, no noticiário. Foram criados grandes conglomerados que defendem interesses mercadológicos, além de estarem no Brasil os principais grupos internacionais.

Da pesquisa "Retratos da leitura no Brasil 5", quanto ao uso do tempo livre, destaca-se que as preferências de livros (40%) são superiores à de jornais (33%) (Instituto Pró-Livro, 2021), o que sugere que as notícias ocupam o último lugar em preferência.

2.1.2 Comunicação jornalística – as notícias

A pesquisa "Retratos da leitura no Brasil 5" define que, quanto ao uso do tempo livre, as preferências são, para jornais, de apenas 33%, o mais baixo índice de preferência (Instituto Pró-Livro, 2021), sugerindo que possivelmente as notícias estão cada vez mais migrando para o meio digital.

Contextualizando, comunicação jornalística, notícia e espaço público estão relacionados aos espaços de opinião, expressão e deliberação – a opinião pública. Habermas (2003c, p. 274-290) menciona duas acepções para opinião pública: 1) condição de instância crítica em relação a dar publicidade ao se exercer o poder político e social; ou 2) uma instância receptiva em relação à publicidade demonstrativa e manipulativa difundida por pessoas e organizações. No espaço público ambos os tipos de publicidade (*Öffentlichkeit*, em alemão) estão presentes e a opinião pública é a destinatária de ambos.

Para Habermas (2003c), a publicidade noticiosa ou comunicação jornalística, ou notícia é considerada a dimensão constitutiva do espaço público por meio da publicidade crítica, relacionada com o direito à participação na vida política, ou seja, dar "caráter público dos debates" e dos atos das pessoas investidas do poder público (Habermas, 2003c, p. 15-37).

Opinião pública, para Habermas (2003c), constitui-se em um processo de escrutínio no espaço público, bem diferente da publicidade manipulativa. A propósito, Ollivier (2012, p. 181) registra que "o papel da imprensa é publicar o que ficaria secreto" e, assim, promover o "debate público, o que permite o surgimento de uma opinião pública" e o "espaço público" constitui-se em "um conjunto de pessoas físicas que discutem questões de interesse comum". Na visão de Cabral Filho e Cabral (2017, p. 252), "Habermas critica radicalmente a validades das pesquisas de opinião", sugerindo que pode "direcionar posicionamentos da população", deixando aberta "a possibilidade de implementação de estratégias para preservação dos princípios normativos da esfera pública".

Por outro lado, a propósito do papel dos meios de comunicação na formação da opinião pública, McCombs (2009) formulou a teoria do agendamento que se constitui uma hierarquização de prioridades frente a uma lista de problemas que são classificados em ordem de prioridade pelo tratamento que recebem dos meios de comunicação, buscando-se identificar e comparar as opiniões veiculadas pelos meios de comunicação e a opinião pública.

Na visão de Prado (2017, p. 336), McCombs busca "observar a influência dos media sobre as atitudes e opiniões dos públicos", com percepções como: "nem todos os conteúdos dos media produzem um impacto sobre as atitudes e opiniões das pessoas", mas apenas alguns são considerados "pertinentes, como por exemplo o voto".

Também sobre a opinião pública, Noelle-Neumann (1995) formulou a teoria da espiral do silêncio que sustenta a hipótese que os meios de comunicação intervêm no espaço público reprimindo a diversidade de opiniões. Pesquisando sobre a opinião pública, Noelle-Neumann (1995) constatou que há um *gap* entre as opiniões concebidas pelos indivíduos e sua expressão em público, o que explica porque pesquisas eleitorais indicam um favorito, o que não se evidencia nas urnas. Diante de uma opinião dominante destacada pelos meios de comunicação, uma parte dos indivíduos se retira do debate público e prefere se guardar, criando uma espiral de silêncio que é como se estivesse diante de algo que não se pode aceitar: a opinião expressa pelos meios de comunicação e pelo grupo social de pertencimento que não agrada.

A concepção de Noelle-Neumann de opinião pública, na percepção de Cal (2017, p. 204-207), refere-se "às opiniões que, num contexto de controvérsia, podem ser vocalizadas em público" sem medo de "sanções ou de serem isoladas", processo que alimenta a "espiral do silêncio", que é "capaz de ser mensurada" por métodos empíricos desenvolvidos por Noelle-Neumann.

Sobre comunicação jornalística, notícias e opinião pública, Williams (2013, p. 27) relata em 1663 em Londres estabeleceu-se a figura governamental de um inspetor de imprensa para censurar as "notícias publicadas" e controlar a opinião pública.

No Brasil não foi muito diferente. Em ensaio sobre as práticas midiáticas contra-hegemônicas na imprensa carioca, de 1889 a 1930, Coutinho (2008, p. 88) relata que em 1923 surgiu, sob o pretexto de "liberdade com responsabilidade", uma "Lei da Imprensa" com o objetivo "sufocar as vozes dissonantes", a "tendência contra-hegemônica": a "imprensa proletária", mantida por trabalhadores, e "as vozes críticas e alternativas da grande imprensa" conservadora expressas por meio de "crônicas, reportagens, caricaturas, textos humorísticos, críticas literárias, notícias e artigos". Pesquisas sobre hegemonia e contra-hegemonia na imprensa atual estão a desafiar os pesquisadores.

Woitowicz (2009) organizou uma coletânea sobre as alternativas midiáticas, em que aborda: comunicação alternativa nos tempos da repressão política, analisando-se os jornais Movimento, Opinião, Repórter, Pato Macho e Informação; lutas pela democratização da palavra, em que se examinam os jornais de bairros de Porto Alegre, Jornal Pessoal, Nankin e outros jornais independentes, a Rede de Alto Falantes em Ponta Grossa, rádios comunitárias no Piauí, Maranhão e Paraná; minorias sociais nos meios alternativa: imprensa de imigrantes em São Paulo, imprensa homossexual no Brasil, jornal Lampião da Esquina e comunicação afro-religiosa em São Luís; e trajetória, conceituação e outras experiências.

Na visão de Mazetti (2009, p. 287), mídia alternativa refere-se a "ações que visam pluralizar as vozes do debate público", oferecendo "temas, ângulos" e fatos "obscurecidos, silenciados quando não distorcidos pelos veículos de comunicação hegemônicos, orientados pelo interesse comercial", evidenciando-se assim com as práticas alternativas a emergência de novos meios digitais, o que gerou "uma intensificação das experimentações" que podem contribuir "de diferentes formas na oposição à mídia hegemônica, não só naquilo que ela obscurece ou distorce, mas na própria concepção de mídia que ela irradia".

Becker (2009, p. 284-285) também destaca o "contraponto construído pela mídia alternativa", que se caracteriza como "jornalismo de posição", em oposição ao jornalismo que se diz informativo, neutro ou objetivo – "jornalismo empresarial" que mantém relações com "poderosos" para obter verbas publicitárias, em contraste com as dificuldades de "sustentação financeira", comum a "todos os veículos alternativos, dado o seu caráter intrinsecamente anticapitalista".

Assis (2011, p. 706-714) também aborda o mercado de jornais e revistas, que considera que "alcançou altos níveis de profissionalismo", referindo-se aos seus dois públicos: o de leitores e de anunciantes, "dualidade que garante a saúde do negócio". E destaca a necessidade de se conhecer os leitores e os anunciantes e montar dois modelos de negócios: um em que a publicidade (venda de anúncios) é o mais relevante; e outro em que o mais importante são os leitores, através de assinaturas e venda avulsa, pois a tiragem vai impactar a atração de anúncios. E se refere aos desafios do negócio editorial: novas mídias, hábitos de leitura frente à Internet, barreiras à entrada de novos *players* cada vez menores e anunciantes que querem retorno.

Por outro lado, quanto ao "distanciamento em relação às notícias" e à "proximidade com o público-alvo", Hernandes (2006) chega a duas situações: (a) uma em que simula uma relação entre iguais, que é o caso da *Folha de São Paulo*, do *Jornal da CBN* e do *Portal UOL*, como se estivessem no mesmo nível com seu público e compartilhassem uma posição sociocultural parecida; (b) outra que simula uma relação professoral, marcada pelo didatismo de uma posição que alguém que muito sabe para outro que pouco sabe, estando em nível sociocultural superior, como os casos do *Jornal Nacional* e da revista *Veja* (adaptado de Hernandes, 2006, p. 266).

A partir da análise com o Mapa relacional das práticas noticiosas premiadas internacionalmente, o discurso noticioso foi examinado e levantou-se a questão da revitalização jornalística a partir da perspectiva das relações comunicacionais (Uhry, 2023).

No aspecto institucional, por outro lado, entre os aspectos da Constituição que não foram regulamentados, estão o artigo 220, que proíbe o monopólio e oligopólio nos meios de comunicação.

2.2 COMUNICAÇÃO RADIOFÔNICA E TELEVISIVA

Da Constituição também ainda não foram regulamentados o artigo 221, sobre a finalidade da programação de rádio e televisão, o foco da comunicação radiofônica e televisiva. A pesquisa "Retratos da leitura no Brasil 5" define que, quanto ao uso do tempo livre, as preferências são, para Televisão de 66%, Rádio (65%), vídeo e filmes 60% (Instituto Pró-Livro, 2021).

Apresentados tais dados contextuais, inicialmente retoma-se às questões sugeridas, de "que podem funcionar separadamente" as formas de comunicação gestual, discursiva, imagética, escrita, impressa, mas que, "em muitos casos, combinam-se e interagem em atos particulares de comunicação", os quais, vistos sob a perspectiva pragmática de Meunier e Peraya (2008), provocam questionamentos de como se podem medir os "efeitos relacionais" das formas de comunicação? Como se mensura "a importância de um ato de comunicação" e quais são seus "efeitos relacionais? (Meunier; Peraya, 2008, p. 203-209).

Assim a seguir volta-se a abordar especificamente alguns meios de comunicação. Ao se referir à linguagem verbal, mais relacionada à comunicação radiofônica, Meunier e Peraya (2008) registram que "a linguagem verbal instaura distanciamento (perante o mundo e os outros) e discriminação", dificultando a relação comunicativa, de forma que os sujeitos que se comunicam (locutor e ouvinte) se colocam "à distância" (Meunier; Peraya, 2008, p. 216-222).

Já ao abordar a "midiatização da comunicação", mais relacionada à imagem e, por extensão, à comunicação televisiva, Meunier e Peraya (2008) referem-se a que, do "ponto de vista pragmático, os efeitos imagéticos" contribuem com a relação comunicativa, pois a "imagem exerce seus efeitos de acordo com a indiferenciação social", pois as "imagens induzem participações necessárias à formação e à preservação das comunidades" (Meunier; Peraya, 2008, p. 222-224).

Depois da reflexão sobre os efeitos relacionais pragmáticos das formas de comunicação, destaca-se inicialmente a comunicação radiofônica e televisiva que levam suas programações ao ar por meio de tecnologias de vídeo e radiodifusão, que ficaram sujeitos à regulamentação governamental sob a alegação de "escassez de espaço nas ondas de rádio" (Briggs; Burke, 2004, p. 199) e que mais sofrem interferência política no sentido de sua concessão.

Mattos (2005, p. 146-157) sintetiza o surgimento e a expansão no Brasil dos meios audiovisuais rádio e televisão, destacando o controle governamental, no qual "o Estado sempre teve e continua tendo grande interesse", criando a infraestrutura de telecomunicações, além da dependência de tecnologia estrangeira e da sustentação por meio de verbas publicitárias. Mattos (2005, p. 161) constata que o Estado tem "aumentado seu poder de pressão e controle sobre os meios de comunicação", além de ser o maior anunciante individual.

No relatório sobre Tecnologias de Informação e Comunicação (TIC) nos domicílios brasileiros, o Comitê Gestor da Internet CGI (2024) consta que 96% dos domicílios brasileiros possuem televisão, 93% telefone celular, enquanto 62% possuem rádio, 32% antena parabólica (satélite), 24% telefone fixo, 25% televisão por assinatura, 27% notebook, 19% computador e 14% tablet. Segundo o Censo Escolar de 2023, o Brasil tem um total de 137.208 escolas públicas estaduais e municipais, dentre as quais 89% declararam ter Internet para uso geral e 62% para aprendizagem (CGI, 2024).

Quanto à programação da TV paga, a ANCINE (2024) mostra que 18,58% são exibidas obras estrangeiras, 12,46% publicidade, 57,21% obras brasileiras, dessas sendo apenas 37,12% obras brasileiras independentes e 11,75% de outras obras constantes nas programações da televisão por assinatura. E o *market share* dos filmes brasileiros caiu de 21,7% em 2020 para 11,2% em 2024.

Combinando dados da ANATEL (2024) – 519 geradoras de televisão e 7595 retransmissoras – com os 19 emissoras geradoras de caráter educativo e cultural –, cerca de 96% das emissoras de televisão brasileiras são comerciais, de capital privado. No entanto, trata-se uma concessão pública temporária, ou seja, é preciso que seja renovada pelo Congresso. Antes da atual Constituição, de 1988, a concessão era competência do Executivo. Atualmente a não renovação de uma concessão de rádio ou televisão deve ser aprovada por dois quintos do Congresso Nacional, o que torna praticamente hereditárias as concessões.

E um exemplo de falta de controle dos interesses públicos é a distorção, quanto à concessão de estações de televisão e rádio, que passa pela aprovação do Congresso. Como alguns políticos têm interesse em se beneficiar, podem conseguir politicamente concessões e usar politicamente os canais para se reelegerem. Lima (2006) apresenta um levantamento de quantos congressistas são concessionários de rádio e televisão, apesar de o artigo 54 da Constituição Federal proibir pessoas com cargos públicos de explorar concessões de rádio e televisão. Chega-se a uma situação absurda em que a maioria dos grupos políticos hegemônicos nos estados detém concessões de rádio e televisão, gerando-se "relações suspeitas" entre parlamentares e estações de rádio e televisão, como mostra Lima (2006, cap. 5).

As tentações para os políticos se aproveitarem são grandes e a opinião pública pode ser influenciada e até mesmo manipulada pelos veículos de comunicação que, na maior parte dos estados, estão vinculados a grupos políticos hegemônicos que buscam se perpetuar no poder. Pode-se assim dizer que estações de rádio e canais de televisão sofrem influência política e, em decorrência, muitos guardiões selecionadores desses veículos têm manipulado, ou seja, enquadrado notícias de forma favorável aos interesses de determinados grupos políticos.

Ou também se procura enganar o cidadão. Por exemplo, uma das formas de enganar é a veiculação de publicidade como se fosse notícia: estações de televisão e rádio levam ao ar publicidade em formato de notícia. A maior parte dos anunciantes envolvidos na investigação alega que seus vídeos citam a fonte da informação, mas os canais e estações as retiram, ao colocar a peça no ar, veiculando publicidade como se fosse notícia. Tal procedimento é comum no Brasil. Até mesmo parlamentares usam verbas públicas "para divulgação do mandato" em veículos de comunicação dos quais são sócios. Além de publicar propaganda como se fosse notícia, ainda encontraram mais uma forma de desviar verbas públicas.

Embora não localizando pesquisa mais recente, Melo (1985, p. 79) aponta que 80% da programação da televisão no Brasil é de entretenimento, sendo a metade dos programas estrangeiros e apenas 9% de programação de caráter educativo. Isso apesar do artigo 221 da Constituição de 1988 estabelecer que as emissoras de rádio e televisão devem ter programação preferencialmente "educativas, artísticas, culturais e informativas", promovendo-se a "cultura nacional e regional, a produção independente, os valores éticos e sociais, e privilegiando a regionalização da produção", o que não vem sendo cumprido. Caberia pesquisa atualizada a respeito.

Martel (2012) fez pesquisa em que mostra que há uma disputa internacional pela comunicação e em que os Estados Unidos da América são hegemônicos com 50% das exportações mundiais de programas de televisão, filmes, música e livros. Ao traçar um panorama mundial, Martel (2012, p. 304-338) menciona a televisão e especificamente que "as novelas conquistaram a América de Norte e do Sul", referindo-se à televisão Globo e televisão Record, com relação ao Brasil, à Telefe, Cuatro Cabezas e Pol-Ka, da Argentina, Televisa, do México, entre outras. Com relação às novelas brasileiras, trata-se de "um recém-chegado ao mercado de trocas culturais internacionais" e as novelas são distribuídas "a preço camarada; em relação às séries americanas". E Martel (2012, p. 454) conclui que, "graças ao tamanho e ao dinamismo de seu mercado interno", Brasil e México "podem defender suas indústrias" de novelas de televisão e músicas e "compensar a balança comercial cultural" desequilibrada com os Estados Unidos da América. E, no caso brasileiro, ainda pode estreitar laços culturais com países da América Latina.

Pode-se assim sugerir a preferência pela televisão seja maior entre os com menor nível educacional, uma vez que os jovens têm tendência a preferir a Internet, além da simultaneidade de assistir televisão e navegar na web. Em médio prazo a Internet pode se tornar os meios predominante. A questão pede pesquisas a respeito.

Sobre a hegemonia da televisão, há análise de Martín-Barbero e Rey (2001), por exemplo. Em outro ponto de vista, para Ogden e Crescitelli (2008, p. xii), já não mais existe "a era da hegemonia de um único veículo de comunicação", que obtinha índices de audiência próximos a 100%, pois se as atuais novelas de televisão atingem 60 pontos já são consideradas um sucesso, o que comprovaria a "redução da hegemonia da audiência".

No entanto, a quinta pesquisa "Retratos da Leitura no Brasil" (Instituto Pró-Livro, 2021) constata que assistir à televisão tem apenas 66% da preferência de utilização do tempo livre. O que sugere não ser a televisão o meio hegemônica, que também oferece outras opções de programação, além das novelas.

Por outro lado, ao examinar criticamente o sistema televisivo brasileiro, Sodré (1977) chega às seguintes conclusões: a) A sua ação é decididamente predatória em relação às formas populares de cultura; b) o monopólio da fala exerce a função de neutralização das possibilidades de expressão popular; c) os valores culturais alternativos só podem ser percebidos pela televisão na forma de clichês exótico-pitorescos; d) as variações culturais são encaradas como formas marginais de existência (Sodré, 1977, p. 128-134).

O que sugere que a função social do meio preponderante, a televisão, é "levar o público a assumir atitudes compatíveis" com o *status quo*, para o que "deve esconder o que não se pode mostrar – tudo aquilo que ponha em dúvida, desestruture ou desarticule a unicidade do código" (Sodré, 1977, p. 134).

Marcondes Filho (1990, p. 108-109) também aborda a televisão como um instrumento de reforço de determinados interesses e ideologia: a televisão nos "transporta imaginariamente do nosso mundo privado, doméstico, isolado, ao mundo da fantasia e da imaginação que, mesmo nos telejornais, pouco tem a ver com a realidade", o que "institui o hábito de rechear as noites com vivências que seriam impossíveis durante o período diurno", fixando "dispersão entre princípios de realidade e princípio do prazer, respectivamente o dia-a-dia de trabalho, o cansaço, o desgaste, a obrigação, o dever, e o descanso, o relaxamento, a tranquilidade, o sonho". Tal "dualidade existia", mas "não tão organizada como na era da televisão", e tal "tendência unificadora não se deve à própria televisão e sim ao uso comercial e político que ela passou a ter" (Marcondes Filho, 1990, p. 108-109).

Do que se destaca "o uso comercial e político" que a televisão assumiu. Quanto à interdependência entre mídia e política, Weber (2000, p. 30) mostra que existe uma disputa por "olhos, votos e pontos de audiência", pois a política compete com os meios, porque "ambos exercitam seu poder junto ao receptor", do que decorrem "o delito estético cometido pela intromissão da política como realidade, no formato televisivo e, consequentemente, no hábito de olhar do espectador"; o "delito político cometido pela televisão quando define o interesse do espectador"; o "delito cometido pela política quando imposta às mídias", como "mero instrumento de veiculação, contrariando seu formato, sua estética". E o que se propõe é que o "sujeito destinatário" participe, "transformando--se de ortodoxo telespectador – cuja ação pode ser inconsequente – em responsável cidadão, de cuja ação depende mudanças sociais e políticas" (Weber, 2000, p. 30).

Além disso, na América Latina, e especialmente no Brasil, os canais de televisão têm se destacado por produzir novelas que, inclusive, têm sido exportadas para outros países. Weber (2000, p. 117-137) sugere inclusive o uso das telenovelas "Vale Tudo, O Salvador da Pátria e Que Rei Sou Eu" para "desqualificação da política" e "despolitização": "o povo de Avilan conquista o poder, invadindo o palácio real, liderado pelo próprio rei que desconhecia sua origem", e com "gestos e olhar messiânicos, dirige-se ao telespectador-eleitor chamando sua atenção sobre a necessidade de votar bem". As "referências políticas, conhecidas do povo-telespectador, foram uma crítica mais contundente à complexa situação vivida pelos países de Avilan e Brasil, mais do que as veiculadas pela imprensa" (Weber, 2000, p. 136).

Se, de um lado, novelas são usadas de forma a contribuir com a manutenção do *status quo* hegemônico, por outro lado, Roedel (2008, p.

215) mostra que as novelas de Dias Gomes tinham uma proposta contra-hegemônica, colocando-se contra "o consenso construído pela classe dominante, na conjuntura da ditadura", no período de 1970 a 1976, em que "a televisão despontava, então, como um importante aparelho de hegemonia". Em 1970, com a novela "Barão vermelho", Gomes trouxe as futilidades de "uma classe que, ao ser beneficiária do 'milagre', não tem como preocupação outras questões que transcendam seu pequeno mundo", ou seja, "mostra uma classe alienada dos problemas sociais". Exibida de 1971 a 1972, "Bandeira 2" traz a questão do "crime organizado do jogo do bicho" que domina o Rio de Janeiro e em que, "sobre as classes populares", vítimas da violência, recai o "ônus da responsabilidade". "Bem-amado" (1973) traz o cenário urbano de uma pequena cidade da Bahia com suas intrigas políticas "em torno da inauguração do cemitério da cidade" e aborda a questão "dos pescadores explorados por um empresário da pesca". Em "O espigão" de 1974 são abordados temas "ecológicos e de especulação imobiliária". Em 1975, "Roque Santeiro" – a nova novela de Gomes – foi censurada por seu "teor de crítica social e política", vindo a ser exibida dez anos depois, no final da ditadura. Gomes desenvolveu narrativas que se contrapuseram "ao consenso estabelecido pelo regime, oferecendo um olhar diferenciado sobre as questões" (Roedel, 2008, p. 225-232).

Por outro lado, a novela "Páginas da vida" buscava retratar histórias de pessoas comuns. Faz sentido, como mostra Martín-Barbero (2004, p. 32-33), ao registrar que as pessoas fruem mais a telenovela quando contam o "visto" e podem relacioná-lo com a sua vida: "a telenovela termina sendo o pretexto para que as pessoas nos contem sua vida", criando-se uma espécie de intercâmbio dialógico entre personagem e espectador, o que pode ser relacionado à confusão relato-vida, ou seja, "entre o que vive o personagem e o que sente o espectador" (Martín-Barbero, 2004, p. 172), dando certa consistência tanto aos dados da realidade quanto aos da ficção telenovelesca.

Trata-se, no entanto, de uma estratégia hegemônica "que se pauta na superficialidade como critério para integrar os telespectadores a questões fúteis" que "acomodam tensões", ocultando-se o que "efetivamente é importante" (Roedel, 2008, p. 215-216).

Assim examinaram-se aspectos relacionados à hegemonia comunicacional dos meios audiovisuais, o que tem a ver com mercantilismo. Coelho (1996, p. 76) destaca o lado mercadológico da comunicação no

Brasil, a que considera "marcada pelos traços mais evidentes e grotescos do comercialismo": "Tudo que possa prejudicar um consumismo acrítico não deve passar por esses veículos", ou seja, as "preocupações culturais se guiam pela preocupação maior, que é vender alguma coisa. Para vender é necessário criar e manter o hábito de consumir", para o que "é necessário embotar a capacidade crítica, em todos os seus sentidos" (Coelho, 1996, p. 76).

Será que é necessário "embotar a capacidade crítica"? E, por outro lado, participar da cidadania significa consumir? A questão está relacionada ao cultural, que está em conexão com valores. Como se dá a criação de hábito de consumir estimulado pela televisão e pelo rádio? Por exemplo, há pesquisas sobre a inserção de elementos do popular na cultura de massa: estudando programas populares de televisão, como o de Hebe Camargo, Miceli (2005, p. 180) chegou às seguintes conclusões: a) o caráter hegemônico dos bens culturais difundidos pelos meios de comunicação de massa, efeito do estágio atual de integração precária do mercado material e simbólico; b) tal caráter torna viável a existência de mensagens que respondem, em parte, às demandas das classes dominadas, ao lado de mensagens que reproduzem, mais de perto, o *habitus* da classe "dominante" de acordo com a lógica de distinção e vulgarização que traduz o sistema de classes no nível de consumo (Miceli, 2005, p. 180).

Em sua tese de doutoramento Almeida (2008) também constatou como "as pessoas interagiam, debatiam e chocavam-se com a moral sexual" apresentada na novela das 21h, bem como "são promovidos ideais de corpo e de beleza, como se cria o desejo de comprar certos bens", ensinando e preparando o desejo de consumir: "A novela parece ter um funcionamento semelhante ao da publicidade na promoção de bens e serviços", mas "A novela tem muito mais tempo do que os anúncios e atenção mais garantida dos espectadores para poder explorar".

Lopes (1988) igualmente analisou os efeitos dos programas radiofônicos sobre "populações marginais que vivem no ambiente urbano" e conclui, sobre a recepção, que o consumo pode ser considerado "como processo ativo, definido como forma de participação e de prática semiótica", ou seja, as "operações de reconhecimento do discurso radiofônico popular constituem-se em nova produção de sentido por parte dos receptores", o que sugere que "o consumo de mensagens de massa não é um processo passivo, mas implica um novo investimento de sentido integrado no conjunto das condições concretas de existência marginal" (Lopes, 1988, p. 189).

Por outro lado, Martín-Barbero (2004) sugere a cumplicidade do massivo com o popular, exemplificando com a telenovela, que tem suas origens na tragédia grega, na pantomima melodramática francesa: "a telenovela era filha também bastarda do folhetim franco-inglês e da radionovela cubana, postos lado a lado, desde os inícios da televisão da América Latina, pela sagacidade publicitária da Colgate-Palmolive". E afirma que a telenovela possibilita "às massas urbanas apropriarem-se da modernidade sem deixar sua cultura oral" (Martín-Barbero, 2004, p. 22-27) e a situa em um lugar importante: "nas dinâmicas da cultura cotidiana das maiorias, na transformação dessa sensibilidade, nos modos de construir imaginários e identidades". O fato é que, quer "gostamos ou desgostamos da televisão, sabemos que é, hoje, ao mesmo tempo, o mais sofisticado dispositivo de montagem e deformação da cotidianidade e dos gostos dos setores populares", e se tornou "uma das mediações históricas mais expressivas de matrizes narrativas, gestuais e cenográficas do mundo da cultura popular" (Martín-Barbero, 2004, p. 27).

Assim as massas da América Latina incorporam-se à modernidade não por meio do livro, associado ao saber ilustrado, mas, sem "deixar sua cultural oral", agora transformada em oralidade secundária pelas "indústrias culturais do audiovisual": rádio, cinema e televisão (Martín-Barbero, 2004, p. 209-210). A incorporação das massas à cultura audiovisual se dá, segundo Martín-Barbero, pelo "deslocamento da produção da cultura em direção a instituições e aparatos especializados" e inseridos no movimento de globalização, por meio de: (i) dinâmicas de fragmentação do hábitat cultural dos povos e mediante a fragmentação dos públicos, a multiplicação dos canais e a segmentação especializada dos consumos. (ii) Dinâmicas de secularização dos mundos simbólicos, de desterritorialização das demarcações culturais – culto/popular, moderno/tradicional, nacional/estrangeiro, de hibridação de culturas e subculturas que dão lugar a identidades novas sem o apego às velhas territorialidades e percebidas desde temporalidades curtas e precárias (Martín-Barbero, 2004, p. 238).

Em outra perspectiva, ao contrário de uma cultura produzida por poucos e consumida por muitos, sem que estes possam interferir nos produtos simbólicos que consomem, Santaella (2003, p. 52-53) defende que a cultura dos meios de comunicação "inaugurava uma dinâmica que, tecendo-se e se alastrando nas relações das mídias entre si, começava a possibilitar aos seus consumidores a escolha entre produtos simbólicos alternativos". É, por exemplo, o caso de um livro que vira filme, minissérie ou novela televisiva, um concerto que é filmado e apresentado na televisão, um DVD de um show ao vivo ou televisionado.

Segundo Miceli (2005, p. 215-216), com o crescimento dos públicos de televisão, rádio, jornal e revista, de expressão nacional, acontece a expansão dos meios de comunicação e a autonomização: o Brasil ocupava "o sétimo lugar em gastos com publicidade e o quinto em despesas com propaganda pela televisão", passava a exportar programas de televisão para noventa países e situava-se entre os dez maiores produtores de livros, o que sugere o êxito econômico dos meios de comunicação. Atualmente figura entre os cinco maiores mercados publicitários do mundo.

Será, no entanto, que o êxito econômico dos meios de comunicação é o único critério de avaliação? Os interesses do mercado devem preponderar sobre os da cidadania? Por exemplo, com relação aos concessionários de canais da TV aberta, Leal Filho (2007) propõe a seguinte reflexão: "será que estão prestando um bom serviço público à população? Que contribuição têm dado para reduzir a violência, aumentar a solidariedade, promover o desenvolvimento cultural e artístico da nação?" E quanto à "diversidade de ideias existente no país, fundamental para o exercício da democracia?" (Leal, 2007, p. 48).

Na verdade, parece que não há controle sobre a prestação do serviço público de fornecimento de programas de televisão. Em outros países, há um percentual da programação que deve ser de programas educativos. No Brasil, apesar do artigo 221 da Constituição de 1988, que define a finalidade da programação de rádio e televisão, ainda prevalecem os interesses do mercado. É como expõe Priolli (2007): "A televisão comercial se especializou na oferta de diversão, limitou os conteúdos informativos e esqueceu quase completamente os educacionais" e, assim, "desequilibrou a programação, em favor de conteúdos de apelo mais fácil, de maior atratividade e, consequentemente, de maior rentabilidade" (Priolli, 2007, p. 50).

As emissoras querem conseguir patrocinadores a todo custo e, para tal, precisam obter audiências, prevalecendo os interesses mercadológicos frente aos culturais e aos da cidadania. Concordamos com Leal Filho (2007, p. 48), quando defende que "caberia à sociedade dizer, por exemplo, se está satisfeita com a programação que recebe em casa e quais mudanças propõe para os próximos anos".

Além da TV aberta, existem canais de televisão por assinatura, para um grupo restrito de mais de 10,2 milhões que pode pagar para ter diversidade de programação, segundo dados da Anatel (2024), sendo 51,9% transmitidos de forma digitais por satélite (*DTH direct to home*), 36,2% TV por cabo coaxial e 11,8% por fibra ótica.

Em seu pós-doutorado, Rothberg (2011) pesquisou o sistema britânico de comunicação pública, destacando a BBC British Broadcasting Corporation como "instituição que acolhe e estimula a realização plena do jornalismo" (Rothberg, 2011, p. 5). Depois de acompanhar 55 horas e analisar 200 min de programação da BBC, Rothberg (2011, p. 113-152) identificou qualidades que fazem com que a BBC seja considerada uma experiência elogiada de defesa da cidadania: pluralismo de informações, análises e interpretações, diversidade para "examinar as diversas perspectivas", contextualização e "visão equilibrada em torno dos diversos aspectos envolvidos", que podem ser considerados valores editoriais.

A BBC pode ser considerada referência de sistemas públicos de comunicação: os canais de rádio da BBC e os canais televisivos, com audiências de 33% na televisão e 54% no rádio. O canal televisivo BBC1 alcança 78% da população; o BBC2, 57%; e o BBC3, 17%. Também há sistemas públicos de comunicação na Alemanha, Espanha, França, Itália e Portugal.

No Brasil, no âmbito federal destaca-se a Empresa Brasil de Comunicação (EBC), gestora da TV Brasil, Agência Brasil, da NBR, Rádio agência, 8 estações de rádio, estações de televisão analógica no DF, RJ e MA e programação também levada ao ar também a SP, além de TVs da Câmara dos Deputados, Senado Federal, Supremo Tribunal Federal e rádio do Exército.

Nos estados brasileiros existem as emissoras de televisão educativas mantidas por governos de SP, MG, RS, PR e BA que chegaram a se articular para assumir papel mais central que de simples integrante da rede encabeçada pela TV Brasil. Também há canais universitários e canais comunitários. Estima-se que as emissoras públicas movimentam recursos de cerca de R$ 600 milhões, incluindo-se difusão em TV aberta e por cabo.

Em 2010, a exemplo de canais internacionais mantidos por países europeus: BBC (Inglaterra), TVE (Espanha), France Television (França), RTP (Portugal), Deutsche Welle (Alemanha) e países asiáticos como o Japão, com a NHK, criou-se a TV Brasil Internacional, um canal internacional para exibir programação em Língua Portuguesa atualmente em 65 países na TV paga. A programação é a da TV Brasil e alguma coisa das

TVs Educativas estaduais e uns programas próprios e pode ser assistida pela Internet.

A TV Brasil e TV Brasil Internacional da Empresa Brasileira de Comunicação não parecem ser a solução para problemas de televisão no Brasil, mas sugeriam jornalismo oficial de divulgação de País e algo para servir para empreguismo. As iniciativas não parecem indicar um projeto para a televisão pública no país. É preciso uma visão mais ampla da questão da televisão e da comunicação no Brasil. As questões levantadas sugerem que os governantes não têm tido uma visão estratégica para os meios de comunicação, especialmente para a televisão e a radiodifusão.

Cogita-se uma reforma da legislação brasileira no setor da comunicação, o que poderia envolver a criação de agências reguladoras: uma iria tratar da produção audiovisual nacional, regional e independente, enquanto a outra teria com função o controle das rádios e TVs que operam mediante concessão pública. A questão passa por não haver ingerência política, evitar a concentração de poder da parte de certos grupos, fomentar a pluralidade e garantir acesso, entre outras questões.

A Empresa Brasil de Comunicação EBC poderia ser considerada o embrião de um sistema de comunicação público que incluiria as experiências isoladas de comunicação pública, apesar de que ainda não conseguiu de fato materializar, por envolver questões de legitimação, gestão, autonomia, participação, distribuição, programação e financiamento que ainda não foram resolvidas.

Por outro lado, refletindo com relação às políticas públicas de comunicação, Cabral (2008) traz sugestões: "estabelecer regras claras para concessões públicas no setor; definir serviços de radiodifusão, telecomunicações, informática e suas dimensões, especialmente nesse cenário recente de convergência"; coibir monopólio e oligopólio de acordo com a própria Constituição; "fomentar a qualidade e a constante capacitação por parte de diferentes promotores comunitários" (Cabral, 2008, p. 247).

O Governo Federal investiu na TV Brasil e TV Brasil internacional, mas parece não ter planos para o setor. Não se consolidou um sistema público de comunicação, nem há articulação de uma rede de televisão públicas liderada pela TV Brasil e que teria participação das TVs estaduais e as demais TVs públicas. A Organização para a Cooperação e Desenvolvimento Econômico (OCDE) publicou relatórios de avaliação das políticas públicas e da regulação do setor das comunicações no Brasil.

A propósito, Pierani (2021) analisou as recomendações da OCDE para o modelo regulatório do setor no Brasil, centradas na instituição de um órgão regulador único e convergente, e para o sistema público de radiodifusão, dentre as quais está a revisão de alterações recentes na governança da EBC. A mudança do modelo regulatório e os avanços no setor ganham força, porém sua efetiva implementação dependerá da superação de barreiras políticas diversas.

Sobre o sistema público de comunicação, Orth e Soares (2020) analisaram a "criação, o desenvolvimento e as mudanças ocorridas na estrutura da EBC, a partir da segunda metade de 2016", buscando "compreender como a EBC, que gere os serviços de radiodifusão pública federais, se constituiu e vem passando por processos de desmantelamento de seu caráter público". Orth e Soares destacaram mudanças estruturais: "1.ª extinção do Conselho Curador, instância formal de participação da sociedade na empresa; 2.ª a fusão do canal NBR e TV Brasil", ambas mudanças consideradas "inconstitucionais por especialistas e pesquisadores em Comunicação Pública".

Lolli e Prata (2023) analisam a influência da rede pública de rádios do Brasil no cenário de produção de podcasts, mapeando e analisando a produção de podcasts nas sete emissoras vinculadas à EBC, identificando que a EBC não possui um papel representativo no que tange à produção de podcasts no país. Constatam que as emissoras de rádio universitárias se destacam na comunicação pública.

<u>Sistematizando e refletindo</u>. Assim se referiu às tecnologias de comunicação eletrônicas: a comunicação televisiva e radiofônica levada ao ar por meios audiovisuais (Televisão e rádio) e a comunicação editorial e jornalística que se utiliza de tecnologias impressas (livro, jornal e revista).

Da comunicação editorial e jornalística pode-se constatar que é a que mais foi fortemente afetada pelo digital. Quanto à comunicação editorial, evidenciou-se que o mercado livreiro brasileiro se apresenta sincronizado com o mercado editorial norte-americano, pois na lista dos livros mais vendidos, divulgada pelos jornais e revistas, encontra-se em sua maioria traduções de obras de autoajuda norte-americanas, o que leva a reflexões: por que os autores nacionais não encontram seus públicos?

Com relação à comunicação jornalística, por que jornais e revistas têm perdido leitores e publicações centenárias deixaram de circular de forma impressa, ficando restritos à Internet? Os jornais têm alcançado tiragens cada vez menores e perdido leitores, a ponto de muitos deixarem de circular de forma impressa, ou só mantendo edição dominical. Não houve uma contrapartida no meio digital, pois os leitores digitais não estão dispostos a pagar pelas informações on-line, mesmo que seja só dez por cento. Como poderão os jornais se reinventarem? Ou meio digital sobrepor-se-á ao impresso? Uhry (2023) fez análise da indústria noticiosa no contexto das relações comunicacionais e o Mapa relacional permitiu a análise.

Entre os meios de comunicação tradicional, destacou-se a comunicação televisiva, na qual – embora na TV aberta os programas importados sejam a minoria – predomina uma programação de entretenimento e variedades focada em agradar as audiências e na qual quase inexiste programação cultural e educativa. Destacam-se novelas. Sobre a questão da TV e do rádio, foram registradas diversas percepções: uma que leva a questionar se o espectador se encontra satisfeito com a programação que lhe é oferecida, outra que se refere ao tipo de postura que se adota com relação à programação.

Do que se salientou a televisão, meio que parece ter certa tendência pessimista sensacionalista para buscar alcançar audiências. Constatou-se também que se cria certa cumplicidade com os telespectadores, devido às formas tradicionais de comunicação que, além do buscar lucro, podem induzir a consumir cada vez mais e até levar ao hiperconsumismo.

O Rádio foi também afetado pelo meio digital com menos verbas de publicidade. Por outro lado, a Televisão ainda persiste, mas as novas gerações já se informam cada vez mais pelo digital. E as novas TVs de última geração estão cada vez mais tecnológicas e com opções como o Chromecast que a sincronizam cada vez mais com a rede digital. E os smartphones são também computadores que podem acessar e espelhar a televisão e competem com a TV tradicional. A TV por assinatura tende a desaparecem diante das ofertas digitais de alta qualidade e *streaming*. Muitas mudanças têm acontecido nessas formas tradicionais de comunicação.

Os públicos das comunicações radiofônicas e televisivas foram referidos na obra "Relações comunicativas: uma visão panorâmica" (Uhry, 2024), e o mais novo dos meios de comunicação – Internet/web – está abordado especificamente no capítulo comunicação digital.

Assim se apresentou as comunicações radiofônica, televisiva, editorial e jornalística e algo do percurso dos meios de comunicação trilhado até aqui que ajuda a melhor compreender o sentido utilitário, de como os meios de comunicação se relacionam com os públicos. De qualquer forma, ao realizar o planejamento estratégico, é necessário conhecer bem as formas comunicacionais mais tradicionais e considerá-las em seu plano de gestão comunicacional estratégica.

Questões para reflexão

a. Analise os meios tradicionais de comunicação: 1) editorial, livro; 2) jornalístico – notícias; 3) rádio; 4) televisão.

b. Pesquise, analise e comente sobre as práticas 1) editoriais (livro); 2) noticiosas; 3) radiofônica; 4) televisivas que se destacam. Por quê?

c. Ao montar seu plano estratégico de comunicação, considere incluir os meios tradicionais de comunicação.

3

COMUNICAÇÃO DIGITAL

¿Hasta cuándo el adjetivo digital nos servirá para diferenciar a las nuevas formas de comunicación? (Scolari, 2013, p. 290)

SINOPSE: Pode-se dizer que simultaneamente à comunicação tradicional, as práticas consagradas que foram apresentadas no capítulos anteriores, existe a comunicação digital, apresentada a seguir: 3.1 conceito e objetivos, a questão da Web e Internet e suas características – digital, conectividade, condições para atuar com a estratégia e como agir; 3.2 processo, modelos e uma teoria da comunicação digital; 3.3 oportunidades e pesquisas da comunicação digital; 3.4 críticas, relevância e tendências. Uma questão para reflexão é se o digital substitui as formas tradicionais de comunicação. As diferentes possibilidades de comunicação são complementares? E tem emergido a comunicação digital e a desinformação, que envolve as notícias falsas.

3.1 COMUNICAÇÃO DIGITAL: CONCEITOS E OBJETIVOS

A pesquisa "Retratos da leitura no Brasil 5" (Instituto Pró-Livro, 2021) destaca que, quanto ao uso do tempo livre, as preferências são: Internet (75%), do que se destaca os usos de: WhatsApp (68%), Facebook, Instagram, X (50%), sugerindo que a Web seja o meio predominante em preferência.

Tendo destacado a atual predominância da preferência pela Internet e traçado uma síntese da gestão estratégica da comunicação na sociedade e dos meios comunicacionais mais tradicionais, focamos no que se entende como comunicação digital, que nada mais é que uma denominação abrangente para as novas tecnologias que logo estarão acomodadas entre as que existem e a adaptação dos meios de comunicação tradicionais às novas possibilidades que a Web oferece.

Ainda não há consenso quanto à expressão comunicação digital, que é usada por Yanaze (2011, p. 19) e Scolari (2013), sendo que este também registra "hipermediações" ao se referir à comunicação digital interativa. Se não se sabe qual denominação vai se consolidar, o digital se destaca.

Para Martino (2021), "mídias digitais" referem-se aos novos meios de comunicação, às novas tecnologias da Web. Há ainda marketing digital (Ogden, 2002), alguns autores se referem a *marketing na web* (Sterne, 2000), *marketing on-line* (Bruner; Harden; Heyman, 2001), *e-marketing*, ou, como se nos defrontássemos com uma nova cultura – "cultura.com" (Neuhauser; Bender; Stromberg, 2001). Destaca-se ainda "cibercultura" (Lévy, 1999; Rüdiger, 2011), "cibercultural" é adotada pela Compós, que também cita "comunicação digital" (Mattos; Barros; Oliveira, 2018).

Os conceitos podem ser abrangentes, como se estivéssemos diante de uma nova perspectiva, ou será apenas mais uma nova forma de comunicação complementar às demais? Para Yanaze (2011, p. 19), "o uso da Internet como veículo de comunicação de uma organização levou à criação da expressão marketing digital", mas, no entanto, "o mais adequado seria comunicação digital".

Pode-se definir comunicação digital como a adequação das formas de comunicação para a Internet (Web), que inclui os computadores, os livros digitais, a televisão digital, os smartphones, tablets e as possibilidades de envio de mensagens publicitárias por celular, entre outros possíveis usos digitais.

Para melhor entender a comunicação digital é preciso inicialmente referir-se ao digital, ao mundo digital e à conectividade. Digital: relativo a dígito (algarismo) que trabalha exclusivamente com valores binários (0, 1). O chamado mundo digital é a possibilidade de converter textos, dados, sons, imagens em fluxos de bits, a menor parcela de informação processada por um computador, ou seja, o algarismo – dígito – do sistema binário que pode assumir as formas 0 ou 1. Bits que podem ser transmitidos e/ou gravados por computadores, notebooks, notebooks, tablets, smartphones e outros, de um local a outro. Ou digital: "descreve informação, música, imagem, etc. que é gravada ou transmitida usando a tecnologia de computador", de celular, de televisão, de rádio ou de outra tecnologia ou "mostrar a informação na forma de um *display* eletrônico" (Cambridge, 2003, p. 340).

Conectividade envolve o conceito de redes de computadores que conectam pessoas em todo mundo por meio da Web, a *World Wide Web (WWW)*: rede mundial + teia, ou simplesmente Web (teia) ou a rede (*the net*), que foi como ficou conhecida a rede de computadores Internet que se popularizou com a criação de uma interface gráfica que facilitou o acesso e estendeu seu alcance e que envolve: intranet (pessoas de uma empresa), extranet (pessoas de uma empresa, fornecedores e clientes) e Internet (grande rede mundial de computadores).

A Internet (informal a Rede): o grande sistema que conecta computadores em redor do mundo e que permite que pessoas compartilhem informação e se comuniquem um com o outro usando correio eletrônico (*e-mail* em inglês, de *electronic mail*) (Cambridge, 2003, p. 657). A Web (Internet): o sistema que conecta documentos por meio da Internet, os quais muitas vezes contêm figuras coloridas, vídeos e sons e no qual se pode pesquisar informação a respeito de algum assunto em particular (Cambridge, 2003, p. 1443).

Comunicação digital consiste na utilização da web ou da rede de computadores conectados entendida como uma estratégia de comunicação na sociedade, ao facilitar vendas diretas sem intermediação dos canais de distribuição tradicionais e ao adequar as demais formas de comunicação – propaganda, relações públicas, marketing direto, promoção de vendas e outras – à Internet, além de que também está relacionada com a comunicação organizacional (capítulo 7).

Coutinho e Yanaze (2011, p. 476-494) definem comunicação digital como "um conjunto de plataformas de trocas de informação e de estabelecimento de relacionamentos" e destacam como os elementos básicos: (a) o "site da empresa", (b) as "ações de comercialização direta via e-mail" e as destinadas a "gerar visitas no site" – (c) *banners* – anúncio na Internet que, após o *click*, conduz à página do anunciante, *rich media* – mídia interativa digital de amplo alcance que exibe movimento dinâmico, aproveitando características sensoriais com uso de vídeo, áudio e animação.[5] (d) *links* patrocinados em que se "compra" determinados termos em sites de busca, estabelecendo objetivos mercadológicos para cada um: site da empresa – informações sobre produto, serviço e empresa; formação de banco de dados; prestação de serviços e vendas; e-mail – prestação de

---

[5] Os tipos de *rich media* são comerciais on-line, vídeo sob demanda, *banner* interativo, anúncio expansíveis, *podcast* e outros (Belch; Belch, 2008, p. 476-478).

serviços; informações iniciais; ofertas e promoções; *banners, rich media* – consistência da marca; divulgação, detalhes do produto e serviço; *links* patrocinados – promoções.

Comunicação digital está relacionada com a sociedade em rede que, como mostra Castells (2004), é uma "estrutura social" que foi "construída em torno de redes de informação" a partir da Internet, sendo um "meio de comunicação, de interação e de organização social" que "permite o desenvolvimento" de "novas formas de relação social" e se "constitui a forma organizativa de nossas sociedades", sendo o "coração de um paradigma sociotécnico", a "base material de nossa vida e de nossas formas de relação, de trabalho e de comunicação", processando a "virtualidade" e transformando-a "em nossa realidade" (Castells, 2004, p. 255-287). Castells (2003) relembra a história da internet e os intervenientes, defendendo que a "internet passou a ser a base tecnológica" e veio a tornar-se "a galáxia da internet" que abrange "os negócios e a sociedade".

Ciberespaço é referido no livro de ficção Neuromante, de William Gibson, e foi associado às redes digitais e hoje há diversas correntes que "se dizem parte da cibercultura", como registra Lévy (1999, p. 92), ao destacar o "crescimento" e que jovens de todo o mundo experimentam "coletivamente formas de comunicação diferentes daquelas que as mídias clássicas nos propõem" e que "estamos vivendo a abertura de um novo espaço de comunicação" cabendo-nos "explorar as potencialidades mais positivas deste espaço nos planos econômico, político, cultural e humano" (Lévy, 1999, p. 11).

Lévy (1999) traz (i) definições sobre tecnologias e impactos, infraestrutura do virtual, digital e virtualização do saber e da comunicação, interatividade como problema e outras questões; (ii) proposições: universal sem totalidade, essência da cibercultura, que pode ser relacionada a movimento social, som, arte, saber, educação, conhecimento, democracia e outras; (iii) problemas: conflitos de interesse e diversidade de pontos de vista, substituição ou complexificação? Crítica da dominação, crítica da crítica, cibercultura e exclusão e outros. Na conclusão, Lévy (1999) defende que a "cibercultura expressa uma mutação fundamental da própria essência da cultura" – o "universal sem totalidade", que se entende por "a cibercultura inventa[r] uma outra forma de fazer advir a presença virtual" da humanidade frente a si mesma, o que não se dá "pela imposição da unidade de sentido." (Lévy, 1999, p. 247-248).

Considerando a cibercultura "como uma formação histórica de cunho prático e cotidiano" que encontra sua expansão "nas redes telemáticas" que criam "um campo de reflexão intelectual pujante, dividido em tendências", Rüdiger (2011) assim define:

> A cibercultura é uma forma de processar nosso ingresso em uma civilização cibernética ou maquinística, articular suas pretensões, agenciar esse processo e suas implicações para o homem comum, de acordo com os esquemas da indústria cultural, estimulando-o, vez por outra, a pensar diferente, a cogitar novos cenários, enfrentar o futuro, a reestruturar-se para fazer frente aos desafios que vêm pela frente (Rüdiger, 2011, p. 288).

Mattos, Barros e Oliveira (2018) identificaram oito eixos de investigação a partir da análise dos artigos de uma década da Compós, entre os quais "cibercultural é o segundo eixo mais volumoso", com 21% do total dos trabalhos, que trazem reflexões sobre os "usos sociais e as formas de relacionamento a partir dos dispositivos tecnológicos", apresentando "pluralidade de visões sobre a comunicação e cultura ciber e/ou digital". Os artigos foram divididos em: i) redes sociais (tipologia e análise), ii) comunidades na web, iii) ativismo digital, iv) ciberespaço x espaço físico, vi) jogos digitais, vii) cibernética, vii) teoria ator-rede. E registram que os artigos revelam "uma dimensão positiva das tecnologias, incluindo uma integração radical às tecnologias" (tecnofilia), sugerindo uma análise "pouco crítica" (Mattos; Barros; Oliveira, 2018, p. 99-138).

Na visão mercadológica, com a comunicação digital pode-se usar a rede em nova forma de relacionamento com os consumidores, o que permite atingir segmentos mais inovadores, que valorizam o digital. Trata-se de uma forma de comunicação quase-interativa, que permite relacionamento em mão-dupla e interatividade com o cliente.

3.2 PROCESSO, MODELOS E TEORIA

O processo da comunicação digital envolve: (i) conhecer a Internet; (ii) entender suas especificidades; (iii) ter consciência das oportunidades e riscos envolvidos; (iv) ter clareza das vantagens e desvantagens; (v) dominar as formas de utilização; (vi) projetar uma estratégia de comunicação para a Internet; (vii) definir objetivos, táticas e formas de avaliação.

Para atuar com comunicação digital, há que se primeiramente desenvolver um site para despertar o interesse do consumidor; fornecer informações e consultoria; estimular a experiência com produto e a venda; facilitar a comunicação quase-pessoal com consumidores, com um canal de mão dupla; aumentar a interatividade, gerando envolvimento; proporcionar formas de autoatendimento e de aprendizado, tornando parte do conteúdo do site de caráter educativo. Também é possível desenvolver um aplicativo para celular.

Quanto a utilizar o site como meio de comunicação, evidenciam-se: a) receptividade; b) não segmentação; c) interatividade. Ao se projetar estratégia de comunicação pela Internet, podemos considerar os seguintes aspectos: Quem? Mercado e se há acesso à Internet. O quê? Informações úteis e interessantes, estímulo à compra e à repetição das visitas. Conteúdo agradável. Quando? Atualização constante. Onde? Endereço simples, promoção do site, divulgação, oferecimento de vantagens para compra pela Internet. Por quê? Razões para visitar e revisitar site. Quanto? Investimento no desenvolvimento. Como? Táticas adequadas para o site ser atrativo, estar atualizado e ser interativo.

Coutinho e Yanaze (2011, p. 476-494) consideram que em um plano de comunicação digital deve ser considerado o seguinte: (i) definição do público-alvo das ações de comunicação digital; (ii) definição dos objetivos de comunicação; (iii) estabelecimento de metas – obtenção de dados de potenciais clientes, exposição da marca, reforços de atributos da imagem; (iv) definição da técnica de abordagem – interatividade, informação, lúdico, viral; (v) táticas – mix com elementos *on-line* e *off-line*, celular; definição de indicadores de mensuração – *clickthroghs, pageviews*, cadastros, acessos, enquetes, adesão a promoção e outros; (vi) roteiro preliminar da ação.

Corrêa (2009, p. 317-334) aborda "inovações tecnológicas ocorridas no campo da comunicação", reflete sobre como inseri-las na comunicação integrada, para o quê propõe um "modelo de abordagem estratégica para a comunicação digital", no qual a estratégia de comunicação digital exige sua integração à da organização, de forma que a cultura esteja representada, bem como os propósitos e públicos nas ambiências digitais e que o processo comunicacional seja fundamentado em hipermedialidade, interatividade e multimedialidade por meio de ferramentas específicas para o contexto digital, e aborda posturas para a sua implementação.

A proposta está mais amadurecida em Corrêa (2016, p. 59-75) ao propor o "modelo 3D de gestão da comunicação" para a "sociedade contemporânea digitalizada" que parte das seguintes posturas de: 1) ruptura da comunicação tradicional; 2) reorganização dos processos comunicacionais para adequá-los às "características da sociabilidade digital"; 3) desenvolvimento e efetivação das "mudanças definidas pelo *disrupt* e reconfiguração pelo *design*". E buscando "o diálogo da marca com seus diferentes públicos", o modelo pode ser aplicado a: 1.º Pessoas: para construir a equipe profissional e para identificar, monitorar, dialogar e influenciar novos públicos. 2.º Estratégia e estrutura: garantir a amplitude da comunicação, integrando a estratégia e introduzindo "inovação contínua" na estrutura empresarial. 3.º Conteúdo: gestão das narrativas por imagens, transmídia e criação de nova paisagem midiática para "estabelecer diálogos dinâmicos com seus públicos". 4.º Tecnologia: gestão adequada das plataformas sociais, do banco de dados e das tecnologias de mobilidade e novas ferramentas para o "processo de comunicar" (Correa, 2016, p. 59-75).

A partir da semiótica (Greimas, 1976, 2014, 2017; Greimas; Courtés, 1983; Greimas; Fontanille, 1993; Fontanille, 2019) e considerando as relações tecnologia-cultura-sociedade, Scolari (2004) propõe um modelo "sociossemiótico das interações digitais" que considera que a evolução dos dispositivos de interação pode ser vista sob duas perspectivas: (i) da intertextualidade: interfaces precedentes deixam suas marcas em novas interfaces; e (ii) da hipertextualidade: o sistema geral das interfaces adota uma forma reticular em que qualquer interface pode dialogar com as demais, o que sugere uma "coevolução de interfaces" que não só transformam os sujeitos que participam da interação, como toda rede sociotécnica, que se vai modificando ao considerar as relações entre tecnologia, cultura e sociedade (Scolari, 2004, p. 225-240).

Continuando suas buscas, Scolari (2013) propõe "elementos para uma teoria da comunicação digital interativa" com o título "hipermediações", que são definidas como: "trama de processos de intercâmbio, produção e consumo simbólico que engloba uma grande quantidade de sujeitos, meios e linguagens" que estão "interconectados tecnologicamente", o que se dá por suportes digitais, estruturas hipertextuais, usuários colaboradores, alta interatividade com a interface, modelos colaborativos (wiki, blog, plataformas participativas), confluência e tensão entre o reticular/colaborativo e o massivo e multimedialidade e convergência (Scolari, 2013, p. 116).

Na proposta de Scolari (2013) aparece o "campo semântico desde o qual é possível falar das hipermediações" e se analisa desde "a perspectiva de seu processo social de produção" para trazer "reflexões sobre como essas hipermediações nos produzem", com o pressuposto de que "as tecnologias não só transformam o mundo, mas também influem na percepção que os sujeitos têm do mundo" (Scolari, 2013, p. 273).

Da teoria de Scolari (2013) se destaca: (i) uma nova subjetividade temporal-espacial que emerge da incorporação de tecnologias móveis a nossa vida cotidiana; (ii) mudança nas bases do saber e fazer comunicacional com a tecnologia digital; (iii) integração de aportes da semiótica, da narratologia, da literatura, da filosofia da linguagem e das teorias de redes; (iv) diálogos com teorias da comunicação de massa, estudos culturais e ciberculturas; (v) processos de produção e distribuição cultural e das formas que estão adotando o consumo midiático; (vi) tais processos têm lugar nas relações sociais que são marcadas por conflitos pela hegemonia que atravessam a sociedade.

E Scolari (2013, p. 292) aborda a metáfora do ecossistema que considera os meios como sistema animado por contaminações e conflitos pela ocupação dos nichos comunicacionais e a aplicação extensiva do modelo textual em que os usuários das tecnologias são vistos como leitores de textos que cooperam na construção de seu significado e coevolucionam com as tecnologias, como Scolari (2004) já havia referido.

3.3 OPORTUNIDADES E PESQUISAS DA COMUNICAÇÃO DIGITAL

As oportunidades de atuação por meio da comunicação digital são grandes, pois pela Internet estão conectados computadores por meio de fibra ótica, linha telefônica, ondas de rádio, cabos, satélite e outras formas, sendo estimados quase 4 bilhões de usuários no mundo, mais da metade da população mundial.

O Comitê Gestor da Internet (CGI, 2024) estima que a proporção de domicílios com Internet é de 84% da população são usuários ativos de Internet no Brasil, que de alguma forma têm acesso à Internet (CGI, 2024); 88% das pessoas com 10 anos ou mais possuem celular, sendo que, entre os propósitos, estão – além de falar pelo celular – enviar/receber mensagens via Facebook, WhatsApp, Skype (90%), navegar nas redes sociais (77%), conversar por voz, vídeos e textos (67%), enviar e-mails (58%); e, nos últimos 12 meses, 63% usaram o governo eletrônico e 42% compraram produtos pela internet (CGI, 2024). Existem 91,57 milhões de páginas web só nos 20 maiores domínios do mundo, destes 5,25 milhões são registros sob o domínio <.br>: Brasil, dos quais a maioria são domínio <com.br>: comércio brasileiro, situando-se o Brasil em sexto lugar, entre os maiores domínios do mundo (CGI, 2024).

Estudo de 2023 (IBGE, 2024) estima que 92,5% dos domicílios brasileiros estavam conectados à internet, 88% das pessoas com mais de 10 anos utilizam a internet; 91,9% possuem celular, 39% dispõem de microcomputador ou tablet; 94,3% têm televisão; 42,1% utilizam streaming. Quanto à finalidade do acesso à Web: 94,6% conversam por chamadas de voz e vídeo; 91,1% enviam ou recebem mensagens de texto, voz ou imagens; 87,6% assistem a vídeos, programas, séries e filmes; 83,5 acessam as redes sociais; 82,4 ouvem rádio e música; 69,0 leem jornais, notícias, livros; 66,7 acessam bancos; 60,5% enviam e recebem e-mails. (IBGE, 2024).

Segundo a ANATEL (2024), há no Brasil 261,6 milhões de linhas ativas de telefonia móvel (celular); 23,4 milhões de linhas telefônicas; e há 49,7 milhões de acessos de banda larga fixa, sendo 75,6% das quais por fibra; a televisão paga tem 10,2 milhões de assinantes (dados de 2024).

Os dados apresentados sugerem que vem crescendo o acesso à internet e que o destaque é o uso crescente do *smartphone*, o celular com acesso à web. As conexões à rede acontecem com provedor, acesso à rede *dial-up* por telefone, alta velocidade ADSL, rede LAN, acesso por cabo, ou sem fio (*wireless*), fibra ótica, satélite e outras possibilidades (rádio, celulares, linhas telefônicas e de energia elétrica), com tecnologias cada vez mais avançadas, acessando-se a Rede inclusive de aparelhos celulares por modem ou chip 3G, 4G, 5G.

Desde há muito autores destacam a comunicação digital. Sob a perspectiva mercadológica, para Modahl (2000, p. 139), é necessário compreender os consumidores da Internet, tendo o cuidado de não cair na armadilha de estar entre os retardatários. A autora aborda as dificuldades de adequar o modelo empresarial na Internet, especialmente pela questão das receitas, sugerindo que "é possível quebrar o modelo de receita existente" e apresenta sugestões de "como lidar com os conflitos de canais na Internet".

Bruner, Harden e Heyman (2001, p. 27) indicam as possíveis oportunidades de retornos sobre os investimentos on-line: "solidificação da marca, geração de perspectiva de vendas, vendas on-line (*e-commerce*), suporte ao cliente, pesquisa de mercado e publicação de conteúdo". Entre as possibilidades que a comunicação digital oferece, Bruner, Harden e Heyman (2001) destacam as seguintes: marketing por correio eletrônico – o envio de e-mails comerciais, desde que se consiga a autorização prévia do consumidor. Um *e-mail* não pode ser considerado *spam* quando: "(a) é esperado, (b) é direcionado, (c) oferece informações úteis para o usuário". Marketing viral – se o site for bom, os visitantes encaminharão a notícias aos amigos por meio de e-mails, podendo criar ações de divulgação espontânea, como se fosse um vírus. Marketing de guerrilha – uso de grupos *on-line* para plantar informações sobre o site, com dicas de como fazer. Relações públicas digitais – fornece indicações de como fazer a adequação ao mundo digital. Propaganda na web – apresenta a possibilidade de anúncios em *banners* e mostra como se faz para que os consumidores cliquem e acessem o site (Bruner; Harden; Heyman, 2001, p. 168-191).

Quanto ao mix de produtos e serviços adequados para a comunicação digital, as indicações mercadológicas são que os produtos e serviços devem ser de fácil decisão de compra; credibilidade da marca e do fornecedor, e que não haja necessidade de experimentação. Entre as possibilidades para divulgar a comunicação digital podem-se incluir: propaganda em mídia impressa; propaganda em mídia interativa; promoção; mídia externa; comunicação dirigida; e propaganda na Internet.

Ogden e Crescitelli (2008, p. 32-33) referem-se ainda ao *buzzmarketing*, próximo ao marketing viral; no entanto, enquanto este é feito exclusivamente pela Internet, aquele é propagado de "boca a boca ou por formas não convencionais". Sterne (2000, p. 384) alerta para que se cometam os erros na web o quanto antes, para aprender logo, e se examine o que os concorrentes fizeram antes, para evitar que, com suas ações na web, "a concorrência tenha uma vantagem sobre você". A Internet também pode propiciar a oportunidade de aumentar a desintermediação, por meio da internet, buscando o relacionamento digital, que permite respostas imediatas e mensuráveis. Peppers, Rogers e Dorf (2001, p. 3-4) sugerem inclusive que é possível utilizar o marketing de relacionamento na web para, de forma interativa e individualizada, "revolucionar qualquer negócio".

A adaptação da comunicação organizacional ao digital é proposta por Nassar (2006, p. 156) que traça uma Figura sintetizando os componentes da comunicação organizacional integrada ao mundo virtual, em que "E" se refere ao eletrônico (digital) – E-publicações: publicações eletrônicas:

Figura 4 – Componentes da comunicação integrada e aplicações

Comunicação	Exemplos de aplicações virtuais em sites e portais
Relações públicas	Posicionamento no espaço virtual
Jornalismo empresarial	E-publicações, agências de notícias on-line, atualização e manutenção de conteúdos em sites, *blogs*, portais e outras
Relações com a imprensa	Sala de imprensa virtual, web coletivas de imprensa, *infoclippings*, monitoramento da imagem junto à imprensa e outras
Editoração em multimídia	*Web design*
Propaganda institucional	Vitrine virtual para crenças, valores e tecnologias organizacionais
Responsabilidade social e cultural	Vitrine virtual para memória organizacional, programas, patrocínios e ações sociais
Comunicação interna e administrativa	Exemplos de aplicações virtuais em sites e portais
Relações públicas voltadas ao público interno	E-posicionamento da organização frente aos colaboradores
Jornalismo empresarial interno	E-publicações internas, agências de notícias on-line, intranet e outras
Apoio à educação corporativa	E-*learning*, TV corporativa e outras
Ferramentas gerenciais	Planejamento, operação e atualização de conteúdos digitais
Comunicação mercadológica	Exemplos de aplicações virtuais em sites e portais

Marketing	E-posicionamento mercadológico, e-pesquisas de mercado, políticas de segmentação e personalização de conteúdo
Publicidade e promoção	E-campanhas publicitárias e promocionais
Vendas	*E-commerce*, serviços de pré e pós-venda
Feiras e exposições	E-feiras, E-ponto-de-venda
Marketing direto	Marketing viral, e-mail marketing
Ferramentas de relacionamento e gerenciais	Construção e manutenção de CRM (*Customer Relationships Management*), digitais *call-centers e database*

Fonte: adaptado de Nassar (2006, p. 156-157)

Os exemplos de aplicações digitais sugerem que o planejamento da comunicação "não pode prescindir de atuar no mundo virtual, que se consolida dia a dia com a evolução das tecnologias digitais" (Nassar, 2006, p. 161).

Cardoso (2009a, p. 355-365) enfoca as novas formas de comunicação organizacional no digital, em que combinam blog com vídeos postados no YouTube (web), evidenciando que "Trata-se, enfim, de constatar a permanente recriação do contexto comunicacional nas organizações, agora inseridas em uma sociedade global e mutante". E Cardoso (2009b, p. 229-242) apresenta a "base conceitual da comunicação aplicada a projetos de interfaces visuais dinâmicas para portais web", em forma de um projeto para "inspirar" a "inserção de novos dispositivos de interfaces digitais visuais e dinâmicas" no referido portal.

Em outra perspectiva, Neuhauser, Bender e Stromberg (2001, p. 182-209) trazem o conceito de "Cultura.com", ao se referir ao "desenvolvimento de uma cultura que possa ajudar as empresas a implementarem suas estratégias de negócio num mundo conectado". Nessa concepção, a comunicação é responsabilidade de todos. Para se adaptarem à cultura "com", Neuhauser, Bender e Stromberg sugerem: evitar a baixaria no ciberespaço – desenvolver táticas para reagir ao uso abusivo e até ilegal da comunicação em rede e descobrir emprego adequado às formas de comunicação; desenvolver formas de gerir e-mails úteis e inúteis; incentivar a busca de informações por parte dos empregados, para que tenham acesso a tudo que necessitam. A colaboração permite formar alianças internas e externas. Busca-se desenvolver uma cultura de cooperação, em vez de retenção de informações, conflito e competição. "Estamos vivendo num mundo.com. As regras antigas estão mudando, mas ainda não está claro quais são as novas" e "passar de um mundo analógico para um mundo digital é como passar a viver debaixo d'água" (Neuhauser; Bender; Stromberg, 2001, p. 182-209).

Igualmente há que se preocupar quanto aos novos meios de comunicação digitais que estão surgindo, verificando e prevendo o impacto da convergência das tecnologias. Contrapondo-se os meios tradicionais e a novos meios, percebem-se algumas possibilidades: distribuição unidirecional do conteúdo padronizado versus distribuição bidirecional, em que há personalização para cada usuário – personalização/customização.

De qualquer forma a TV digital está se tornando cada vez mais interativa com a Internet, pois estamos caminhando para a TV *online*, em que com *desktop, notebook, tablets, smartphone* ou outros dispositivos móveis permitem navegar, projetar vídeos, imagens e textos na *smartTV*, por meio do Chromecast e outras tecnologias, além de ter acesso ao conteúdo online ou *on demand*. O Chromecast permite que as estações de música digitais se conectem com a *smartTV* via celular ou tablet e transmitam música mesmo quando o celular ou *tablet* é desligado, da mesma forma que é possível assistir filmes ou séries do Netflix pelo celular, *tablet* ou *desktop*, ou vídeos do YouTube diretamente na *smartTV*.

Bairon (2008, p. 368-377) refere-se à hipermídia, "a margem digital" que tem, "em sua essência mutante, estruturas de construção que ameaçam o equilíbrio de qualquer processo de comunicação que se apresente como definitivo", podendo-se realçar "uma manifestação da linguagem que pode expressar boa parte da interatividade presente em nosso cotidiano", algo como, com uma câmara portátil, exercer "o papel de produtores de programas" que podem ser postados na web, transformando "nossa individualidade em informação reticular".

Sugarman (2020) apresenta ideias práticas de venda de informação na Internet, de como começar um negócio na Internet mediante o marketing de informação por meio do YouTube e de serviço freelance.

No mesmo sentido, a próxima onda da comunicação digital é, para Peçanha (2017, p. 13-204), o marketing de conteúdo, que "é uma maneira de gerar negócios" pela atração e pela "geração e distribuição de conteúdo tão bom e útil", buscando-se engajar o público e permitir o crescimento da "rede de clientes e potenciais clientes" pela atuação nos canais digitais como blog, redes sociais, e-mails e também produzindo e disponibilizando conteúdos como e-books, webinários e cursos para a Internet de forma que se possa alinhar marketing e vendas por meio de formas de se atrair, converter, relacionar, vender e analisar o processo desde a produção do conteúdo até o pós-venda.

Já Para Kotler, Kartajaya e Setiawan (2017), o marketing de conteúdo exige "mudança de mentalidade" para o que propõem um modelo em oito passos: 1) metas do marketing de conteúdo, 2) mapeamento do público, 3) concepção e planejamento do conteúdo, 4) conteúdo, 5) distribuição, 6) ampliação do conteúdo e 7) avaliação, de forma que seja "útil e valioso para os consumidores" (Kotler; Kartajaya; Setiawan, 2017, p. 147-163).

3.4 CRÍTICAS, RELEVÂNCIA E TENDÊNCIAS

Críticas. Também é possível listar algumas desvantagens da comunicação digital: forma ainda não completamente desenvolvida de mensuração; audiência relativamente pequena; dificuldade de medir tamanho do mercado; perfil psicográfico dos usuários desconhecido; concorrência com canais convencionais. As quais se podem acrescentar, com relação à compra digital, a insegurança se vai receber ou não a mercadoria e não ter certeza do produto que compra, por não poder examinar, por exemplo, além do custo do frete que não há na loja física.

Belch e Belch (2008) sintetizam desvantagens da Internet: falta de confiabilidade nas pesquisas de mensuração, demora em baixar informações na rede, saturação pela quantidade de anúncios, potencial para a decepção devido a fraudes e atingir crianças com mensagens publicitárias sutis, risco de invasão de privacidade, alcance limitado e irritação com *spams* por e-mail, *pop-ups* – janela com propaganda que aparece na tela na tentativa de chamar a atenção e *pop-under* – anúncio que aparece por baixo da página da web acessada e que fica visível quando se deixa o site (Belch; Belch, 2008, p. 476-487).

Não se pode dar toda ênfase às tecnologias e aos meios de comunicação, o foco principal deve ser a criatividade, a produção de conteúdo, a qualidade da produção a ser veiculada, que permita a compreensão dos interlocutores e a própria interlocução. E não se pode esquecer que os criativos sempre levam tempo para se adequar às novas mídias.

Outra crítica é da alienação social: pessoas que ficam muito tempo conectadas por meio de computadores, *smartphones*, *tablets* e outros meios de comunicação e se desligam do mundo real, por esquecer e/ou descuidar das comunicações interpessoais.

Outra questão problemática é de que as redes sociais colocam em contato uma multidão de pessoas com pontos de vista diferentes e muitas vezes contraditórios, o que pode levar a interações problemáticas e percepção de agressão em posts que não são bem aceitos. Um escreve, ilustra (ou não) com imagem – e posta – o que pensa, o que pode incomodar a outro, que pode se manifestar agressivamente, desqualificando e deslegitimando a manifestação alheia.

E uma crítica é de, ao se comunicar por meio da Internet ou celular, o indivíduo ter as comunicações rastreadas e/ou interceptadas por organizações de inteligência estrangeiras, por meio de tecnologias como *Prism*, *Highlands*, *Vagrandt*, *Lifesaver* e outras, com colaboração de corporações como Google, Microsoft, Apple e Facebook e mesmo empresas de telecomunicações internacionais sediadas no Brasil. O pretexto da Agência de Segurança Nacional norte-americana (NSA, da sigla em inglês) para a invasão de privacidade, monitoramento e controle é a prevenção de ataques terroristas, com base no *Patriotic Act*, mas está acontecendo abuso e não há limites. Também entre as críticas à comunicação digital se podem incluir as crescentes ondas e efeitos da desinformação manipulatória e as notícias falsas.

Deuze (2012) registra que "Você mora na mídia. Quem você é, o que faz e o que tudo isso significa para você não existe fora da mídia", usa a metáfora de que "a mídia é para nós como a água é para os peixes" e conclui que "Isso não significa que a vida seja determinada pela mídia", mas apenas "sugere que, gostemos ou não, todos os aspectos de nossas vidas acontecem na mídia" (Deuze, 2012). Com tais pressupostos, ao dizer que "viver como um zumbi na mídia é o único meio de sobreviver", parece ser uma crítica. Deuze (2013) argumenta que "viver na mídia" não só "nos transforma em zumbis" como "nos oferece vantagens adaptativas para sobrevivência no século XXI", que seriam coletivismo, anti-hierárquico, engajamento "com paixão e fervor" sem "plano ou objetivo específico na mente." E registra que "Vivemos na mídia para sempre" a não ser que encontremos "uma maneira de hackear o sistema", que seria talvez "o equivalente mediado de arrancar cabeças", com relação à metáfora dos zumbis.

Primo (2013) reflete criticamente sobre "mídias digitais", cultura participativa e ativismo, defendendo que "os fãs podem dar força nova à lucratividade das grandes instituições midiáticas", sugerindo que há uma "convergência com os interesses do grande capital", mas que, por outro lado, "posições maniqueístas como essas não são suficientes para a compreensão" do processo midiático envolvido "enquanto complexidade não redutível ou particionável". E questiona se "Agora que as mídias digitais foram de fato popularizadas", os relacionamentos tornam-se horizontais e sem hierarquias "e o grande capital midiático, as tirânicas organizações massivas, foram liquidadas" pelas produções digitais independentes? Registra que, apesar da existência de controvérsias, "a cibercultura de fato transformou substancialmente a vida em todos os aspectos e já não se pode pensá-la distante das mediações digitais" (Primo, 2013, 14-30).

Martino (2021, p. 253-270) dedica um capítulo às críticas: "a internet tende a deixar as gerações mais jovens menos inteligentes" porque, em vez de "treinar a memória com estudo, tudo está à disposição no Google" (Martino, 2021, p. 255), além de referir-se a rastros, vigilância, controles, simulacro do real, amadorismo e limites da comunicação digital que procura "reduzir a comunicação à tecnologia".

Relevância. Kotler, Kartajaya e Setiawan (2017) ousam propor o que chamam de "marketing 4.0", o que faz a transição do marketing "tradicional ao digital", o que seria uma nova onda do marketing, e sugerem técnicas que "aumentam o engajamento na era digital": 1) "usar aplicativos para dispositivos móveis", buscando enriquecer a experiência digital dos consumidores; 2) "recorrer ao CRM social" para permitir melhor comunicação; 3) "explorar gamificação para estimular" os clientes. Tudo com o propósito de levá-los à "situação de grande satisfação", em que ficam sem palavras, surpreendidos por terem suas expectativas superadas (Kotler; Kartajaya; Setiawan, 2017, p. 197-201).

Se o digital traz tanto alento ao marketing, por outro lado a comunicação digital também permite posturas contra hegemônicas na Internet. A difusão contra hegemônica na web se insere numa perspectiva crítica e é abordada por Moraes (2008, p. 39-61), que aponta uma série de fatores que podem contribuir para a "consolidação de webmídias e redes ativistas": (a) estratégias de comunicação "que valorizem as potencialidades multimídias", (b) "renovação visual das webmídias" de forma constante e criativa, (c) pautas ousadas e "linguagem acessível", (d) respeito às "peculiaridades locais, regionais e nacionais" na oferta de conteúdos, (e) "seminários, cursos e oficinas" para a atualização de comunicadores e receptores, (f) patrocínio e "publicidade não comercial que assegurem aperfeiçoamentos", (g) "políticas públicas que contemplem a diversidade informativa e cultural". Entre os exemplos de práticas contra hegemônicas, Moraes (2008, p. 49-52) cita o coletivo responsável pela webmídia La Haine, da Espanha, o Colectivo de Notícias Del Sur, da Argentina, e o Centre des Médias Alternatifs Du Québec, do Canadá.

Mídia radical e as interações entre produtos e receptores nos movimentos de resistência global que atuam na Internet são abordadas por Dias (2009, p. 301-311), que destaca a inovação porque os meios radical reúne, por um lado, "os elementos da resistência que são verificados nas mídias de organização" – que são mídias de entidades políticas que compõem os movimentos antiglobalização (Attac, Ação Global dos Povos e Jubileu Sul) – e, por outro lado, mídias informativas que se pautam pela noticiabilidade, mas que "realizam suas tematizações a partir de um engajamento", o que aproxima do viés político e "renova as rotinas de produção, ao ampliar o espaço para a recepção produtiva".

Trata-se de uma "redefinição das audiências em usuárias de mídias e não como consumidoras, em ativas e não acríticas, em variadas e não homogêneas", o que tira o caráter mercadológico do termo "consumidor", na visão de Dias (2009, p. 304). Referindo-se às "audiências ativas" dos sites de mídias radicais Rede Indymedia Alasbarricas e Red-Libertaria, Dias identifica três tipos de receptores: (i) coarquiteto – receptor que navega no site, lê as matérias divulgadas e contribui, participando da produção social de sentido, "são os receptores das mídias informativas e das mídias de organização"; (ii) receptor produtivo – receptor que produz notícias, fotos, relatos etc. e publica no site, que permite comentários; (iii) produtor receptor – os produtores do site, especialistas que além de produzir notícia também são receptores das informações veiculadas (Dias, 2009, p. 304-305).

Do que se destacam os "receptores produtivos" que aproveitam as oportunidades dos sites para veicularem informações que podem se tornar comunicações sem que passe pelo processo de seleção e editoração tradicional. É semelhante ao que existe em alguns sites noticiosos tradicionais, em que o receptor produtivo registra seu comentário que, no entanto, passa pelo crivo de um produtor, que pode postar ou não.

Dias (2009, p. 311) comenta que se trata de "resistência às tematizações dos setores hegemônicos de mídia, mas fazem isso utilizando rotinas de produção homólogas aos setores hegemônicos".

A relevância da comunicação digital decorre das possibilidades que a Internet oferece, entre as quais se pode destacar a democratização: (i) a produção de conteúdo se torna mais fácil: basta uma câmera digital ou um celular com câmera para que seja possível produzir um filme, por exemplo; (ii) a distribuição de tal filme também está fácil devido aos sites na Internet como o YouTube, que permitem disponibilizar filmes que podem ser vistos por milhares e até mesmo baixados em computadores; (iii) assim, a visualização de tal filme também está mais fácil, porque além de existir os sites como o YouTube, há site de busca como o Google, em que as pessoas pesquisam o que lhe interessa e assistem e baixam se quiserem; (iv) é fácil criar um blog e disponibilizar conteúdo e imagens, divulgar no Facebook e conseguir audiência.

Os principais benefícios da comunicação digital: disponibilizar informações e permitir acesso em qualquer parte do mundo; enviar mensagens por e-mail; proporcionar ao consumidor maior controle com relação a oportunidades de compra, podendo comparar preços e gerenciar seus pedidos de forma digital; ter acesso ao comércio eletrônico mundial.

Às vantagens ainda se pode acrescentar diminuição de custos, pois não há custo fixo de manutenção de pontos de venda. Várias lojas tradicionais – ou não – vendem de forma digital os mesmos produtos expostos em suas lojas físicas com um desconto que chega a 15%, ou mais. Lojas digitais oferecem livros, DVDs, CDs e outros produtos com descontos de até 30%. No futuro a loja física poderia vir a ser um local em que o usuário iria conhecer os produtos a serem adquiridos pela internet, podendo-se disponibilizar inclusive computador para se efetivar a compra na própria loja, o que alguns já fazem.

Em decorrência da força que ganha a comunicação digital, Scott (2008) refere-se às "novas regras para o marketing e as relações públicas", a partir da constatação de que "as pessoas querem autenticidade", participação e que o marketing "deve entregar conteúdo para ganhar negócio". Em sua visão, relações públicas servem para "atrair um público que consume mídia *mainstream*", internet "tornou relações públicas novamente públicas, após foco exclusivo na mídia", turvando a "linha divisória entre marketing e relações públicas". As organizações "devem adotar uma estratégia via internet para atingir pessoas cujas necessidades não estão sendo atendidas", em lugar do "marketing em veículos *mainstream* para as massas" e procurar "conduzir as pessoas para o processo de compra por meio de conteúdo on-line", comunicando-se com "os clientes por meio de *blogs, podcasts, ebooks, new release*", que é uma nota com conteúdo noticioso que pode ser um *post*, uma nota ou um artigo que circula livremente na *internet e não* é direcionado à imprensa (como o *press release*), e outras formas de conteúdo on-line (Scott, 2008, p. 18-23).

Assim desde os protestos de 2013 até as eleições no Brasil, pode ser destacada a força da comunicação digital: a internet como forma de arregimentação e organização de manifestantes, com a veiculação de vídeos e fotos de celulares e câmeras digitais com transmissão ao vivo, por exemplo, da truculência de policiais ou de agentes infiltrados promovendo vandalismo nos movimentos de protesto, e organização – pelo Facebook – de *ebook* reunindo poesias como forma de expressão e resistência. Além de mobilização para envolvimento, pela criação e/ou envio de mensagens políticas pelo WhatsApp, Facebook, *lives* pelo YouTube e outros meios digitais, sem esquecer das notícias falsas e outras formas de manipulação.

Thompson (2013, p. 341-406) realizou pesquisa em que analisa a entrada dos ebooks nos Estados Unidos da América e na Inglaterra e como a "revolução digital" afeta a área de publicação de livros digitais, abordando questões como pirataria e aspectos em que a tecnologia pode adicionar valor ao conteúdo, como facilidade de acesso, atualização, escala, portabilidade, flexibilidade, multimídia, preço, entre outros. Thompson (2013, p. 399-407) refere-se às formas possíveis de estabelecer os preços para os ebooks: (a) Desconto de 20% sobre o preço do livro impresso para o valor de venda. (b) Valor fixo de US$ 16.99, independentemente do valor cobrado pelo livro impresso. Nos casos "a" e "b", ainda há um desconto de 48% aos varejistas. (c) Agenciamento, em que a editora estabelece preço e varejista atua como agente, recebendo comissão de 30% sobre as vendas. No entanto, para expandir a venda do Kindle e popularizar os livros eletrônicos, a Amazon passou a vender seus ebooks por US$ 9.99, vendendo abaixo do valor do custo. Se de um lado, os livros em formato digital podem "permitir às indústrias criativas" que reduzam seus custos, de outro lado, "a crescente mercantilização do conteúdo" poderia provocar uma "desvalorização da propriedade intelectual". Como chegar ao equilíbrio que torne atraentes os ebooks?

Em outra perspectiva, Coutinho e Yanaze (2011, p. 487-489) analisam a "computação em nuvem e comunicação móvel", destacando a tendência do aumento da velocidade da conexão, de que "em breve estaremos nos inserindo na Web 3.0", o processamento virtual "em nuvem", "crescimento da mobilidade e portabilidade" por meio de celular, *notebooks*, *netbooks*, além de aventar possibilidade de que "elementos digitais estarão 'invadindo' o mundo físico por meio das tecnologias", concluindo que a cibercultura é "receptiva para experimentações de serviços e para abordagens criativas de comunicação digital".

Jenkins (2012) também aponta uma convergência das novas mídias com os velhos meios de comunicação, destacando um "comportamento migratório" do público que está "em busca das experiências de entretenimento" e em que "múltiplos sistemas de mídia coexistem e em que o conteúdo passa por eles fluidicamente" por meio de várias plataformas e da "cooperação entre as múltiplas indústrias midiáticas" (Jenkins, 2012, p. 377). Jenkins (2012) traz como exemplo Dino Ignácio, um estudante secundarista filipino-americano que se assumiu como comunicador alternativo e em 2001 fez uma fotomontagem – com o *Photoshop* – de Beto, personagem de Vila Sésamo, ao lado de Osama bin Laden, e a postou em seu site na Internet com a legenda "Beto é do Mal". Em Bangladesh, uma gráfica procurou pela Internet imagens de bin Laden e encontrou a foto de Ignácio e a usou para produzir cartazes, camisetas e pôsteres antiamericanos que foram distribuídos no Oriente Médio. O programa Vila Sésamo é exibido adaptado no Paquistão de forma que não se conhecia o boneco Beto. Jornalistas da CNN capturaram e transmitiram imagens de uma multidão enfurecida marchando pelas ruas com cartazes de bin Laden e Beto. Quando os responsáveis pela Children's Television Workshop (criadores do programa Vila Sésamo) viram as imagens, não gostaram e ameaçaram processos judiciais. Ignácio retirou seu site do ar. No caso relatado, há a convergência das novas mídias: blog ou site de Internet do estudante comunicador alternativo; e Google ou outro meio de busca na Internet, da gráfica; ao lado dos velhos meios de comunicação: impressão de cartazes, camisetas e pôsteres, e a TV CNN com sua programação de notícias. Trata-se da "cultura da convergência", em que "as velhas e as novas mídias colidem", em que os meios de comunicação corporativos e "a mídia alternativa se cruzam" de forma imprevisível e que a "convergência ocorre" entre indivíduos e "em suas interações sociais com outros." (Jenkins, 2012, p. 27-30). Entre outros exemplos, Jenkins (2012) também cita os jovens fãs de *Harry Potter* que escrevem histórias como se fossem de Hogwarts, o que incomoda os executivos da Warner Bros, que querem controlar a franquia. Igualmente mostra como *Matrix* criou uma convergência em que havia narrativas relacionadas em múltiplos canais midiáticos.

Thauny (2013, p. 83-99) refere-se à organização virtual Avaaz e sua estratégia de mobilização on-line, que se dá principalmente por meio de petições: "o movimento parece ter encontrado interessante direcionamento para ganhar expressão política" em número de participantes e alcance territorial, o que corrobora "a ideia de que o método adotado pela Avaaz representa um avanço" na "divulgação de causas e possibilidades de participação democrática".

Martino (2021, p. 271) destaca que as "mídias sociais foram e são formadas pela cultura humana" e, ao serem integradas ao cotidiano, "foram apropriadas pelas pessoas como parte de suas atividades, relacionamentos, vidas."

Tendências. O rádio digital foi implantado em diversos países e exige do ouvinte a aquisição de um receptor digital. No Brasil ainda se discute qual modelo de rádio digital adotar. Também podem ser consideradas tendências da comunicação digital as redes sociais expressivas: comunidades virtuais como Facebook e Instagram, que é a principal rede de expressão e relacionamento na Internet, pelo menos no Brasil, trazem dados que são objeto de buscas na internet. Facebook e Instagram também podem ser consideradas dentro das estratégias de marketing e comunicação, pois as organizações podem ter páginas nas redes sociais.

Também há redes sociais expressivas que permitem o compartilhamento de vídeos (YouTube), de fotos (Flickr), além de sites de *networking* como Linkedin, e outros. E ainda há o que se pode chamar de site colaborativo, a Wikipédia, além das comunidades virtuais expressivas e colaborativas, também merece destaque a facilidade para criação de blogs, que podem propiciar novas formas de expressão e comunicação. Um comunicador amador que queira se expressar pode colocar sua percepção no blog e, de tal forma, a opinião pública passa a ser também formada por milhares de vozes, criando-se uma polifonia comunicacional. Também jornais e outros veículos de comunicação e muitos comunicadores profissionais criam blogs. E cada vez mais os computadores passam a acessar a televisão e/ou a televisão ter acesso a internet, a TV interativa. As comunicações digitais expressivas e colaborativas são tendências.

Como se vê, são inúmeras as possibilidades comunicacionais virtual, como redes sociais, blogs e sites pessoais e outros, que podem inclusive se tornar um espaço comunicacional contra hegemônico, pois não há como os grupos hegemônicos controlar, por meio da concessão ou não, autorizar tudo que é publicado na Internet, ou exigir uma formação específica para se veicular o discurso. Curiosamente o Brasil é o país que mais solicita a retirada de sites e informações da Internet.

Com relação ao futuro, tendências sugerem que os anunciantes investirão mais em comunicação digital, o que decorre do fato de os consumidores passam mais tempo navegando na internet do que lendo jornais. Sugere-se que leitores têm abandonado jornais e outras fontes tradicionais de notícias e entretenimento. Se num primeiro momento os jornais digitais eram gratuitos, agora as grandes organizações de comunicação estão num esforço para conseguir assinaturas digitais por pelo menos 10% do preço da assinatura normal.

Quanto aos livros, obras em papel também podem gradativamente migrar para o mundo virtual com o livro eletrônico (e-book), pois a tendência é que cada vez surjam mais leitores eletrônicos, como Kindle, da Amazon, e aplicativos da Apple e Google que permitem leitura digital, os quais estão cada vez mais amigáveis, além de que os ebooks custam em torno de 30% a 50% menos que os impressos. No entanto, no Brasil ainda significam apenas 0,31% do faturamento do setor de livros e, por enquanto, ainda são apenas mais uma opção ao livro impresso.

Igualmente, com relação ao entretenimento e à televisão, a tendência é que a TV se torne cada vez mais integrada com a internet, e vídeos e filmes sejam acessados por meio de celulares, *tablets*, *smartTVs* além de que produzidos e publicados na própria internet no YouTube ou em blogs, sites. Até filmes e séries televisivas, como as que estão na Netflix que produzem programação própria, e outras tantas agora de streaming, pela internet, vistos principalmente por smartphones e *smartTVs*. Pode-se dizer que o melhor da TV e do cinema migram para a internet.

Também há outras percepções, ou contra tendências. Por exemplo, sobre o e-book, Assis (2011, p. 709) registra que "nada substitui o prazer de um leitor": procurar seu livro, "tocá-lo, admirar a capa, passar a segunda página, como se estivesse apertando as mãos e parabenizando seu autor"; e há o leitor que "aguarda ansiosamente a chegada de sua revista", ou jornal, e o lê "como se estivesse recebendo um amigo íntimo em casa".

Corrêa (2016, p. 70-73) refere-se a tendências estratégicas de comunicação digital que são sustentadas por uma "ecologia midiática na qual vários tipos de mídia coexistem e interagem entre si e até interdependem", o que exige a identificação do "ecossistema midiático no qual se inserem" e implica na "adaptação contínua das atividades comunicativas em razão das flutuações naturais do próprio ecossistema" que é "marcado pela convergência", além do *social business design*", que se refere a "processos, sistemas e culturais organizacionais e sociais" intencionalmente criados" (Corrêa, 2016, 70-73).

Kotler, Kartajaya e Setiawan (2017) trazem a tendência de "integração entre o que há de melhor nos canais on-line e off-line": o imediatismo do digital e a "intimidade dos canais off-line", a que denominam "estratégia de marketing onicanal" que é a integração de "vários canais para criar uma experiência de consumo contínua e uniforme" (Kotler; Kartajaya; Setiawan, 2017, p. 167-179), além de que defendem um sistema avaliativo para medir a eficácia das atividades comunicacionais em que a arguição está relacionada ao site e à central de atendimento (Kotler; Kartajaya; Setiawan, 2017, p. 77-112).

E há uma forte tendência de empoderamento da Internet, liderado pela World Wide Web Foundation (2024) como já mostramos anteriormente. E, entre as tendências, Rüdiger (2011, p. 24-193; p. 206-259) cita "populismo tecnófilo, conservadorismo midiático, cibercriticismo, sociedade em rede, tecnoutopia liberal humanista, esquerdismo cibernético, sagração da Internet, dromocracia e tecnoapocalipse", além de "humanismo tecnófobo esotérico, extremismo tecnocrático, ciberteodiceias, antitecnocracia – humanismo crítico e criticismo esclarecido, tecnorrealismo e criticismo radical", e registra que há necessidade de "reflexão crítica sobre os fenômenos, as tendências e o sentido da cibercultura", o que "exige que a pensemos como articulação cotidiana de um pensamento tecnológico e um capitalismo maquinístico" sem que se perca em vista "suas implicações para o homem comum" (Rüdiger, 2011, p. 288).

<u>Sistematizando e refletindo</u>. Do exposto, constata-se a amplitude da comunicação digital é vasta, o que leva à questão colocada por Scolari, de até quando o digital irá diferenciar as novas formas comunicativas. Independentemente de nomenclatura, ao buscar gerir estrategicamente a comunicação, é necessário conhecer todas as práticas comunicacionais da Internet / Web e considerá-las em seu plano de gestão comunicacional estratégica integrada.

Questões para reflexão

a. Qual a abrangência do conceito de comunicação digital?
b. A comunicação digital substitui as formas tradicionais de comunicação ou é complementar?
c. Pesquisa, analise e comente: quais as práticas de comunicação que se destacam? Por quê?
d. Ao montar seu plano estratégico de comunicação, considere incluir a comunicação digital.

4

COMUNICAÇÃO PUBLICITÁRIA: PROPAGANDA

> *O objetivo final da comunicação publicitária é exercer influência sobre o consumidor para que ele realize a compra do produto anunciado. A mensagem que simplesmente proporciona informação não passa de um primeiro passo no processo de persuasão. (Gomes, 2003, p. 107)*

SINOPSE: Inicia-se com reflexões críticas sobre a conveniência da propaganda e outros aspectos, apresenta-se 4.1 conceito, objetivos da propaganda; 4.2 teorias e formas da propaganda; 4.3 processo de comunicação publicitária; e registram-se e destacam-se 4.4 críticas, relevância, tendências e outras questões.

4.1 CONCEITO E OBJETIVOS DA PROPAGANDA

Uma metáfora para a propaganda seria a do cavalo de Tróia: um belo presente, grande e atraente, que é aceito pelo público, levado para casa, mas, no cair da noite, se revela uma armadilha, por conter internamente inimigos perigosos que vêm para liquidar (ou pôr em perigo) as finanças.

Há autores que sugerem o declínio (Mckenna, 1993, p. 13), até mesmo o fim (Ries; Ries, 2002) e defendem que a propaganda se encontra decadente e cede lugar à mídia espontânea, que é mais eficaz. Apesar dos questionamentos, há que se refletir sobre a comunicação publicitária, mesmo porque não há sentido em utilizar apenas uma única forma de atuação, por melhor que seja, como se fosse uma panaceia. É preciso examiná-la criticamente e, se for o caso, valer-se das diversas possibilidades de atuação mercadológica acordo com um plano de comunicação integrada.

Conceito e objetivos. Propaganda é uma comunicação indireta que se dá por meios de comunicação massificada pagos e impessoais e em que não acontece a interação entre pessoas. De tal forma, para conseguir atingir seus públicos e vir a influenciar e/ou persuadir, a propaganda precisa ser atraente. Trata-se de uma isca, algo bem atraente, que deve fisgar o público-alvo, que pode acabar engolindo, permitindo com que assim se realize a comunicação publicitária.

De acordo com Escobar e Houaiss (1986, p. 9338-9345), em sua origem, propaganda vem da "congregação para propagação da fé", criada pela Igreja Católica, em 1622, para multiplicar, propagar, prolongar, estender, alargar, engrandecer, aumentar, desenvolver a fé e combater as ideias da Reforma. Trata-se da propagação de uma concepção; a exaltação das qualidades de algo para grande número de pessoas; disseminação de ideias, informações, boatos e outros, com o fim de ajudar ou prejudicar a outrem; campanha de difusão de mensagem verbal, pictórica, musical e outras formas, de conteúdo informativo e persuasivo, em meios de comunicação, que inicialmente eram folhas impressas.

Um livro de 1923, *Scientific advertising*, de Hopkins (1993, p. 26), considera que "propaganda é promoção de vendas", destacando "a habilidade de vender (*salesmanship*)" e registrando que "a única finalidade da propaganda é promover vendas". Embora esteja alinhado ao propósito do marketing, o conceito é anterior ao advento dos modernos meios de comunicação. Atualmente a propaganda é considerada uma forma de comunicação apropriada não só para promover vendas, mas também para divulgar conceitos, marcas, ou difundir produtos e serviços com o propósito de levar ao consumo e atingir o grande público com custo razoável.

Para Sant'Anna (1996, p. 75), o propósito da propaganda é de "fornecer informações, desenvolver atitudes e provocar ações benéficas para os anunciantes, geralmente para vender produtos ou serviços". Shimp (2002, p. 241) também aponta as funções que a propaganda deve desempenhar: informar, persuadir, lembrar, agregar valor e auxiliar outros esforços da empresa. McDonald (2004, p. 268) acrescenta alterar percepções e atitudes, criar desejos, estabelecer conexões ou associações, orientar ações, proporcionar confiança, provocar lembrança, dar razões para comprar, demonstrar e gerar consultas.

Talaya *et al.* (2006, p. 655-660) definem publicidade como "processo de comunicação unilateral" em que uma organização dirige uma mensagem por "meios massivos a um grupo heterogêneo", com o propósito de "influir em sua compra ou na aceitação das condições propostas" e cujos objetivos são: informar – dar a conhecer uma marca ou produto; persuadir – criar demanda por meio de publicidade agressiva que provoque a preferência da marca; recordar – reforçar demanda que assegure fidelidade a uma marca e que proporcione compra repetitiva.

Para o Conselho Executivo das Normas-Padrão CENP (2024), publicidade ou propaganda é "qualquer forma remunerada de difusão de ideias, mercadorias, produtos ou serviços por parte de um anunciante identificado".

No Brasil a pessoa que faz propaganda é chamada de publicitário, mas também existe o termo propagandista, que não é usual. As campanhas de propaganda são referidas como campanhas publicitárias, e alguns livros têm o título de publicidade (Lampreia, 1989; Haas, 1998; Gomes, 2003; Perez; Barbosa, 2008). Talvez prefiram publicidade em razão da origem religiosa do termo propaganda. Nesta obra assume-se que propaganda se refere à comunicação publicitária e os termos são empregados indistintamente.

<u>Aspectos da propaganda</u>. A publicidade não é uma comunicação esperada ou pedida pelo interlocutor, sendo então preciso que atraia e conquiste a atenção para que atinja o propósito de influenciar, persuadir, ou outro objetivo. É nesse sentido que Brochand *et al.* (1999, cap. 5) propõem uma equação da propaganda: "comunicação = atenção x persuasão", em que "atenção alta + persuasão baixa = comunicação ineficaz" e "atenção baixa + persuasão alta = comunicação ineficaz", sugerindo que o objetivo da comunicação eficaz é conseguir simultaneamente "alta atenção + alta persuasão".

Assim passamos a enfocar as teorias da percepção e atenção que estão sintetizadas em Brochand *et al.* (1999, p. 117-125):

- Atenção seletiva: a atenção tem um papel de filtro que controla a quantidade e natureza das informações recebidas e serve para proteger contra o excesso de informações e, em particular, contra a publicidade. Também ajuda no processo de tomada de decisão.

- Consonância ou **dissonância**: explica a reação do consumidor perante informações divergentes. Por exemplo, existe dissonância quando se recebem informações discordantes, identificando diferenças entre o que foi **apresentado na propaganda** e o que se percebeu depois, o que vai incomodar e perturbar a opinião formada e fazer reconsiderar uma escolha. Ou vai reconsiderar escolhas que estava para fazer, uma vez que a promessa da propaganda se mostra diferente do que percebe.

Quanto à persuasão, o pressuposto é que todo anúncio se constrói com base em um modelo de como a propaganda age sobre o interlocutor. Brochand *et al.* (1999, p. 126-136) fazem uma revisão das teorizações da persuasão que servem de base aos modelos de comportamento do consumidor:

- Econômica: busca o consumidor racional, que considera a compra como um ato lógico e a propaganda uma fonte de informação. O papel da propaganda persuasiva e informativa é provocar convicção por meio de argumentos racionais.

- Comportamentais: do tipo estímulo-resposta para atingir o consumidor condicionado, que é passivo, aprende por hábito a ter reflexos e fornece respostas automáticas a estímulos diversos. Fundamenta-se no princípio da repetição, em que a propaganda mecânica tem objetivo de chamar à ordem o consumidor para levá-lo a agir.

- Psicológica ou afetiva: dirigida ao "eu" consumidor, movido por forças inconscientes, buscando-se agitar os sentimentos e pulsões. Trata-se de uma propaganda sugestiva.

- Sociais ou psicossociais: para atingir o consumidor conformista, que pertence a um grupo social que impõe seus símbolos, que podem ser relacionados a imitação, status, valorização e estilo de vida que são conceitos que refletem valores de nossa sociedade. A propaganda integradora dá à marca e ao produto os símbolos do grupo.

Relacionado à persuasão, Belch e Belch (2008, p. 102-132) também se referem ao comportamento do consumidor, visto como um processo em que as pessoas procuram, selecionam, compram, usam, avaliam e descartam "produtos e serviços para satisfazer suas necessidades ou desejos".

Haas (1998, p. 212-218) igualmente aborda os meios de persuasão da publicidade: (i) a afirmação – imagens preparadas para impressionar na forma de expressão de afirmações e juízos; (ii) a repetição – muitas vezes e com mais força; (iii) o exemplo – a mais poderosa das sugestões, sobretudo se for impressionante e dada por alguém de prestígio.

Além da persuasão, Zozzoli (2008) acrescenta que nos objetivos da propaganda podem ser incluídos "ações planejadas de informar, argumentar, seduzir, provocar", ou seja, "fazer sonhar para desencadear, nutrir e manter o processo de compra de um produto e/ou de adesão a uma ideia". Entre os atributos e peculiaridades distintivas, a publicidade é "processo permanente, comunicação partidária, parcial e dirigida, não é só mercantil, coloca-se a serviço da produção e do consumo" e pode ser considerada "conjuntural e otimista para produtos banalizados, tem poder relativo, modalidades dependentes do contexto e presença em diversas mídias" (Zozzili, 2008, p. 32).

Meunier e Peraya (2008) destacam que a comunicação publicitária "possui uma dominante icônica porque lhe é essencial criar uma atmosfera de participação afetiva", o que favorece "a identificação" e induz "a percepção dos objetos por assimilação intuitiva a outros objetos ou situações já valorizadas" (Meunier; Peraya, 2008, p. 323).

4.2 TEORIAS E FORMAS DA PROPAGANDA

Para Gomes e Castro (2008, p. 4-30), a publicidade sofre "influência mercadológica" e tem "responsabilidade informativa e caráter persuasivo no processo de comercialização de bens e serviços", funcionando com uma "espécie de ritual" pelo qual dá a conhecer ao público "aspectos positivos e/ou vantagens do produto, marca ou serviço" para que alcance "a aceitação" e "a aquisição". A publicidade pode ser estudada sob duas concepções:

> (1) Teoria sistêmica: o sistema publicitário é uma rede organizada de elementos e participantes do entorno da comunicação, que integra as atividades empresariais, para atingir o objetivo econômico. Dispõe de subsistemas de planejamento e comunicação e possui mecanismo de retroalimentação (*feedback*), para corrigir desvios. A informação é convertida em argumento de persuasão e parte-se para transformar a produção massiva (produto ou serviço) em consumo massivo (mercado), sendo que o produtor anunciante deve dirigir mensagens a uma massa de consumidores. (adaptado de Gomes; Castro, 2008, p. 5-8). [...]
>
> (2) Teoria da linguagem: publicidade é uma construção discursiva da tensão entre interesses econômicos e valores simbólicos. A publicidade se vale de formas simbólicas para conseguir a adesão do público e a venda de produtos, marca ou serviço. Fazendo convergir, no eixo simbólico, aspectos cognitivos, interativos e emocionais, a perspectiva da lin-

guagem prioriza a publicidade como produção de sentido que gera conhecimento e atua junto aos consumidores, motivando seu entendimento como um jogo em que cada um dos envolvidos busca agir sobre o outro na tentativa de com-vencer. Não se prioriza o que, mas o como dizer, o que faz com que o consumidor não apenas atente para o que lhe é oferecido, mas se sensibilize ou manifeste sua adesão. A publicidade é uma articulação de sentido resultante do delineamento de determinadas estratégias discursivas (adaptado de Gomes; Castro, 2008, p. 9-11).

De forma complementar, Gomes (2003, p. 69-70) cita as formas de publicidade, as destinadas a: (i) criar, aumentar ou manter a percepção de um produto ou marca; (ii) fazer com que se pense de maneira diferente com relação a um produto ou uma marca, seja desafiando ou reforçando atitude, seja divertindo. Gomes (2003, p. 70) entende que "a publicidade pode concentrar-se numa dessas categorias, ou mesclá-las", de acordo com o estado em que a marca se encontra.

Já Carreira (2008, p. 122) destaca a marca, que "o público compra" porque lhe traz um "significado para seu atual modo de viver". Para entender o que está sendo valorizado e dá sentido a uma mercadoria, por meio da propaganda, "faz-se necessário conhecer o caminho do significado do lado do anunciante", para quem é "fundamental saber interpretar as propostas da agência, identificando pontos de contato que farão o público reconhecer o que valoriza e se destaca da concorrência".

Por sua vez, Perez (2008a, p. 334) defende que as organizações devem "estar na avaliação da construção simbólica e da rede de associações que se pretende atingir com a marca", uma vez que se trata de elemento relacionado com a imagem da organização, sendo a "marca a convergência semiótica de elementos reticulares resultante de uma negociação constante entre os diversos atores sociais do processo comunicacional".

Gomes (2003, p. 210-219) também se refere aos modelos: Hopkins – teoria standard que "converte um não comprador em comprador"; Reeves – *unique selling propositon*: "a proposta única de vendas é uma venda forte" e consiste "na escolha de um bom argumento de venda"; Ogilvy – imagem de marca, em que a compra é "movida por um conjunto de imagem que personalizam a marca"; Ries e Trout – posicionamento "na mente do consumidor como produto classe A".

Por outro lado, Haas (1998, p. 21-187) e Lampreia (1989, p. 25-39) classificam os tipos de publicidade em relação a: (a) forma de difusão e maneira com que chega ao público – aberta e camuflada, que envolve publicidade dissimulada, oculta e subliminar; (b) quem promove – privada, coletiva, associativa, comunitária ou ideológica; (c) objetivo – lançamento, expansão, manutenção, recordação e prestígio, que são objetivos de curto prazo, pois o objetivo final é sempre a venda; (c) via que utiliza – direta (ou personalizada) ou indireta (ou geral), em função dos meios escolhidos para a difusão; (e) abordagem – *hard selling*, gritante e exclamativa, com forte apelo à compra, utilizada por produtos de grande consumo, ou *soft selling*, suave e sofisticada, que contém pouca argumentação e as situações de consumo envolvem alegria, paz, juventude ou erotismo.

Haas (1998, p. 161-187) e Lampreia (1989, p. 41-47) também se referem também às leis da publicidade: (i) simplificação – sintetizar ao máximo para facilitar compreensão e memorização; (ii) repetição – quanto mais vezes forem repetidas, maior probabilidade de ser memorizada; (iii) vivacidade para chamar a atenção, impactando, trazendo algo novo; (iv) contiguidade – cria-se associação de ideias em que uma parte tende a evocar o todo; (v) contágio – tendência para a imitação e conformismo, perfilando-se com a maioria ou com autoridades; (vi) transfusão – aproveitar uma corrente de opinião, uma motivação existente para derivá-la, explorando-a em outro campo; (vii) emissor – quanto mais importante for o emissor, maior será a força de impacto junto ao receptor; (viii) *boomerang* – trata-se do fenômeno da rejeição, quando a técnica ou a mensagem não agradam e produzem o efeito negativo e oposto, como numa campanha antitabaco que contribui para o aumento do consumo, em vez da redução.

4.3 PROCESSO DE COMUNICAÇÃO PUBLICITÁRIA

Perez (2008b) aborda o processo de comunicação publicitário a partir do *briefing*, documento destinado à agência e que "contém toda a informação que se precisa para iniciar uma campanha" e que vai orientar, ao que se soma a "análise de pesquisas dos temas de interesse" e a "experiência que a agência tem com o cliente/marca". Um bom planejamento envolve levantar e registrar informações sobre a organização, o mercado, proceder à análise de macroambiente e microambiente, ambiente concorrencial, consumidor, fornecedores, produto, marca, distribuição, além de histórico da comunicação, estratégias de comunicação, da criação e da mídia, definição de verba necessária e forma de avaliação publicitária (Perez, 2008b, p. 23-44).

Talaya *et al.* (2006, p. 679-700) também se referem ao processo de comunicação publicitária: (i) fixar os objetivos (*copy stategy*); (ii) selecionar o público-alvo; (iii) decidir a estratégia criativa – qual a ideia básica que guia a campanha, que envolve geração, avaliação, seleção e execução da mensagem; (iv) determinar a estratégia de mídia; (v) estabelecer o pressuposto, que envolve o planejamento coordenado com os objetivos de marketing e controle; (vi) executar e controlar.

Ao planejar a estratégia de propaganda, Stevens, Loudon, Wrenn e Warren (2001, p. 185-200) propõem que se defina: (i) O que será comunicado? Qual seu posicionamento? (ii) A quem? Qual é o público-alvo – características que possam ser influenciadas; (iii) Em que mídia transmitir? Por que não usar outras? Análise de custos, frequência, alcance de seu público-alvo; (iv) A que custo? Quanto pretende investir? Que percentual de seu orçamento? Que material precisa ser elaborado e como?

4.4 PROPAGANDA: CRÍTICAS, RELEVÂNCIA E TENDÊNCIAS

<u>Críticas</u>. Martín-Barbero (2004, p. 52) denuncia as funções da propaganda como uma "linguagem dissimulada, hipnotizante", que transforma "sistematicamente as ideias e as coisas, reduzindo-as à sua forma mercantil" para destacar a "marca da fábrica", ao que denomina de "ideologia que se empenha em separar semanticamente as diferenças sociais, ao mesmo tempo em que as aumenta".

Baudrillard (2005, p. 291-299) traz reflexões sobre a "significação da publicidade": a tarefa primordial da publicidade é "informar as características deste ou daquele produto e promover a venda", mas logo passou a função de "persuasão", depois à "persuasão clandestina". A questão é: será que a "função explícita da publicidade" é persuadir "o consumidor quanto a certa marca precisa (Omo, por exemplo), mas o faz quanto à outra coisa mais fundamental para a ordem da sociedade inteira" e "Omo não passa de álibi para esta função?" A seu ver, "não se trata de uma lógica de enunciado e prova, mas sim de uma lógica de fábula e adesão" (Baudrillard, 2005, p. 291-292).

Outra questão é se a propaganda pode estimular o consumismo. Morin (2002, p. 111-112) mostra como a publicidade contribui para tal: "Ela diz respeito igualmente à saúde, ao conforto, à facilidade, ao prestígio, à beleza, à sedução..." De tal forma, "desde os heróis imaginários até os cartazes publicitários, a cultura de massa carrega uma infinidade de *stimuli*, de incitações, que desenvolvem ou criam invejas, desejos, necessidades" e por meio da "qual se exerce a pressão da indústria e do comércio para derramar os produtos de consumo". Para Morin, "A publicidade assegura a mediação entre a indústria de grande consumo e a casa", além de que "mantém vivo o tema obsessivo da vida doméstica, fundada sobre o bem-estar e multiplicação dos objetos, que são também sinais, símbolos e instrumentos do bem-estar." (Morin, 2002, p. 101-102).

Por outro lado, se aceito que cultura é "tudo que é criado pelos seres humanos", podemos perceber, como destaca Coelho (2008, p. 155-182), "a presença de manifestações publicitárias" em número cada vez maior, não só nos "meios de comunicação, mas também em equipamentos e veículos como "ponto de ônibus, o próprio ônibus, táxis, trens do metrô", fazendo com que a publicidade passe a ocupar "lugar central na cultura contemporânea", a ponto de surgirem "movimentos sociais contrários a ocupação publicitária dos espaços públicos", uma postura contra-hegemônica, o que representa um passo contra os excessos propagandísticos, apesar de que "essa luta depende de um questionamento da ideologia neoliberal e dos poderes econômicos e políticos da burguesia".

Talaya *et al.* (2006, p. 646) incluem entre os inconvenientes da propaganda "saturação publicitária, necessidade de realizar grandes investimentos e ausência de credibilidade", e sua natureza massiva e impessoal.

Embora admita que "algumas campanhas de propaganda são, de fato, eficazes e contribuem para o aumento de vendas", Kotler (2004, p. 84-128) registra que a empresa "deveria se preocupar se a mesma quantia gasta em propaganda não traria melhores resultados se fosse empregada" de outra forma, considerando a "relação custo/eficácia". E traz um exemplo: "cada automóvel da General Motors consome em média US$ 3 mil em custos de propaganda". Quem paga esse custo extra, acha que vale a pena? Não poderia ser transformado em desconto, por exemplo?

Kotler, Kartajaya e Setiawan (2010, p. 34) registram que cada vez "menos consumidores confiam na propaganda gerada por empresas".

Rangel (2013, p. 20) aponta o "uso de artifícios para incentivar o consumidor a comprar mais", principalmente com o uso de imagens retocadas, falsas ou manipuladas, as "imagens meramente ilustrativas", e a publicidade de "alimentos com alto teor de gordura e sal para menores de 16 anos".

Camargo (2008, p. 125-153) faz uma abordagem da propaganda em três perspectivas, uma das quais envolve aspectos críticos, a publicidade como perversidade, em que se parte da análise crítica para "pensar e sugerir como a propaganda pode ser bem melhor do que é", porque insiste em fórmulas prontas e desgastadas e reforça apenas valores extremamente competitivos; faz pessoas comprar coisas desnecessárias, ou que não podem acessar; incentiva o consumo de produtos maléficos à saúde, como fumo, álcool e comidas impróprias; assume papel hegemônico ao tentar moldar o pensamento pró-grupo dominante; há pequena diversidade étnica de personagens; e não exerce papel educativo (adaptado de Camargo, 2008, p. 125-153).

Relevância. O próprio Camargo traz um enfoque em que destaca a relevância da publicidade como possibilidade, em que se acredita que existe "um novo jeito de fazer" e se "criar um mundo como pode ser", por meio de uma prática anti-hegemônica, contra qualquer tentativa de dominação autoritária, o que envolve a percepção dos papeis culturais e educacionais, do combate a fórmulas prontas, por meio de uma prática marcada pela resistência a conceitos naturalizado e pelo questionamento do que é normal, buscando operar com mais consciência em relação à condição social e histórica que nos cerca (adaptado de Camargo, 2008, p. 125-153).

E o mesmo Camargo (2008, p. 127-153) apresenta a publicidade como fábula, em que se defende a atividade, com base em Kirkpatrick (1997), para quem a propaganda não é coercitiva, porque se obtém o consentimento voluntário ao se comprar; encoraja o desenvolvimento de novos produtos; busca da felicidade é o um direito – eis a justificativa moral; contribui para a formação da consciência de não ser enganado; e é o meio pelo qual se tem oportunidade de buscar o melhor, a nova tecnologia; é sinal de uma sociedade livre e é fundamental para a construção da cultura ocidental (adaptado de Camargo, 2008, p. 125-153).

Embora também demonstrem uma visão crítica da propaganda, prevendo sua queda, Ries e Ries (2002) destacam aspectos favoráveis: é visual, atinge a todos, favorece extensões de linha de produtos, é engraçada. E indicam funções específicas para a propaganda: manter a marca na mente dos consumidores e na direção ao conceito principal que a marca defende, não perdendo seu rumo.

Talaya *et al.* (2006, p. 646) também ressaltam vantagens da propaganda: "modificação de hábitos dos consumidores, repetição de mensagem e favorecimento da atuação dos vendedores", destacando a orientação a grandes audiências e o baixo custo por contato.

Outra vantagem é que a publicidade dá incentivo aos criativos e às indústrias criativas, com eventos internacionais premiando os melhores trabalhos de propaganda.

Do exposto se destaca principalmente a propaganda como possibilidade, bem sugestiva e que fica como proposta para reflexão. Fica evidente que nem sempre a propaganda consegue se tornar uma comunicação publicitária com seus públicos, simplesmente porque é preciso que seja validada pelo interlocutor, que pode (ou não) aceitar o que lhe é proposto.

<u>Tendências</u>. Gracioso (2008, p. 486) traz reflexões sobre o futuro da publicidade, prevendo que assumirá "papel e natureza bem diferentes dos atuais" e que os novos contornos envolvem "mudanças nas próprias estruturas que compõem o negócio de propaganda, que assistirá à incorporação de novos *players*", confundindo-se "cada vez mais com o grande universo da comunicação, com o mercado e o marketing em geral", projetando as seguintes tendências: (a) diversificação cada vez maior da comunicação, sendo a propaganda reservada para situações específicas, aumentando-se a utilização do *merchandising* em programas, novelas ou coberturas jornalistas, ou mesmo entrevistas com personalidades; (b) propaganda promocional em vez de campanhas de marca, pois as empresas têm de apoiar vendas a todo custo, o que se dá por meio de eventos, sorteios, concursos e outras formas promocionais, em detrimento de verbas publicitárias; (c) extrapolação dos limites do anúncio e do comercial, buscando outras formas de persuadir o consumidor, com shows artísticos, patrocínios esportivos, desfiles de moda, divulgação editorial de notícias de seu interesse; (d) direcionamento a grupos específicos, pois os mercados estão cada vez mais segmentados e as campanhas mais direcionadas; (e) desafios criativos não se restringem a anúncio e comercial, a agência de propaganda procura diversificar seus esforços, montando show, identificando outras possibilidades de contribuir com vendas; (f) marcas tradicionais enfrentam a concorrência do próprio varejo, de marcas de distribuição regional, ou com preços mais baixos,

ou marcas do próprio varejo; (g) agências de propaganda anacrônicas deixam de ser o centro de pensamentos estratégicos no relacionamento com os clientes, sugerindo-se que precisam desenvolver a capacidade de se tornar centros de comunicação com o mercado (adaptado de Gracioso, 2008, p. 484-486).

Algumas das tendências acima envolvem preocupações de ordem ética, como "a" e "c", nas quais se apresenta conteúdo comercial propagandístico com formatação editorial ou jornalística, o que é algo que vem acontecendo. Com relação ao item "b" também já se vem sendo observada a migração de verbas publicitárias para promoções. Quanto ao "d", grandes grupos empresariais ainda continuam buscando atingir multidões, mas a tendência é haver maior segmentação. A tendência "g" indica a necessidade de se desenvolver uma visão estratégica.

Entre o que também pode ser considerado tendência, Rangel (2013, p. 20) destaca a "publicidade sem enganação", a proibição de propaganda de alimentos pobres em nutrientes para o público infantil, com base em lei inglesa que "obriga a publicidade a informar se uma imagem foi alterada", e na proibição de anúncios de alimentos de alto teor de gordura, açúcar e sal, mencionando a legislação da França e de Israel, o que também é adotado pela legislação brasileira, com a colocação de indicação de "excessiva gordura, açúcar" nos produtos.

Figueira Neto (2008, p. 235-276) também destaca tendências: (i) o profissional precisa atualizar-se para discutir, recomendar e assumir a direção dos contatos por meio de comunicação massificada, *one-to-one*, *advertisement*, comunicação no PDV, ações de relacionamento, comunicação por atitude e outras formas, o que torna o objetivo de mídia alinhado à estratégia integrada; (ii) os meios deve ser a área responsável pelo desenvolvimento e controle das formas de aferição dos resultados da propaganda; (iii) precisa dar asas à criatividade, ao criar novos contatos com os públicos, surpreender com novas formas e espaços nos veículos existentes, viabilizar novos canais e ampliar possibilidades; (iv) precisa ser cada vez mais ético, ao assumir postura cidadã (adaptado de Figueira Neto, 2008, p. 273-276).

Figueira Neto (2016) refere-se aos novos contornos dos meios que "determinaram a implosão das fronteiras entre as disciplinas de comunicação" e à nova realidade do planejamento publicitário que "se torna muito mais complexo", buscando a "eficácia" com, por exemplo, a "substituição do modelo predominante nos meios – *opportunities to see (OTS)* – que "não permite mensuração do consumo real", por um baseado na "mídia sob demanda" que "possibilita conhecer integralmente esse consumo" (Figueira Neto, 2016, p. 365-381).

Kotler, Kartajaya e Setiawan (2017) consideram que a tendência, a que chamam de "futuro da publicidade na economia digital", é o "marketing de conteúdo" que "ganhou popularidade nos últimos anos" devido à "transparência trazida pela internet", além de que, entre as "melhores práticas" citam a "propaganda boa a boca" (Kotler; Kartajaya; Setiawan, 2017, p. 127-148), além de que defendem um sistema avaliativo para medir a eficácia das atividades comunicacionais em que a assimilação e atração estão relacionados à publicidade (Kotler; Kartajaya; Setiawan, 2017, p. 77-112).

Sistematizando e refletindo. Retomando e buscando sintetizar, ao se refletir sobre a estratégia propaganda e as possibilidades dessa forma de atuação comunicativa, a destacamos, pois, sem dúvida, é uma das principais estratégias comunicacionais, da qual se destacaram aspectos como influência, persuasão, sedução, sensacionalismo, entre outros que podem contribuir com o consumismo. No entanto, a comunicação publicitária também pode se tornar possibilidade de se fazer comunicação de uma nova forma, por meio de práticas contra-hegemônicas, buscando desenvolver consciência socioambiental e se responsabilizar com relação ao contexto que nos cerca, o que pode fazer com que os cidadãos, pela boca a boca e por outras formas, defendam a empresa.

Finalmente, lembramos de que a propaganda tem lugar importante na comunicação digital, podendo convergir com os novos meios, o que não deixa de ser uma reinvenção da publicidade no meio digital. Constata-se, assim, que continua muito relevante a estratégia de propaganda que pode ser incluída no plano estratégico de comunicação integrada.

Questões para reflexão

   a. Como definir propaganda/publicidade e quais seus objetivos?
   b. Como é o processo de comunicação publicitária?
   c. Que teorias de persuasão servem de base às formas do consumidor se comportar frente à propaganda?

d. Analise e comente as indagações de Baudrillard: por que a propaganda funciona como persuasor? Será que a função da propaganda é "mostrar e enganar"? Qual o papel das sugestões eróticas na propaganda? Trata-se de uma lógica de fábula e adesão?

e. A propaganda pode estimular o consumismo? Explorar o sensacionalismo? Contribuir com o individualismo? Analise e comente.

f. Analise e comente a observação de Martín-Barbero, de que as funções da propaganda podem ser relacionadas com uma "linguagem dissimulada, hipnotizante", que transforma "sistematicamente as ideias e as coisas, reduzindo-as à sua forma mercantil" para destacar a "marca".

g. Nem todos têm condições de consumir o que lhe é proposto pela propaganda, por não ter poder aquisitivo, e por outras razões. Analise e comente.

h. Muitos produtos anunciados fazem mal à saúde, por conter muito sal, gordura, álcool ou açúcar. Por que tais questões não são levadas em **consideração**? Que fazer?

i. Quais as críticas que **podem** ser feitas à estratégia propaganda?

j. Destaque a relevância da propaganda no contexto das formas de comunicação.

k. Quais podem ser consideradas as tendências da propaganda?

l. As práticas da **propaganda** podem ser relacionadas com valores, como apresentado no **Mapa** das relações comunicacionais?

m. Que é possível fazer **diante** da comunicação publicitária que contribui para integrar o cidadão ao *status quo* mercantilista de forma a torná-lo um consumidor e até um hiperconsumidor?

n. Pesquise, analise e comente sobre ações de propaganda que se destacam. Por quê?

o. Pesquise, analise e comente: quais os valores ou cânones da propaganda? Quem estabelece o código de ética dos publicitários? Como é na prática?

p. Ao montar seu plano estratégico de comunicação, considere incluir a comunicação publicitária.

5

COMUNICAÇÃO VOLTADA À VENDA

A multiplicidade de produtos e negócios autônomos dirigidos a diversos grupos de consumidores e clientes exigem definições estratégicas para a função de vendas. (Cobra, 1994, p. 22)

SINOPSE: O marketing tem como propósito o consumo e seu fundamento são as vendas, que estão relacionadas com comunicação, podendo-se falar em práticas comunicacionais voltada à venda, que tem como principais formas promoção de venda, vendas diretas (marketing direto), vendas pessoais e marketing de relacionamento. Venda é uma comunicação comercial em que acontece a interação comunicacional voltada à transferência de um bem ou serviço em troca de dinheiro. Definido venda, procura-se definir 5.1 promoção de vendas – objetivos, características, processo, peculiaridades, *merchandising*, marketing de incentivo, registrar críticas, destacar relevância, tendência. Já 5.2, venda direta ou marketing direto, pode envolver banco de dados, mala direta, mídia impressa e eletrônica, marketing de catálogo e vendas por telefone ou celular e vem crescendo em importância como estratégia. Começa-se com a definição e os objetivos, passando por questões relevantes, como características, tipos, processo, registram-se críticas e destaca-se a relevância. Em 5.3 venda pessoal, definem-se o conceito e os objetivos, volta-se à questão da persuasão para vender, apresentam-se aspectos relacionados: processo de venda pessoal, tipos de venda, repensar o processo, venda relacional, métodos de venda, táticas e administração de vendas, bem como se registram críticas, destacam-se a relevância e tendências. A estratégia 5.4 marketing de relacionamento pode ser considerada uma comunicação relacional voltada à venda, em que se aborda concepção e objetivos, o Marketing 2.0 – o "pós marketing" 1.0, em que se destacam os relacionamentos que se estabelecem com os clientes, o que pode acontecer por meio de gerente de contas e sua equipe, bem como se refere ao processo, ao uso de CRM, e também se registram críticas, enfatiza-se a relevância e tendências.

5.1 PROMOÇÃO DE VENDAS

> "A jangada estava abicada na caiçara da maloca sublime do Rio de Janeiro" [...] E Macunaíma adora entrar numa fila de supermercado e salivar por um copinho pequeno de suco, provar tudo que está sendo oferecido em display de degustação, e partir para a compra, de preferência as promoções tipo leve 3 e pague 2, desconto de 50%, ou melhor, compre 2 e leve mais 1 por R$ 0,01. "E cerrando os olhos malandros, com a boca rindo num riso moleque safado de boa vida", o herói degustou as promoções de venda e "gostou: – Puxavante! Que filho-duma... gostosura, gente!" exclamou. (Adaptação livre de excertos [entre aspas] de Andrade, 1998, p. 68)

Imagine a cena supra: Macunaíma provando todas as promoções de vendas e apreciando. Assim tenta-se melhor entender o universo realista com que, de forma fictícia, o inesquecível herói brasileiro se deparou.

<u>Conceito e objetivos</u>. Ferracciù (1997, p. 9) considera promoções de vendas uma técnica que envolve promover, "fomentar, ser a causa, dar impulso, fazer avançar e provocar, diligenciar, desenvolver, originar, favorecer" com o objetivo da "realização das vendas em si". Ou promoções de vendas "é técnica e ciência de fazer alguma coisa acontecer", contribuindo para "a efetiva realização das vendas de um bem, ideia ou serviço" e seu objetivo é "fomentar, facilitar e favorecer o ato de venda em si" (Ferracciù, 2003, p. 346).

Promoção de vendas destina-se: (i) aos consumidores e envolve estímulos diretos para a venda imediata, que pode ser uma redução de preço, oportunidade de participar de sorteio, desconto, ganhar uma quantidade extra do produto, ou uma amostra grátis de um produto; (ii) aos canais intermediários de comércio (atacadistas, varejistas) – incentivos, descontos e bonificações por vendas, na visão de Belch e Belch (2008, p. 495).

Batista (2008, p. 352) define promoção de vendas como uma "atividade estratégica, tática e de apoio para uma marca, geralmente de curto prazo", para "estimular a compra ou alavancar a performance de vendas", buscando "obter vantagem mercadológicas" tais como "neutralizar ao máximo a ação da concorrência ou reforçar a imagem de uma marca", sendo os objetivos atrair novos consumidores, recompensar clientes fiéis, facilitar compras repetidas, estimular estocagem por parte dos consumidores, impulsionar consumidores eventuais a continuar preferindo a marca a outras e aumentar tráfego nas lojas.

Para Shimp (2002, p. 409-411), os objetivos das promoções de vendas são: estimular o entusiasmo da equipe de vendas com um produto novo, melhorado ou maduro; revigorar as vendas de uma marca madura; facilitar o lançamento de novos produtos; aumentar o espaço de comercialização; neutralizar a propaganda e as promoções de venda da concorrência; levar os consumidores a fazer compras de teste; manter os usuários atuais, estimulando a repetição de compras; aumentar a compra de produtos e anular a concorrência, incentivando os consumidores a estocar; e reforçar a propaganda.

De acordo com Shimp (2002) e Ogden (2002, p. 66), as promoções de venda ao intermediário consistem em: descontos; compras antecipadas; compras desviadas; programas de suporte do fornecedor; concursos e incentivos; materiais de Ponto De Venda (PDV); programas de treinamento; propaganda especializada; feiras e eventos; descontos de fatura; cheques de reembolso para colocação de anúncio ou *display;* descontos de abertura de espaço; taxas de retirada; políticas de preço mínimo; resposta eficiente ao consumidor; pagamento por desempenho; propaganda cooperativa; comarketing ou marketing de conta específica, redução de preço a todas as contas.

Quanto à promoção de vendas ao consumidor, na definição dos objetivos inclui-se uma descrição do que pode ser atingido, prevendo a forma de mensuração.

A seguir apresenta-se uma figura sintetizando com as formas de promoção e os respectivos objetivos.

Figura 5 – Promoção de vendas ao consumidor

Recompensa para o consumidor	Objetivos do profissional de marketing		
	Gerar compras de teste	Estimular compras repetidas	Reforçar a imagem da marca
Imediata	Distribuição de amostra, cupons instantâneos ou distribuídos nas prateleiras	Redução de preços, bônus de embalagens, prêmios dentro, fora e junto das embalagens	-
Posterior	Cupons distribuídos pela mídia e pelo correio, prêmios grátis pelo correio, cupons escaneados	Cupons dentro e fora das embalagens, abatimentos e reembolsos, cartões telefônicos, programas de continuidade	Prêmios autoliquidantes, concursos e sorteios

Fonte: Shimp (2002, p. 443)

Entre os objetivos de promoção de vendas ao consumidor, Ogden (2002, p. 73) sugere incluir: manutenção de clientes atuais; estímulo à experimentação; repetição do uso pelos clientes atuais; compras múltiplas; compras mais frequentes; introdução de novos produtos; coordenação com eventos; estimulação geográfica; exploração sazonal; troca por produto superior; novos usos: resposta imediata, boa vontade.

De acordo com Talaya *et al.* (2006, p. 725-726), o prescritor "é a pessoa que por seu conhecimento profissional ou poder exerce influência sobre a decisão de compra" porque "aconselha, recomenda ou prescreve um produto vinculado a sua atividade". Os objetivos da promoção para os prescritores são: dar a conhecer os produtos; conseguir a recomendação da marca; criar imagem da marca. As formas promocionais aos prescritores são: mostras, documentação técnica sobre o produto, seminários e conferências, visita à fábrica e laboratório, e obséquios.

Talaya *et al.* (2006, p. 724-725) referem-se ainda a promoção a vendedores, com os objetivos de apoiar um novo produto ou linha, aumentar as vendas de determinado produto, estabelecer níveis adequados de vendas em determinados lugares, incrementar as vendas e estimular vendas fora da temporada. As promoções aos vendedores consistem em incentivo econômico por alcançar objetivos, concursos como o de melhor vendedor, distinções honoríficas e viagens com a família por conta da empresa.

Com colaboração de Maria L. S. Campos, Ogden e Crescitelli (2008, p. 88-90) indicam uma peculiaridade das promoções no Brasil: há necessidade de autorização governamental prévia concedida pela área de Promoções Comerciais da Caixa Econômica Federal.

A promoção de vendas exige que seja avaliada, sugerindo-se que se examine: a validade da promoção só por um período especificado; o aumento de verba de acordo com vendas; cota de pagamento (taxa de participação) em que fabricante reembolsa ao varejista; os padrões de desempenho estabelecidos; formulários para o reembolso necessários. E, entre os programas de suporte do fornecedor, com controle do canal, incluem-se: propaganda nos meios de comunicação locais, com participação dos fornecedores; concursos e incentivos para o intermediário para incentivar desempenho; materiais de Ponto De Venda (PDV): propaganda para atrair atenção; e programas de treinamento.

Com base em sua experiência de ter atendido quase 500 empresas, Ferracciù (1997, p. 143-151) apresenta os 10 mandamentos da promoção de vendas: (i) não tentar executar aquilo que as outras estratégias de marketing podem fazer melhor; (ii) ser a melhor alternativa para atingir os resultados; (iii) obter o máximo efeito pelo menor custo; (iv) estar de acordo com os padrões de comportamento daqueles consumidores para qual é destinada a promoção de vendas e de acordo com a imagem da marca; (v) atrair a atenção e promover ação de aceitação; (vi) ser simples, clara, fácil de entender; (vii) utilizar tanto apelos emocionais quanto racionais; (viii) ser única, singular e exclusiva; (ix) ser honesta; (x) ser desejada por todos de quem seu sucesso dependa, recebendo da empresa total apoio, principalmente da equipe de vendas. No entanto, o próprio Ferracciù (1997, p. 151) registra: "É quase impossível preenchermos, impecavelmente, todos esses requisitos. Raras são as promoções que combinam e atendem a essa bíblia promocional", mas conclui que "pode ser uma garantia de sucesso".

De acordo com Costa e Crescitelli (2003), as promoções de venda podem ser classificadas como: (i) promoção de persuasão que estimula a ação de vendas propriamente dita e é apropriada para introduzir produto novo ou modificado, ampliar a demanda, aumentar volume de vendas, aumentar participação no mercado, conseguir a preferência do consumidor e fidelizá-lo, bloquear a penetração e crescimento da concorrência, revitalizar marca, desovar produto em declínio; (ii) promoção institucional, que auxilia na divulgação e na formação ou sustentação da imagem da empresa ou do produto (Costa; Crescitelli, 2003, p. 73-89), abordagem que também está no foco de relações públicas.

De acordo com Shimp (2002), Costa e Crescitelli (2003), Ogden (2002, p. 73) e Ferracciù (2003, p. 346-347), as principais promoções de venda ao consumidor são: amostras distribuídas de porta a porta, ou em pontos de venda, ou colocados em produtos de grande aceitação, como parte do anúncio de promoção enviado pelo correio; bônus em embalagem; brindes e vale-brinde – junte e troque, brinde na embalagem e compra subsidiada, como os bonecos da Parmalat e as garrafinhas da Coca-Cola, brinde acoplado no produto, objeto oferecido ao consumidor na compra; concursos e sorteios; cupom entregue pelo correio ou encartado em jornal ou revista, ou no ponto-de-venda, cupons *in-pack* e *on-pack*; degustação, demonstração e experimentação em Ponto De Venda (PDV); desconto promocional – redução de preço; embalagem a ser reutilizada oferecida como brinde na compra; garantias extras do produto; liquidações e remarcações; pacotes de bonificação – quantidade extra; painéis traseiros que se transformam em presente; prêmios grátis enviados pelo correio, ou dentro, fora e junto das embalagens, autoliquidantes; programa de recompensas por fidelidade; promoção de continuidade, por compras repetidas da mesma marca; promoções casadas: duas ou mais marcas juntas; reembolsos e abatimentos; truques, atrativos e animações para despertar interesse por produto, serviço ou ideia; e venda condicionada.

Quanto ao *merchandising,* existem diferentes concepções. A apresentação de produtos para degustação em *displays* no Ponto De Venda (PDV) recebe de alguns autores, como Brochand *et al.* (1999, p. 46), a designação de *merchandising,* no seu sentido de sedução, ou "colocação provocatória de produtos no caminho dos clientes, no interior da loja", permitindo experimentação.

Por outro lado, Costa e Crescitelli (2003, p. 234-235) classificam as ações de *merchandising* em: (a) ponto-de-venda, as que envolvem (ou não) o produto, com fins específicos de estimular a decisão final de compras – exposição promocional, *display* e outros, e (b) fora do ponto-de-venda: como faixas na rua, placas, balão de ar quente, adesivos, toalhas, bonés, camisetas, sacolas, canetas e mesmo se referir ao produto ou citá-lo na televisão. A ação "b" também pode ser vista como promoção de venda em sua vertente institucional, pois contribui com a imagem e muitas vezes se vale de artigos úteis e decorativos, entregues de forma de material promocional – canetas, calendários, camisetas, bonés, ou estruturada em função do público-foco.

De acordo com Ogden e Crescitelli (2008, p. 28-29), *merchandising* também se refere à inserção de produtos em programas de televisão ou filmes, em troca de pagamento, que é denominada *product placement,* e pode ser: (i) o produto é simplesmente mostrado dentro de determinado contexto; (ii) também acontece uma demonstração de seu uso; (iii) acrescenta-se ainda um testemunhal.

As inserções de produtos (*product placement*) se dão, na visão de Belch e Belch (2008, p. 411-538), devido ao receio de que os "espectadores não estejam mais assistindo a comerciais", apesar de que "não há mensurações de eficácia confiáveis", e sugerem que propaganda e promoção de vendas devam ser planejadas de forma complementar e integrada.

Trindade (2008, p. 340-350) faz uma revisão do *merchandising* televisivo, que surgiu a partir do conceito americano de propaganda *tie--in,* que quer dizer "amarrar dentro de", ou seja, trata-se da "exibição de uma marca, produto ou serviço no espaço de uma mídia não publicitária", estando "amarrado dentro de um programa de televisão, telenovela ou jornal" e que pode assumir os seguintes tipos: (i) Menção ao produto – testemunhal realizado por apresentador ou garoto propaganda que, no meio do programa, recomenda o uso do produto, marca ou serviço. (ii) Estímulo visual – a marca é exibida ou compõe o cenário do programa, mas não há menção verbal a ela. Utilizada em novelas, partidas de futebol exibidas na televisão e cenário de programas de televisão. (iii) Demonstração e/ou explicação sobre o uso ou utilidade de produto ou serviço com conotação conceitual – em programas de televisão e novelas. (iv) Uso simples do produto ou serviço, sem explicações conceituais: em novelas (adaptado de Trindade, 2008, p. 344).

Trindade (2008, p. 346-350) cita a Globo como a rede especialista em *merchandising* televisivo por meio da propaganda *tie-in* e traz considerações sobre sua eficácia, destacando "as vantagens" que percebe "diante da publicidade televisiva", e refere-se às possibilidades e dificuldades de sua aplicação, destacando as "potencialidades dessa ferramenta".

Já Ferracciù (2003) define *merchandising* como a operação para "colocar o produto ou serviço certo no mercado, no lugar e tempo certos, em quantidades certas e a preço certo", e sua mais importante função é a "exibitécnica", definida como "arte e técnica de expor, dispor e exibir produtos" por meio de "vitrinismo, exposição, exibição e lojismo" (Ferracciù, 2003, p. 347-351).

Processo. Quanto ao processo de elaboração, antes de iniciá-lo é preciso refletir sobre a conveniência da promoção de vendas. Para que a promoção de venda seja bem-sucedida, Shimp (2002, p. 470-471) sugere: 1) identificar os objetivos; 2) chegar a um acordo de forma que os envolvidos concordem com os objetivos; 3) criar um sistema de avaliação que envolve refletir se a ideia é boa com relação aos objetivos. A ideia terá apelo ao público foco? A ideia é única ou a concorrência está fazendo algo similar? A promoção é apresentada com clareza, de forma que o público foco vá perceber, compreender e responder? A ideia é eficiente em termos de custos?

Talaya *et al.* (2006, p. 728-732) sugerem etapas de um programa de promoção de vendas: (i) análise da situação – informações sobre o mercado, o produto e as competências; (ii) desenho do programa – pré-teste, duração da campanha, pressupostos; (iii) execução do programa

– logística, coordenação, provedores, distribuidores, mídia, realização material, pressupostos de controle; (iv) controle de resultados – vendas totais comparadas com custos da promoção.

McDonald (2004, p. 283) refere-se ao processo de preparação de um plano de promoção: 1) resumo do conteúdo – o quê, onde, quando? 2) objetivos de marketing e promocionais; 3) dados do mercado, justificativa para uso da promoção; 4) detalhamento da oferta – preços, prêmio; 5) elegibilidade – quem, onde? 6) disponibilidade da oferta; 6) cronograma com datas e responsáveis pelos aspectos do plano; 7) suporte necessário – propaganda especial, ponto-de-venda, apresentadores, folhetos, relações públicas, amostras e outros; 8) gerenciamento – faturamento e procedimentos financeiros; 9) plano de vendas – alvos, incentivos, efeitos; 11) apresentação de vendas: pontos a cobrir; 12) relatórios de venda; 13) avaliação – como foi?

Ao desenvolver o plano de promoção de vendas é possível incluir também os públicos internos, tanto o pessoal administrativo e a equipe de produção, quanto o que atua no processo de venda, como mostram Costa e Crescitelli (2003, p. 92-96), indicando algumas opções, como programas de incentivo, convenções, concurso de vendas e premiações constantes.

Para Ogden (2002, p. 66-73), um plano de promoção de vendas envolve tanto vendas para intermediário quanto ao consumidor, ao que se acrescenta que pode abranger o público interno e a promoção institucional, já referidos anteriormente.

Pesquisas. Com base em pesquisas sobre promoções de venda, Shimp (2002) traz as seguintes constatações: reduções temporárias de preços no varejo aumentam substancialmente as vendas; quanto maior a frequência de promoções, mais baixo será o pico de vendas da promoção; a frequência das promoções muda o referencial de preços do consumidor; os varejistas repassam menos de 100% das promoções comerciais; as marcas com maior participação de mercado têm menos elasticidade para promoções; as promoções anunciadas podem resultar em aumento no tráfego na loja; a propaganda e os *displays* operam sinergicamente para influenciar as vendas com desconto; as promoções em uma categoria de produto afetam as vendas das marcas nas categorias complementares ou concorrentes; a promoção de uma marca de alta qualidade rouba vendas de marcas de baixa qualidade; promoções nem sempre são lucrativas, pois maior volume de vendas não significa necessariamente aumento nos lucros (adaptado de Shimp, 2002, p. 412-413).

Com base em revisão, Batista (2008) conclui que "a avaliação das promoções de vendas deve considerar os efeitos associados": (a) ao tipo de técnica empregada, com relação à apresentação, à localização e ao formato escolhido; (b) ao comportamento procurado, se racional ou reacional, considerando o papel do esforço e do tempo; (c) ao ambiente ou conjuntura, observando quais são as expectativas do consumidor com relação às promoções da categoria ou marca; (d) ao resultado sinérgico das promoções no ponto de venda; (e) aos efeitos desejados na lealdade à marca (Batista, 2008, p. 367).

Também há a denominação marketing de incentivo, que Ferracciù (2003, p. 347) define como "ações de marketing que motivam e estimulam, por meio de recompensas", os que atingem "o objetivo proposto pela empresa". Segundo a Associação de Marketing Promocional (Ampro, 2020), são "as ferramentas utilizadas para estimular e/ou motivar equipes internas, distribuidores e revendedores a atingirem objetivos e metas estabelecidas", o que pressupõe o oferecimento de "premiação e reconhecimento para as melhores performances". A AMPRO também se refere ao *live marketing*, o marketing de entretenimento com ações promocionais (eventos, campanhas, shows) que ocorrem ao vivo, com participação interativa dos consumidores, proporcionando-se experiências de marca ou de produto. A AMPRO (2020), que declara atuar na "representação, fomento à sustentabilidade e consolidação do mercado de live marketing", estima que o chamado marketing promocional movimente mais de R$ 43,9 bilhões por ano.

Críticas. Shimp (2002, p. 412) aponta que as promoções de vendas não podem executar: (i) compensar uma equipe de vendas mal treinada ou a falta de propaganda; (ii) dar ao comércio ou aos consumidores qualquer razão convincente para continuar comprando a marca em longo prazo; (iii) deter permanentemente a tendência de declínio de vendas de uma marca estabelecida ou mudar a não aceitação de um produto indesejado.

Kotler (2004, p. 87-128) registra que "promoções de venda em geral não são lucrativas", pois "apenas 17% dão lucro", não apresentando assim "boa relação custo/eficácia" e o pior que pode acontecer é "nenhum consumidor novo experimenta o produto", ou atrair "só os que compram por preço". Belch e Belch (2008, p. 539) também alertam quanto aos riscos decorrentes do abuso de promoção de vendas: tornar-se dependente, ameaçar a imagem e a viabilidade da marca, perder vendas e diminuir margens de lucros.

Como se vê, uma prática da comunicação orientada às vendas mal-conduzida, em seu aspecto de promoção de vendas, pode ser prejudicial. É preciso refletir criticamente sobre sua conveniência.

Quanto ao *merchandising* em programas de televisão, Lindstrom (2009, p. 41-53) sugere que a inserção de produtos é, em grande parte, inútil: "se a marca em questão não desempenhar um papel fundamental na trama, não nos lembraremos dela", o que é exemplificado com o erro milionário da Ford em patrocinar o programa televisivo "*American Idol*". A pesquisa foi realizada com rastreamento cerebral Topografia de Estado Estável (TEE), usada para rastrear com exatidão o que voluntários percebem diante da exposição de *merchandising*, indicando quais áreas do cérebro estavam sendo afetadas e como se dá a percepção subconsciente.

Relevância. Peattie e Peattie (2005, p. 341-342) destacam as "evidências do papel estratégico cada vez maior da promoção", pois marcas de renome promovem, promoções não são necessariamente temporárias, ajustam-se a uma vasta gama de mercados, podem reforçar a fidelidade à marca e podem reforçar o posicionamento da marca, concluindo que "o gerenciamento profissional da promoção de vendas tornou-se uma questão de vida ou morte para um número cada vez maior de marcas".

Tendências. Semenik e Bamossy (1995) destacam as tendências de que promoção de vendas que devem continuar a: (i) ter objetivos de curto prazo, (ii) tirar fundos da propaganda, que é uma ação de longo prazo e de construção do mercado e (iii) ser percebida como orientada para o baixo preço por conceder descontos, fazer ofertas etc. Embora valiosa, a tendência é que por si só "promoções de venda não constituem alicerce para uma estratégia de participação de mercado bem-sucedida" (Semenik; Bamassy, 1995, p. 473-474). Belch e Belch (2008, p. 34) também se referem à transferência de verbas de "propaganda para a promoção de vendas".

É preciso esclarecer que não faz sentido considerar a estratégia isoladamente. É preciso situá-la no escopo de um plano de integração das estratégias de comunicação.

Como se vê, os consumidores de certa forma se aproximam do nosso herói nacional Macunaíma, perdido em meio a um mar de promoções de venda, até que "não achou mais graça [...] e voltou pra taba do igarapé Tietê" (Andrade, 1998, p. 71). Assim, procuramos trazer considerações que podem ser vistas como um salva-vidas no mar das promoções de venda, buscando ajudá-lo a se manter à tona até que se volte para casa a salvo do mar das promoções. Ou que o ajude a compreender de forma ampliada e crítica o oceano de promoções de vendas.

Questões para reflexão

a. Defina promoção de vendas.
b. Quais são as vantagens e desvantagens da promoção de vendas?
c. Quais os principais objetivos do profissional com promoção de vendas?
d. Analise e comente sobre *merchandising* e a inserção de produtos em programas de televisão.
e. A parte mais visível do *iceberg* da promoção de vendas está nos supermercados em forma de *displays* em que se pode degustar produtos, incentivando-se a experimentar produtos muitas vezes não saudáveis, ou supérfluos, o que pode incentivar o consumismo. Analise e comente.
f. Antes que promoção de venda seja vista como uma panaceia, analise e comente os aspectos críticos percebidos.
g. Comente sobre a relevância de promoções de vendas no contexto da comunicação integrada.
h. Quais as tendências de promoção de vendas?
i. Pesquise, analise e comente: quais os valores ou cânones da promoção de vendas? Quem estabelece os códigos de ética dos promotores de vendas?
j. Pesquise, analise e comente sobre práticas de promoção de vendas que se destacam. Por quê?
k. Que é possível fazer diante das promoções de venda que buscam integrar o cidadão ao *status quo* mercantilista de forma a torná-lo um consumidor e até um hiperconsumidor?
l. Que outras questões também podem ser percebidas nas práticas de promoção de vendas no contexto da Comunicação na sociedade?

5.2 MARKETING DIRETO OU VENDA DIRETA

A propaganda em mídia de massa e as iniciativas de marketing direto são componentes de esforços bem projetados de comunicação integrada de marketing. (Shimp, 2002, p. 325)

Conceito e objetivos. Inicialmente é importante lembrar que existe o marketing indireto, que se confunde com o próprio marketing, que é o que usa os canais de distribuição tradicionais, vale-se de intermediários como: revendedores, distribuidores e varejistas de bens de consumo, e o marketing direto, em que não há intermediários, a empresa vai direto ao consumidor, do que surge a denominação "direto" e pode ser considerado propaganda de resposta direta ou mais propriamente venda direta. Trata-se propriamente de uma comunicação direta dirigida à venda.

Para a associação americana *Direct Marketing Association* (1982, p. xxiii), marketing direto "é um sistema interativo de marketing (1) que usa um ou mais meios de propaganda (2) para obter uma resposta e/ou transação mensurável (3) em qualquer localidade (4)". Em seu Art. 1.º, § 3.º, o estatuto de Associação Brasileira de Marketing Direto, que passou a se denominar Associação Brasileira de Marketing de Dados ABEMD (2020), adota um conceito idêntico: "um sistema interativo (1) de marketing que utiliza um ou mais veículos de comunicação (2) e visa obter resposta e/ou transação mensurável (3) em qualquer local (4), tendo seus resultados registrados em um banco de dados".

Assim se pode caracterizar o marketing direto: (1) Trata-se de uma forma de comunicação que permite interatividade entre o profissional e o cliente. (2) Utiliza-se um ou mais meios de comunicação, como, por exemplo: mala direta com acompanhamento telefônico. (3) Permite avaliar as respostas, que se caracterizam por serem, em princípio, mais imediatas que as da propaganda em meios de comunicação massificada e permitem levantamento de clientes específicos, que podem dar retorno às iniciativas, por exigir resposta. (4) Permite atuar em qualquer local.

Trata-se de uma comunicação voltada a uma ação de relacionamento que pode gerar encantamento junto ao público, o que se aproxima do marketing de relacionamento. A receita estimada pelo mercado de marketing direto no país corresponde a mais de R$ 21,7 bilhões, segundo a ABEMD (2020).

Quanto aos objetivos do marketing direto: (i) retenção de clientes – programas de continuidade e/ou fidelidade; (ii) indução à experimentação do produto – uso de banco de dados para envio de amostras; (iii) troca de marca – uso de lista de consumidores de marcas concorrentes para envio de mala direta; (iv) aumento dos volumes de venda ou de uso – boletins informativos, programas de milhagem e outros programas de afinidade e fidelização; (v) vendas por meio da resposta direta – vendas por telefone, celular ou por outro meio de comunicação.

Ogden (2002, p. 79) registra que o marketing direto objetiva "estabelecer um relacionamento direto com o público-alvo, de modo a gerar uma resposta imediata". Também para Talaya *et al.* (2006, p. 742) o objetivo do marketing direto é "a consecução de algum tipo de resposta imediata dos clientes potenciais", o que é desencadeado pela comunicação com uso de bases de dados internas e externas.

Para Bretzke (2003, p. 399), o marketing direto "deve ser exercido dentro de uma abordagem integrada", adotando-se CRM (*Customer Relationships Management*) e técnicas de *database* para: (i) aumentar o conhecimento da marca e dos produtos; (ii) construir relacionamentos entre a empresa e seus grupos de interesse (*stakeholders*); (iii) estimular a experimentação; (iv) fidelizar a marca; (v) gerar lista de nomes qualificados para possíveis vendas; (v) estimular clientes potenciais ou a solicitar mais informações para subsidiar seu processo de compras; (vi) vender ao cliente final, sem intermediários.

As características do marketing direto: (i) privado – a mensagem geralmente é dirigida a uma pessoa em particular; (ii) específico (focado) – a mensagem pode ser preparada para atrair a pessoa a quem é dirigida; (iii) atualizado – a mensagem pode ser rapidamente adequada; (iv) interatividade – a mensagem pode ser alterada, dependendo da resposta da pessoa, permitindo contato interativo; (v) efetivo – permite obter resposta imediata e até consolidar relacionamentos; (vi) oportuno – trata-se da atividade em crescimento; (vii) eficaz – permite atingir objetivos.

Se, de um lado, a comunicação publicitária, por meio de televisão, revistas, jornais, rádio, e a propaganda externa alcançam público de massa e têm sido avaliados em termos de custo; de outro lado, a venda direta com propaganda direta e marketing de banco de dados podem alcançar públicos criteriosamente selecionados e melhor atender às necessidades de clientes específicos. Os resultados podem ser mensurados pelo atingimento dos objetivos de vendas (eficácia).

Com o marketing direto, busca-se a desintermediação, com exemplo da Dell Computer, que, por meio da Internet, busca criar relacionamento comprador – vendedor de forma direta. Trata-se de uma venda direta que pode levar ao marketing de relacionamento, que será abordado em 5.4.

Pode-se assim dizer que com o marketing direto busca-se relacionamento direto com um público específico, ou seja, um cliente potencial, podendo-se gerar resposta imediata.

Os tipos de marketing direto são: (i) propaganda de resposta direta – mala direta, mídia eletrônica e impressa, marketing por catálogos; (ii) telemarketing ou venda por telefone; (iii) marketing móvel: venda por dispositivo móvel ou tablet; (iv) venda pessoal, que será abordada especificamente no tópico 5.3; e (v) venda pela Internet – será abordada no Capítulo 3.

De acordo com Belch e Belch (2008, p. 20), propaganda de resposta direta é a promoção de um produto "por meio de um anúncio que estimula o consumidor a comprar diretamente do fabricante".

Já a mala direta é o material de propaganda enviado diretamente a quem se deseja influenciar por meio de carta, cartão-postal, calendário, folheto, catálogo, fita de vídeo, risque-rabisque, pedidos em branco, tabelas de preço, cardápios ou Internet. Para ser bem-sucedida, exige suporte de bancos de dados e capacidade de endereçar adequadamente. É o meio de propaganda direta dominante do marketing direto. Entre as vantagens da mala direta estão: seletividade dos nomes da lista; peças personalizadas, dirigidas para segmentos específicos, que permitem precisão na escolha do público foco; pouca ou nenhuma concorrência pela atenção do cliente durante a promoção; fácil avaliação de sua eficácia – mensurabilidade; possibilidade de fornecer elementos como selos, raspadinhas, etiquetas e outros; flexibilidade para constantemente adequar; livre seleção do formato pelo profissional de marketing direto, uma vez que não limitada à tela da televisão ou a uma página de jornal ou revista; é mais barata e eficaz que os meios tradicional, considerando-se o custo por pedido.

O marketing de banco de dados (*database marketing*) armazena informações sobre clientes atuais e potenciais e serve para selecionar os melhores nomes para uma determinada promoção. Os nomes e dados dos clientes podem ser obtidos internamente ou por meio de aluguel de listas. O marketing de banco de dados vem sendo cada vez mais usado e é o responsável pelo uso crescente e eficaz do marketing direto, como expõe Shimp (2002, p. 330).

Telemarketing ou venda por telefone consiste em fazer ligações, por telefone, mediado por computadores, via central de chamadas ou contatos (*call center, contact center*), depois de selecionar possíveis consumidores de um banco de dados, o que se aproxima da mala direta. Tais prospectados são pessoas não consumidoras de um determinado produto ou serviço que podem demonstrar interesse na compra ou há perspectiva potencial para vir a se tornar um consumidor e que constam em bancos de dados próprios, ou comprados, ou mesmo alugados. Segundo Witzen (1989), telemarketing tem como propósito alcançar abrangência.

Também é chamado de telemarketing ativo, por haver contato por telefone com os consumidores prospectados em um determinado mercado foco, o que se dá por meio de centrais de chamadas ou contatos (*call center, contact center*), as quais também recebem ligações, o que denominamos telemarketing passivo. Igualmente se pode falar em marketing móvel, a venda por celular, que é semelhante ao telemarketing, só que se faz a ligação para um dispositivo móvel, ou tablet, ou manda mensagem de texto, o que já está relacionado ao marketing digital (Capítulo 3).

Segundo Bretzke (2003, p. 399-433), para sua operacionalização, o marketing direto utiliza a combinação de listas, mídias e ofertas, mas, no entanto, "técnicas avançadas como *database marketing, CRM, data mining e data warehouse*" assumem "as funções das listas", e assim tornam possíveis "o conhecimento das necessidades, valores, preferências e comportamento de compra dos clientes". A "peça central" para o marketing direto "obter uma resposta satisfatória e imediata" é a "oferta", sendo que os seguintes fatores devem ser considerados: "preço, transporte e manuseio, unidade de venda, opcionais, compromisso futuro, opções de crédito, incentivos, prazo determinado, quantidades limitadas e garantia".

Processo. Para se atuar no marketing direto, é indispensável formular-se um plano, integrando-o com as demais estratégias de comunicação. Na proposta de Ogden (2002, p. 80-87), os aspectos a serem considerados no processo são: (i) os objetivos de marketing direto – retenção de clientes, indução à experimentação do produto, troca de marca, aumento das vendas ou uso, vendas por resposta direta ou outros; (ii) as táticas para atingir os objetivos; (iii) o meio escolhido; (iv) as execuções táticas;

(v) justificativa da campanha; (vi) métodos de mensuração e controle (adaptado de Ogden, 2002, p. 80-87).

Também se deve determinar como controlar e implementar mudanças se certas táticas não funcionarem, o chamado plano B. Além disso, uma estratégia de marketing direto envolve ainda: o conhecimento total do produto; comparação com a concorrência; análise do mercado; avaliação dos meios; orçamento; implementação criativa; meios de marketing direto; mala direta – catálogos, folhetos de produtos, *malalogs* (revista-catálogo) e pacotes de amostras múltiplas; meios eletrônicos – televisão e rádio, CD ou DVD, *pen drive*; mídia impressa – jornais e revistas; internet; telemarketing ativo – ligações, seleção cuidadosa; telemarketing passivo – central telefônica para receber pedido; meios diversos – livretos de jogos, encartes de fatura e pacotes cooperativados de cartões, entre outros.

Entre as decisões a serem tomadas: definir a utilização de venda direta ou marketing de resposta direta, ou ambos? Venda direta – venda pessoal ou telemarketing? Marketing de resposta direta – opção: mala-direta, mídia? Qual resposta mais eficaz? Quanto ao atingimento dos objetivos (eficácia), apresentam-se alguns exemplos de como mensurar: (i) Taxa de retorno de 2,2% (200.000/4.500): envia 200 mil peças promocionais, recebe 4.500 pedidos. (ii) Investimento de R$ 25.000 na campanha de marketing direto, que teve 100 consultas e 25 se tornaram clientes: valor por consulta R$ 250 (25.000/100) e o custo de cada novo cliente será de R$ 1000 (25.000/25).

A avaliação do processo de marketing direto é facilitada pelas seguintes razões: (i) as compras a partir do marketing direto podem ser mais rápidas do que através da propaganda de massa; (ii) as compras feitas por clientes específicos podem ser monitoradas de forma diferente das compras feitas em supermercado.

Críticas. Yanaze (2011, p. 8) critica o uso indevido dos termos marketing direto e telemarketing, para "tentar sofisticar" venda direta e venda por telefone. Brigatti (2018) mostra que, em São Paulo, empresas de *callcenter*, bancos e telefônicas receberam multas por não cumprirem a lei que proíbe os serviços de telemarketing de ligarem para clientes que se inscreveram no cadastro de bloqueio do Procon (SP).

Talaya *et al.* (2006, p. 646) destacam os inconvenientes do marketing direto: "necessidade de uma base de dados de clientes atualizada". O que as empresas fazem para comprar ou conseguir sua base de clientes?

Semenik e Bamossy (1995, p. 476) complementam: "O desejo de privacidade dos consumidores pode levá-los a solicitar a retirada de seus nomes das listas", destacando que se trata do "coração das técnicas de marketing direto". Ou seja, sem os dados dos melhores clientes, o que fazer?

Shimp (2002, p. 337) também se refere ao inconveniente assédio do telemarketing em momento indesejável e com insistência. Nos Estados Unidos da América, foram criadas regulamentações para defender consumidores. Em Portugal, criou-se a Lei 6/99 que proíbe a propaganda direta por telefone a não ser que seja autorizada antes do estabelecimento da comunicação (Brochand *et al.*, 1999, p. 512).

No Brasil ainda temos que atender os indesejáveis e impertinentes telefonemas do telemarketing não autorizado, embora já seja possível o bloqueio em alguns estados. Igualmente existe uso indevido de dados pessoais em bancos de dados vendidos a outras empresas e usados indevidamente, o que resulta em envio de propaganda direta não autorizada. Em Portugal, a Lei 6/99 proíbe a distribuição de propaganda desde que se tenha manifestado o desejo de não receber.

E também há insatisfação com relação especialmente a ligações telefônicas com objetivos comerciais. Em alguns estados já é possível escolher se quer ou não receber ligações de telemarketing. Foi criado Cadastro para Bloqueio do Recebimento de Ligações de Telemarketing que abrange telefones celulares e fixos, independentemente da localização da empresa que está iniciando a ligação. O titular da linha faz solicitação formal de bloqueio na Fundação Procon, podendo escolher se bloqueia qualquer ligação de telemarketing ou se autoriza o contato de determinadas empresas.

Do exposto se evidenciou que a prática da venda direta malconduzida pode incomodar consumidores.

<u>Relevância</u>. Semenik e Bamossy (1995, p. 419) salientam a relevância do marketing direto, que "experimentou um crescimento espetacular", sendo "uma importante ferramenta do mix de comunicação. Uma estimativa indica que 65% de toda a propaganda cai na categoria de marketing direto".

Shimp (2002, p. 338) registra que "O marketing direto é o aspecto que mais cresce nas atividades de marketing nos Estados Unidos", assim como Ogden (2002, p. 79): "O marketing direto está se tornando cada vez mais popular, em empresas de diversos segmentos".

E, na Espanha, segundo Talaya *et al.* (2006, p. 743), o marketing direto "é uma das formas de atenção aos clientes que está crescendo com maior rapidez" porque apresenta vantagens como: "resposta direta e imediata; facilidade de mensuração da eficácia" (Talaya *et al.*, 2006, p. 646).

Belch e Belch (2008, p. 18-465) também se referem ao marketing direto como "um dos setores com mais rápido crescimento na economia norte-americana" e ao "rápido crescimento e desenvolvimento do marketing de banco de dados" que se tornou componente relevante do plano de marketing.

Tendências. A tendência é o marketing direto continuar crescendo e, ao mesmo tempo, ser regulamentada a prática no Brasil, como já o é em outros países, como na Europa e nos Estados Unidos da América. A tendência é crescer, registra Kotler (2004, p. 85-128): "As empresas que são capazes de vender diretamente para seus clientes e *prospects* detêm vantagem considerável", "apresentando boa relação custo/eficácia" porque não precisam ter intermediários, nem estoques, a exemplo da *Dell Computer*, e é "possível acompanhar o número de pedidos resultantes de uma ação específica que teve um custo determinado".

Bretzke (2003, p. 433) destaca a tendência de as aplicações exclusivas do marketing direto – programas de fidelização, quiosques, *home shopping shows e lead generation programs* – continuarem apresentando "um desenvolvimento excepcional e resultados em taxas de respostas e vendas acima da média do mercado".

Assim foram apresentados aspectos da venda direta ou marketing direto, salientando-se a necessidade de incluí-la na elaboração no plano estratégico integrado.

Questões para reflexão

a. Em que o marketing direto se distingue do marketing?
b. Defina o conceito e objetivos de marketing direto.
c. Explique como é o processo de marketing direto.
d. Embora se tenha destacada que vem crescendo o marketing direto, não quer dizer que também não venha crescendo as reclamações

com relação às práticas questionáveis em marketing direto. Analise e comente.

e. Analise e comente o uso indevido de dados pessoais em bancos de dados vendidos a empresas e usados indevidamente, o que resulta em envio de propaganda não autorizada.

f. Quais as críticas que podem ser feitas à estratégia marketing direto?

g. Destaque a relevância do marketing direto no contexto das formas de comunicação.

h. Quais podem ser consideradas as tendências de marketing direto?

i. Que outras questões podem ser percebidas nas práticas de marketing direto?

j. Pesquise, analise e comente sobre práticas de marketing direto que se destacam. Por quê?

k. Que é possível fazer diante das práticas de marketing direto que buscam integrar o cidadão ao *status quo* mercantilista de forma a torná-lo um consumidor e até um hiperconsumidor?

l. Pesquise, analise e comente: quais os valores ou cânones, e quem estabelece o código de ética dos profissionais do marketing direto? Como é na prática?

5.3 VENDA PESSOAL

> *La fuerza de ventas de la empresa realiza funciones de comunicación, al transmitir información de forma directa y personal al cliente, obteniendo, al mismo tiempo, su respuesta de forma inmediata. [...] La venta personal, como variable de comunicación, agrupa un conjunto de funciones encaminadas no sólo a la consecución de la compra por parte del cliente sino al establecimiento de relaciones continuadas que permitan la satisfacción de compradores y vendedores. (Talaya et al., 2006)*

Marketing direto abrange venda pessoal, porque é uma venda efetuada de forma direta, mas se pode dizer que venda pessoal é tão importante que merece um tópico específico.

Conceito e objetivos. O comunicar relacionado à venda pessoal envolve comunicação interpessoal que permite interatividade, o que possibilita influenciar e persuadir, pois se está cara a cara com o interlocutor, o que permite resposta imediata. Holloway e Hancock (1973, p. 340) registram que a *American Marketing Association* (AMA, 2020) definiu venda como "processo pessoal ou impessoal de auxiliar e/ou persuadir um comprador em perspectiva a comprar um bem ou um serviço" ou ainda "agir favoravelmente em relação a uma ideia".

Outra concepção: "Conjunto de atividades realizadas pelo vendedor com o propósito de informar, motivar e persuadir o cliente a adquirir um produto ou serviço, podendo incluir ou não a venda propriamente dita" (Moreira, 2000). Além de relacionada com persuasão, venda pessoal também tem a ver com negociação, no sentido de uma venda ser considerada uma negociação.

Miguel (2003, p. 310) considera venda pessoal um "processo de comunicação interativo" e pessoal que permite ao vendedor flexibilizar as mensagens "de acordo com necessidades, desejos, crenças e valores dos clientes". Talaya *et al.* (2006, p. 752) referem-se à "força ou pessoal de vendas" como "o conjunto de pessoas que participam das tarefas relacionadas de forma direta com a aceitação, pelos compradores, dos produtos e serviços oferecidos pela empresa".

Shimp (2002, p. 507) define o objetivo da venda pessoal como "educar os clientes, estimular a utilização de produtos, prestar assistência ao marketing, fornecer serviços pós-venda e suporte ao comprador", devendo buscar parcerias com o consumidor, desenvolvendo-se uma relação de confiança e acordo mútuo entre comprador e vendedor, em que prevaleça o profissionalismo e a integridade.

Tipos de venda. Entre as características das atividades de vendas, destacam-se, para cada tipo de venda, o seu propósito:

- Venda ao intermediário ou comercial: em que o representante do fabricante de alimentos, por exemplo, vende para pequenos supermercados e mercearias e busca volume de vendas.

- Venda colaborativa (não manipulativa): "procura tornar o vendedor não culpado ao realizar sua tarefa de vendas" (Miguel, 2003, p. 335).

- Venda criativa: em que há "utilização de técnicas de criatividade para produzir ideias inéditas e úteis sobre produtos e abordagens" para "gerar novas e fortes impressões sobre os compradores" (Miguel, 2003, p. 333).
- Venda em equipe: processo que "conta com um grupo de profissionais compromissados" com o trabalho coletivo de atendimento ao cliente (Miguel, 2003, p. 336).
- Venda missionária: representante do fabricante visita comerciantes, buscando criar boa vontade para com seus produtos, como os "propagandistas" da indústria farmacêutica que promovem visita a farmácias e a médicos para expor vantagens de seu produto (Shimp, 2002, p. 500).
- Venda negociação: em que "vendedor e comprador se tornam parceiros" na busca da solução "ganha-ganha" (Miguel, 2003, p. 335).
- Venda prospectiva: no sentido de alcançar e desenvolver novos negócios, buscar novas contas, novos clientes.
- Venda no varejo: tirador de pedido, em busca de quantidade.
- Venda personalizada: vender "pelo método que os vendedores gostariam de comprar" (Miguel, 2003, p. 337).
- Venda SPIN: o vendedor "desenvolve habilidades na formulação de questões-chave para planejar e abordar com êxito os clientes" como as seguintes: Situação – que informações situacionais podem ajudar a vender? Problema – qual o problema, dificuldade ou insatisfação que o comprador experimenta com a situação? Implicações: quais os efeitos e consequências relacionadas ao problema, caso o comprador não os resolva? Necessidade recompensada – qual o valor e a utilidade de uma solução do problema? Ao responder, o comprador deixa claro o benefício que a solução oferece, em vez de ser o vendedor a dizê-lo (Miguel, 2003, p. 336).
- Venda técnica nos segmentos de computadores de grande porte, área química, maquinário pesado: busca expertise.
- Venda tradicional: em que o vendedor tenta por meio da comunicação "impor ao comprador as vantagens" que acha o comprador "irá obter" com o fechamento da venda (Miguel, 2003, p. 333).

Entre os métodos de vendas, incluem-se:

- Venda de alta pressão *(hard selling)*: preocupa-se em realizar o negócio, considerando o cliente oponente (Ogden, 2002, p. 103).

- Venda sutil (*soft selling*): procura o relacionamento com o cliente, facilita-se e estimula-se o relacionamento, esperando-se que cliente compre (Ogden, 2002, p. 103).

- Venda consultiva (*consultive selling*): ajuda o cliente a encontrar soluções lucrativas para ambos, vendo o cliente como parceiro que (i) tem um problema, uma necessidade, (ii) certa disponibilidade financeira, (iii) busca-se resolver o problema de forma benéfica para ambos (Ogden, 2002, p. 103).

- Revenda: venda pessoal realizada "fora do estabelecimento comercial fixo", não existindo, assim, "vínculo empregatício entre empresa e vendedores" (Miguel, 2003, p. 338).

- Método AIDA: vendedor adapta seu discurso a cada cliente e, em função das respostas que obtém, intenta controlar Atenção, Interesse, Desejo e Ação de comprador potencial (Talaya *et al.*, 2006, p. 761).

- Métodos estímulo-resposta: em que vendedor realiza discurso de venda e está preparado para as respostas que o cliente manifestar, seguindo-se réplica e contrarréplica entre comprador e vendedor (Talaya *et al.*, 2006, p. 761).

- Método necessidade-satisfação: vendedor busca identificar necessidades e desejos do comprador potencial e procurar oferecer alternativas que melhor permitam sua satisfação (Talaya *et al.*, 2006, p. 761-762).

Processo. Para Talaya *et al.* (2006, p. 756-760), as etapas do processo de vendas são: (i) busca de cliente potencial; (ii) identificação de cliente potencial; (iii) apresentação de produto/serviço; (iv) informação adicional para resolver dúvidas; (v) consecução da venda; (vi) serviço pós-venda.

O processo de montagem de um plano de vendas tem, de acordo com Ogden (2002), como ponto de partida as definições de: (i) objetivos empresariais, objetivos da função de marketing, objetivos de vendas e metas específicas de vendas, estabelecidas em função do volume de vendas previsto no planejamento. (ii) Táticas para atingir os resultados. E o processo de vendas envolve: 1) plano de pré-abordagem; 2) desenvolvimento do plano de pré-venda; 3) apresentação da venda; 4) avaliação da eficácia da visita de vendas (adaptado de Ogden, 2002, p. 103-107).

Donaldson (2005, p. 257-259) sugere que o processo de vendas se dá em estágios: 1) gerar indicações e identificar prospectos, clientes potenciais; 2) planejar antes da visita; 3) abordar; 4) apresentar; 5) superar objeções; 6) fechar a venda; 7) acompanhar.

Para Donaldson (2005, p. 262), o processo tradicional de venda pessoal está mudando, mas ainda "se aplica em muitas situações", destacando o papel do vendedor, fundamental para "construir, manter e promover relacionamentos de longo prazo com clientes", o que exige "uma carga adicional à gerência ao recrutar, treinar, liderar, remunerar e monitorar vendedores eficazes", um papel essencial para o êxito dos negócios.

Com base na flexibilização, que permite que o vendedor desenvolva um processo específico para cada um dos consumidores, Miguel (2003, p. 310) sugere os seguintes passos: (i) busca de informações essenciais sobre os consumidores com perspectivas de negócio, antes ou durante a interação; (ii) desenvolvimento de táticas de abordagem com base nessas informações; (iii) adaptação e transmissão de mensagens pessoais aos clientes com perspectivas de negócios; (iv) avaliação dos resultados da abordagem e das mensagens pessoais utilizadas; (v) ajustamento das mensagens conforme a avaliação.

Roberto Cialdini referido por Shimp (2002, p. 147-150) apresenta táticas persuasivas de influência usadas por vendedores: (i) reciprocidade – distribuem brindes e amostras na esperança que os consumidores sejam recíprocos e comprem; (ii) comprometimento e consistência – o comprometimento é com a escolha e a consistência é de permanecer fiel; (iii) prova social – sem saber o que fazer, assume-se o comportamento do outro como prova social de como se comportar; (iv) afeição – temos maior probabilidade de adotar um comportamento ou praticar uma ação quando uma pessoa nos encanta ou comove, seja por atração física, similaridade, carisma, celebridade, identidade; (v) autoridade – a quem se apela, por exemplo, um médico famoso para promover as virtudes de um produto; (vi) escassez – as coisas se tornam mais desejáveis quando existe grande demanda e a oferta é reduzida; (vii) influência do momento presente em relação ao processo de compra.

Shimp (2002, p. 150-163) refere-se ainda a outros esforços de comunicação para "persuadir os consumidores, buscando-se influenciar suas atitudes" para, no final, influenciar seu comportamento. A persuasão é apresentada como um modelo de possibilidade de elaboração, descrevendo-se os mecanismos alternativos de persuasão: "rota central", quando o interlocutor está "envolvido com o tópico da comunicação" e a "rota periférica", que se refere a não estar "altamente envolvido no processo". Shimp faz menção à persuasão baseada em: (i) emoção, (ii) mensagem e (iii) condicionamento clássico de atitudes. Os dois primeiros estão na rota central, enquanto o último se refere à rota periférica.

Para aumentar a motivação, a oportunidade e a capacidade dos consumidores de tomar contato com as informações, Shimp (2002, p. 159) propõe: (i) Aumentar a motivação para que os consumidores prestem atenção à mensagem a ser veiculado no local da venda, apelando para necessidades hedonistas (apelos ao apetite, apelos sexuais), usando estímulos originais e criativos (fotos, formatos novos, muitas cenas), usando sugestões intensas ou importantes (ação, música, celebridade, cores), aumentando a complexidade do anúncio (fotos, cores e cortes), de forma que processem informações da marca, aumentando-se sua relevância para o interlocutor, ao se fazer perguntas retóricas, usar apelos de medo, fazer apresentações dramáticas. (ii) Aumentar a oportunidade dos consumidores para, no local de vendas, ter contato com as informações, repetindo-se informações da marca, as cenas principais e o anúncio em várias ocasiões e reduzindo o tempo de processamento, criando o processamento *gestalt* com o uso de fotos e imagens. (iii) Aumentar a capacidade dos consumidores para acessar estruturas de conhecimento, fornecendo um contexto, com o uso de moldura verbal e criando estruturas de conhecimento ao facilitar a aprendizagem com base em exemplos, usando demonstrações e analogias.

Administração de vendas. Às vezes em uma empresa existe departamento de vendas separado do marketing, o que dificulta desenvolver uma visão mais estratégica da comunicação. Não é fácil administrar e capacitar adequadamente a força de vendas. Entre as responsabilidades do gerente de vendas encontram-se: a) planejamento e organização dos recursos e pessoas; b) recrutamento da equipe; c) liderança, d) motivação, e) treinamento, f) gerenciamento da informação e supervisão.

Sobre a gestão de vendas, Gobe *et al.* (2001, p. 37) apresentam obra em que registram que em caso de se tratar de "produto complexo" e quando "o comprador necessita fornecer explicações mais detalhadas", a venda pessoal adquire maior importância e então o "contato pessoal" passa "maior segurança", pois "quando mais personalizado o serviço que a empresa desejar oferecer a seu cliente, fornecendo assistência pré e pós-venda, mais importante é a presença do vendedor".

Para Miguel (2003, p. 317-341), gerenciamento de vendas é "a abordagem integrada de todas as funções e atividades que envolvem relacionamentos com os clientes com o objetivo de encantá-los", destacando que "as empresas devem alinhar a força de vendas à missão e aos objetivos estratégicos, estruturando um modelo de competências para a força de vendas". As competências destacadas são:

> [...] motivos para buscar determinados resultados; traços – características físicas e respostas consistentes a determinadas situações ou informações; autoconceito – autoimagem da pessoa; conhecimento que tem em área específica; e habilidade – capacidade para realizar determinada tarefa. (Miguel, 2003, p. 317-341).

Stevens, Loudon, Wrenn e Warren (2001, p. 193-201) propõem que, ao planejar a estratégia das vendas pessoais, se deve definir: (i) competências necessárias aos vendedores; (ii) quantidade de vendedores; (iii) como motivá-los e treiná-los; (iv) procedimentos para elaborar os relatórios. E registram que, previamente a ação de vender, se defina: (a) qual o público-alvo da venda, analisando características que permitem influência; (b) informações que precisa transmitir; (c) quanto tempo investir em cada cliente e quantas vendas/clientes; (d) qual a dedicação e o tempo de acompanhamento necessários.

E há a revenda, uma venda pessoal que se caracteriza por ser uma comunicação negocial direta entre o revendedor e o comprador final que não acontece em estabelecimento comercial. A denominação "venda direta" foi adotada pela Associação Brasileira de Empresas de Vendas Diretas ABEVD (2020), que a definia como "um sistema de comercialização de bens de consumo e serviços diferenciado, baseado no contato pessoal, entre vendedores e compradores, fora de um estabelecimento comercial fixo", e o que "caracteriza o sistema" é a não existência de "relação trabalhista entre revendedor e empresa" e são os "revendedores, que compram produtos da empresa e os revendem aos consumidores". Com mais de 4,1 milhões de revendedores, a modalidade movimenta R$ 45,2 bilhões (Abevd, 2020) e está assim definida:

> Vendas diretas são um sistema de comercialização de produtos e serviços por meio do contato pessoal e relacionamento dos empreendedores independentes com seus clientes, por meio de explicações pessoais e demonstrações (Abevd, 2020).

Também há uma ramificação da revenda que é denominada de marketing multinível, em que uma empresa vende um pacote de seus produtos para revendedores que, além da possibilidade de revendê-los a consumidores, devem encontrar outros revendedores que comprem pacotes e também procurem revendê-los a outros revendedores, ou a consumidores. Na medida em que aumenta a rede de revendedores aumenta a comissão do recrutador, o que se aproxima do conceito de pirâmide:

> Multinível: além da margem na revenda do produto ou serviço, os empreendedores independentes também podem ganhar um percentual das vendas realizadas pelas pessoas que participam da sua rede, de acordo com os critérios definidos pela empresa. Também conhecido como marketing de rede (Abevd, 2020).

<u>Críticas</u>. Em princípio uma venda pode ou não ser concretizada. Assim, antes de se recorrer à venda pessoal, devem-se ponderar aspectos como: alto custo por contato, pois os vendedores interagem com uma pessoa de cada vez; consumidor de serviços não gosta muito de vendedores, preferindo tratar diretamente com quem prestará o serviço.

Por outro lado, muitos investidores vêm o mercado de trabalho como "rígido demais", como relata Bauman (1999, p. 112), para o que se propõe o "desmantelamento das regras rígidas do mercado de trabalho". Flexibilidade significa que o mercado de trabalho se torna mais "dócil e maleável, fácil de moldar, sem oferecer resistência", como uma "variável econômica que os investidores podem desconsiderar, certos de que serão as suas ações e somente elas que determinarão a conduta da mão-de-obra", na medida em que se procura esconder a natureza da relação empregatícia. É o que se evidencia na situação em que o vendedor é um revendedor, um "empreendedor independente", o que não gera vínculo trabalhista com o produtor de bens.

Com relação à revenda na modalidade marketing multinível, uma questão a preocupar é que às vezes os produtos revendidos não têm mercado e o foco principal está em captar sempre novos revendedores, podendo se revelar uma "pirâmide", em que os últimos a entrar não conseguem mais revender os produtos nem conseguir novos revendedores.

Evidencia-se assim a necessidade de cuidados na adoção das práticas de comunicação relacionadas à venda pessoal, revenda e – principalmente – revenda marketing multinível.

Relevância. A relevância de venda pessoal está evidenciada pela possibilidade de personalizar/adequar a comunicação aos interesses e necessidades específicos do consumidor; falar e mostrar; obter atenção por parte do cliente; desenvolver um relacionamento de longo prazo; comunicar-se por meio de um canal de mão dupla que permite retorno imediato e saber se a apresentação de vendas está dando resultado ou não; transmitir maior quantidade de informações técnicas e de maior complexidade de que outras formas; demonstrar o funcionamento de um produto e suas características de desempenho.

Kotler, Kartajaya e Setiawan (2017) citam entre as "melhores práticas" e o "principal fator de sucesso" a "gestão da equipe de vendas: manter o pessoal de vendas produtivo e promover as atividades de vendas certas" (Kotler; Kartajaya; Setiawan, 2017, p. 127-148), além de que defendem um sistema avaliativo para medir a eficácia das atividades comunicacionais em que a ação está relacionada às vendas e apologia ao pós-vendas (Kotler; Kartajaya; Setiawan, 2017, p. 77-112).

Tendências. Miguel (2003, p. 311-341) refere-se à tendência de o marketing transacional, focado na venda simples, com pequeno contato ou compromisso com os clientes, ceder lugar ao marketing de relacionamento, o que pode provocar "profundas mudanças na profissão do vendedor", levando as empresas a privilegiarem a "venda relacionamento" por meio de "gerente de contas", integrar as estratégias de comunicação, gerenciar o relacionamento com os clientes e gerenciar a força de vendas por automação.

McDonald (2004, p. 308-311) propõe repensar o processo de venda: partindo da entrega de valor ao consumidor, sugere novos conceitos de vendas que podem substituir os tradicionais por outros mais adequados, a comunicação "interativa um-para-um":

Figura 6 – Repensando o processo de vendas

Perspectiva do fornecedor		Perspectiva de interação		Perspectiva do comprador	
Propaganda	Venda	Marketing	Interação	Teoria da decisão	Comportamento do consumidor
		Definir mercados, propor valor	Reconhecer potencial de troca	Reconhecimento do problema	Necessidade da categoria
Criar conscientização	Prospectar	Iniciar diálogo		Busca de informações	Conscientização, atitude
Atitude da marca: benefícios,	Fornecer informação	Trocar informações		Avaliação, compra	Julgamento de informações
Imagem marca	Persuadir	Negociar/modelar		Escolha, compra	Processo de compra
Induzir à experimentação	Fechar venda	Comprometer		Comportamento pós-compra	Experiência pós-compra
Reduzir dissonância cognit.	Entregar	Trocar valor	Monitorar	Serviço pós-venda	

Fonte: adaptado de McDonald (2004, p. 310)

A propósito da Figura 6, por exemplo, na perspectiva do fornecedor, os itens "criar conscientização da marca" e "prospectar" são substituídos por "iniciar diálogo", que está sob a perspectiva da interação, porque a comunicação pode ser iniciada por qualquer uma das partes. "Reconhecer potencial de troca" (perspectiva da interação) substitui "necessidade da categoria" dos consumidores ou "reconhecimento do problema" (perspectiva do comprador), pois "ambos os lados precisam reconhecer o potencial para uma troca de valor mútua". "Trocar informações" (perspectiva da interação) substitui "fornecer informações" (perspectiva do fornecedor), pois precisamos de trocas para criar relacionamentos de longo prazo. "Persuadir" (perspectiva do fornecedor) cede lugar a "negociar/modelar" (perspectiva da interação), porque envolve a possibilidade de comunicação em duas vias para modificar a oferta e melhor atender às necessidades do consumidor. "Comprometer" (perspectiva da interação) é preferível a "fechar venda" (perspectiva do fornecedor), porque ambos os lados se envolvem com um relacionamento (adaptado de Mcdonald, 2004, p. 309-310).

Tal tendência de venda relacional está próxima do marketing de relacionamento. McDonald (2004, p. 310) registra que "comunicações um-a-um e princípios de marketing de relacionamento demandam um processo de vendas radicalmente diferente daquele praticado tradicionalmente", o que sugere que a venda pessoal venha a ser cada vez mais apoiada por tecnologias de CRM (*Customer Relationships Management*) e aproxime-se do marketing de relacionamento.

As tendências de vendas relacionais referem-se ao marketing 2.0. Como se viu pelas questões abordadas, a venda pessoal é estratégia que pode contribuir para o atingimento dos objetivos, especialmente por ter sua força na interação entre pessoas, podendo-se estreitar relacionamentos e criar parcerias. Deve ser prevista e especificada no plano estratégico de comunicação.

Questões para reflexão

a. Defina o conceito e objetivos da venda pessoal.

b. Explique como é o processo da venda pessoal.

c. Como se situa a venda pessoal no escopo das demais formas de comunicação?

d. Em vendas, é possível utilizar princípios de marketing de relacionamento? Como?

e. Qual a diferença entre venda pessoal, venda direta, revenda e marketing de relacionamento?

f. Analise e comente as possibilidades seguintes, de a venda pessoal ser feita por: (i) um revendedor, ou um terceirizado ou um representante comercial; ou (ii) um vendedor que com vínculo trabalhista e comissão.

g. Que questões críticas podem ser percebidas nas práticas de venda pessoal?

h. Destaque a relevância da estratégia venda pessoal no contexto das formas de comunicação.

i. Quais as principais tendências da venda pessoal?

j. Pesquise, analise e comente sobre práticas de venda pessoal que se destacam. Por quê?

k. Que é possível fazer diante das vendas pessoais que buscam integrar o cidadão ao *status quo* mercantilista de forma a torná-lo um consumidor e até um hiperconsumidor?

l. Pesquise, analise e comente: quais os valores ou cânones da venda pessoal? Quem estabelece os códigos de ética da venda pessoal?

5.4 MARKETING DE RELACIONAMENTO

> A comunicação é muito mais ampla do que a publicidade, a mala direta ou as relações públicas. Embora tenham vários níveis de valor, segundo a complexidade do produto e o tamanho do mercado, não podem gerar a experiência do cliente. Desenvolver uma estratégia e um processo de comunicação e garantir uma experiência positiva para os clientes são uma tarefa árdua. (Mckenna, 1993, p. 125)

Conceito e objetivos. Dentre as formas de comunicação voltadas à venda, destaca-se o marketing de relacionamento que permite estreitar laços e alcançar públicos criteriosamente selecionados. Baseia-se na ideia de "tratar clientes diferentes de forma diferenciada" (Peppers; Rogers; Dorf, 2001, p. xi), pois os consumidores têm um valor diferenciado para cada empresa: alguns dão maior lucratividade que outros. Existe igualmente a possibilidade de que, por meio do uso de banco de dados, venha a aprofundar-se o relacionamento da empresa com seus clientes. Também tratam do tema McKenna (1993), Peppers e Rogers (1996), Vavra (1993) e Gordon (2002), entre outros.

Simplificando, pode-se dizer que antigamente um comerciante conhecia seus clientes pelo nome, sabia onde viviam, quando e que tipo de produtos e serviços demandavam, como queriam pagar e quanto dispunham para gastar. De forma que podia estabelecer um relacionamento comercial estreito. Posteriormente o foco direcionou-se para o produto: criavam-se e aperfeiçoavam-se produtos para oferecer aos clientes, no marketing de massa ou transacional, o que levou à saturação de oferta. Os produtos tornaram-se cada vez mais similares. A partir do que se voltou do foco no produto para o modo de atuar dos antigos comerciantes, de vender para clientes com quem se mantêm uma relação comercial, por conhecê-los bem, ou seja, o efetivo "gerenciamento dos clientes" (Peppers; Rogers; Dorf, 2001, p. 165). Na perspectiva de Kotler, Kartajaya e Setiawan (2010), trata-se do marketing 2.0, em que os relacionamentos com o cliente assumem evidência.

Para McKenna (1993, p. 24-45), o marketing de relações parte dos clientes, pois ouvi-los deve ser de interesse de todos na empresa, para saber do que gostaram (ou não), buscando-se compreender seus "valores, desejos e necessidades" para entender como pensam sobre produtos e serviços e como veem a empresa: "Os consumidores definem uma hierarquia de valores, desejos e necessidades com base em dados empíricos, opiniões, referências obtidas através da propaganda de boca" e de sua experiência e "usam essas informações para tomar decisões de compra" (Mckenna, 1993, p. 45).

Na visão de McKenna (1993, p. 87), "a chave para o processo de posicionamento no mercado" e que envolve "imagem positiva" e atrair cliente é a credibilidade que é baseada nas relações com os clientes. Credibilidade é um "processo lento e difícil" para se alcançar, mas possível e "vital para o sucesso no mercado" e que exige desenvolver: (i) propaganda de boca – "se cada cliente contar para mais dois, e cada um desses para mais dois"; (ii) infraestrutura tecnológica; (iii) relações estratégicas – "relações sólidas e duradouras, fidelização do consumidor" e pode envolver "elos entre empresas"; (iv) relações que resultem em vendas para os clientes certos, definição que exige "segmentação criativa do mercado", ou considerar a "sequência de adaptação no mercado", de acordo com o perfil do consumidor: "inovador, usuário inicial, tardio ou retardatário"; (v) "comunicação que trata o desenvolvimento de relações" por meio da escuta do cliente, do estabelecimento do diálogo, de criar formas de *feedback* e tornar a comunicação "papel da gerência" (Mckenna, 1993, p. 87-134).

Com tal conhecimento dos clientes se quer alcançar os objetivos de maior participação no mercado, garantir receitas e criar vínculos com os clientes, conhecê-los de forma a desenvolver uma relação de confiança e fidelidade, bem como chegar a "antecipar aquilo que os seus clientes querem" (Peppers; Rogers, 1997, p. 199).

A tecnologia da informação facilitou a personalização do atendimento, no sentido de se registrarem dados relacionais, o que é o chamado "Marketing de Relacionamento com Clientes" (CRM *Customer Relationships Management* em inglês), também conhecido como "Marketing *One to One*" (Peppers; Rogers; Dorf, 2001), o que consiste em se relacionar com clientes de forma individualizada, um a um, um de cada vez. É o que pode ser conseguido com apoio da tecnologia de informação, que possibilita registrar em banco de dados informações específicas sobre cada um dos clientes, o que permite que, em qualquer ponto de atendimento, se possa ter acesso a tais dados e venha a interagir de maneira mais segura, pessoal, de forma semelhante ao antigo comerciante. O CRM não se resume à ferramenta, pois requer o envolvimento das pessoas, de quem depende a qualidade dos registros em bancos de dados, pois "o segredo é tornar fácil para o cliente especificar suas necessidades", registrá-las para que o consumidor jamais precise as expressar (Peppers; Rogers, 1997, p. 117).

Para Miguel (2003), trata-se de um "processo pelo qual uma empresa constrói alianças de longo prazo com seus clientes potenciais e compradores existentes", trabalhando "direcionados a um conjunto comum de objetivos específicos": (i) entender as necessidades dos compradores; (ii) tratá-los como parceiros; (iii) assegurar que os funcionários satisfaçam as necessidades dos compradores; (iv) fornecer aos compradores a melhor qualidade possível. A eficácia das práticas está relacionada com: (a) compradores satisfeitos; (b) maior fidelidade; (c) percepção dos compradores de que estão recebendo produtos com mais qualidade. Como se trata de um processo contínuo, exige maior comunicação com compradores, assegurando-se da realização dos objetivos comuns e integração do conceito de marketing de relacionamento ao planejamento estratégico (Miguel, 2003, p. 313).

E, no marketing de relacionamento, Miguel (2003, p. 315) destaca a "venda relacionamento", uma transação relacional que se dá por meio de um "gerente de contas" que, com sua equipe, busca: (i) desenvolver confiança mútua ao respeitar as necessidades e desejos dos clientes e exceder suas expectativas; (ii) comunicação aberta, sincera e honesta entre cliente e gerente de contas para melhor entendimento; (iii) compromisso de ganhos mútuos; (iv) suporte organizacional para realizar o que foi negociado.

Gordon (2002, p. 31-32) define marketing de relacionamento como um "processo contínuo de identificação e criação de novos valores com o cliente" e o "compartilhamento de seus benefícios" durante a duração da parceria, o que envolve a "compreensão, a concentração e administração de uma contínua colaboração entre fornecedores e clientes" que foram escolhidos para a "criação e o compartilhamento de valores mútuos", sugerindo o estabelecimento de relações não só com os clientes, e atendimentos de suas necessidades, mas a busca de criar uma cadeia de relacionamentos com "fornecedores, canais de distribuição, intermediários e acionistas".

<u>Processo</u>. De acordo com Peppers, Rogers e Dorf (2001), o processo do marketing de relacionamento pressupõe as seguintes etapas:

1. Identificação – do maior número de detalhes, mantendo-se registro dos contatos, preferências, valores, tudo acessível nos pontos de atendimento.

2. Diferenciação – dá-se pelo conhecimento das necessidades de produtos e serviços, pelo valor do cliente para a empresa e pela possibilidade de lucro que se pode alcançar. Busca-se foco, priorização de esforços, dando maior atenção aos que agregam maior valor e personalizando seu tratamento, com base suas necessidades e interesses.

3. Interação – por meio de relações comunicacionais face a face, por telefone, Internet, terminais de autoatendimento, mala direta e outros. Os canais mais automatizados são de menor custo, mas as interações pessoais um-a-um, o diálogo ético e franco são a forma mais eficaz, pois fortalecem as relações comerciais, além de possibilitar informações subjetivas a registrar no banco de dados. A continuidade da interação é essencial: em cada interlocução devem ser resgatados os registros anteriores, não importando se tenham ocorrido ontem ou há um mês. As necessidades mudam, sendo imprescindível o estar sintonizado com as necessidades e desejos do cliente.

4. Personalização – "Deve tratar cada cliente de modo específico, com base no que ele manifestou durante uma interação". Somente por meio de informações sobre o consumidor é que se consegue atendê-lo de forma personalizada. Até é possível antecipar-se, prevendo suas necessidades. A adequação da interlocução à forma preferida pelo cliente é fundamental para sua fidelização, o que requer flexibilidade e treinamento. A personalização adequada é mais favorável para a efetivação de negócios. "Personalize algum aspecto da relação da empresa com o cliente, com base nas necessidades que ele tem e no valor que representa" (Peppers; Rogers; Dorf, 2001, p. 3-4).

Cada cliente é único, distinto e deve ser tratado de forma diferente, devendo se concentrar em "um cliente de cada vez, e procurar vender a maior quantidade possível de produtos" (Peppers; Rogers, 1997, p. 17). Procuram-se manter os consumidores fiéis, principalmente os mais lucrativos. A identificação fornece informações para a adequação de produtos e serviços e possibilita a diferenciação do tratamento dado ao cliente.

Para selecioná-los, Stone (2000) propõe que os melhores clientes, em quem realmente vale a pena focar, são os que compraram mais recentemente, os que o fazem com maior frequência e apresentam maior disponibilidade para comprar. Pode-se assim buscar programar a intensidade da interação, possibilitando maior personalização do atendimento.

O'Malley e Tynan (2005) apresentam alguns modelos de desenvolvimento de relacionamento, referem-se às questões emergentes, como as da identificação e avaliação dos parceiros relacionais, o treinamento para gerentes de marketing de relacionamento, políticas e operacionalização de relacionamento e outras questões.

Vavra (1993, p. 40-41) considera que o marketing de relacionamento se segue à ação do marketing, denominando-o de "pós-marketing": um "processo de proporcionar satisfação contínua e reforço" aos consumidores atuais, ou que já o foram, o que se dá por meio da identificação, reconhecimento, sendo "comunicados, auditados em relação à satisfação" e gerando respostas, com o objetivo de "construir relacionamento duradouro com todos os clientes". As etapas do processo de relacionamento com os clientes são: (i) preparação e organização de um banco de dados; (ii) programação de contato; (iii) análise do *feedback* para estabelecer diálogo; (iv) levantamentos de satisfação; (v) contatos por meio de programas de comunicação; (vi) patrocínio de eventos ou programações especiais; (vii) auditagem e recuperação de "clientes perdidos" (Vavra, 1993, p. 40-309).

Gordon (2002) propõe um processo de marketing de relacionamento de oito fases: (i) montagem do plano; (ii) avaliação do cliente; (iii) referencial; (iv) avaliação da empresa; (v) declaração de oportunidade; (vi) estado futuro; (viii) administração da mudança e implementação (Gordon, 2002, p. 166-196). E também examina a implantação, quanto à tecnologia, personalização e criação de cadeia de relacionamentos.

<u>Críticas</u>. França (2009, p. 232) registra que "marketing de relacionamento é um modismo para o qual há diversas definições, cada autor explica a seu modo", apesar de que o foco "é apenas o cliente e as relações clássicas de marketing". Assim não há que se preocupar de que tenha vindo para substituir relações públicas, com o que "nada tem a ver" e "muito menos pode ser considerado ameaça" às práticas de relações públicas.

Para Yanaze (2011, p. 20), "marketing de relacionamento é outra expressão comumente utilizada para caracterizar o esforço da empresa em relacionar-se bem com seu mercado", mas "essa sempre foi, e ainda é, a base do marketing". A empresa "deve manter boa relação não somente com seus clientes", mas com os demais públicos. E conclui: "Para tal, nenhuma expressão é mais adequada do que a originalmente cunhada para essas atividades: relações públicas".

Para Kotler, Kartajaya e Setiawan (2010, p. 35), marketing é "sinônimo de vender, usar a arte de persuasão e até mesmo de manipulação" e até com o Marketing 2.0 (o relacional) continuam as "alegações exageradas sobre o desempenho e a diferenciação dos produtos para fazer uma venda". Existem metas de vendas que são impostas aos gerentes de relacionamento – e sua equipe – que se veem coagidos a vender produtos que não são necessários aos clientes.

Relevância. O'Malley e Tynan (2005) sugerem que o marketing de relacionamento poderia substituir o marketing transacional. Entre as variáveis de modelos bem-sucedidos de relacionamento incluem confiança, compromisso, cooperação e benefício mútuo, entre outras.

Seitz (2008, p. 267-283) admite "a hipótese da aplicação do marketing de relacionamento como uma estratégia de ação que aprimora o processo de gestão do marketing" por focar "no atendimento das especificidades de cada cliente, agregando valor e visando sua retenção (fidelidade) ao longo do seu ciclo de vida de consumo".

Embora o marketing de relacionamento seja considerado uma forma tão relevante que poderia vir a substituir o marketing em si, melhor é considerá-la em destaque como um complemento, uma das "mais poderosas e cativantes estratégias interativas desenvolvidas para conquistar fidelidade" (Peppers; Rogers, 1997, p. 254). Em relação à tipologia de Kotler, Kartajaya e Setiawan (2010), as colocações feitas referem-se ao marketing 2.0 que vem gradualmente substituindo o marketing 1.0.

Tendências. Para Schultz, Tannenbaum e Lauterborn (1994, p. 43), na medida em que as "empresas e seus clientes aprendem mais uns sobre os outros", por meio das "formas e sistemas de comunicação de mão dupla", a integração das comunicações de marketing será natural e a tendência é a "era do marketing um-a-um ou de relacionamento", em que a comunicação será o "ingrediente crítico na construção e na manutenção dos relacionamentos", com o pressuposto de que "empresa e clientes" se comuniquem nas "duas direções".

Com relação à comunicação relacional dirigida às vendas, evidencia-se um avanço, mas, ao mesmo tempo, vislumbra-se uma nova tendência: o Marketing 3.0. Com postura crítica, Kotler, Kartajaya e Setiawan (2010, p. 51) destacam de que o Marketing 3.0 vai além do relacionamento e pode "ser considerado a principal esperança de uma empresa para recuperar a confiança do consumidor", por não considerar o marketing "apenas sinônimo de vendas", o que poderia até ser considerado uma tendência contra-hegemônica.

Ainda não fica claro o que com o Marketing 3.0 se propõe de concreto para ir além dos relacionamentos um-a-um, embora Kotler, Kartajaya e Setiawan (2017) falem no Marketing 4.0, destacando o digital e o "marketing de engajamento", o que pretende "envolver os clientes em conversas e fornecer soluções" (Kotler; Kartajaya; Setiawan, 2017, p. 181-197).

Sistematizando e refletindo sobre a comunicação voltada à venda. Do exposto, evidenciam-se interfaces entre as estratégias marketing de relacionamento e relações públicas. As constatações sugerem que a atuação de ambas as estratégias pode se aproximar, o que leva a reflexão: qual há de predominar? Ou continuarão ambas tendo atuações e referenciais teóricos diferentes? Relações públicas é um curso superior e tem corpo de pesquisas considerável e é utilizado por organizações.

Por outro lado, o marketing de relacionamento é uma prática empresarial consolidada que é associada como marketing 2.0, mas há a nova onda (Marketing 3.0) despontando, com visão crítica aos relacionamentos que no fundo são focados em vendas. Em nossa percepção, ambas as formas continuarão a coexistir: relações públicas forte nas pesquisas na academia e com uma prática consolidada e marketing de relacionamento uma estratégia mercadológica usada na prática e relevante para as empresas.

Também há certa semelhança e muitas diferenças entre marketing de relacionamento e nossa proposta das relações comunicacionais com a sociedade. Além das possibilidades que o marketing de relacionamento oferece, essa forma de comunicação está contida nas relações comunicacionais, sendo reelaborada como uma das formas de comunicação voltada à venda. É uma visão mais abrangente, pois os relacionamentos comerciais estão situados em um dos eixos, o Social/mercadológico, que se relaciona em mão dupla com os demais eixos: Públicos, Comunicadores e Social/cultural, passando uma visão mais abrangente, uma perspectiva da floresta da comunicação, enquanto marketing de relacionamento constitui apenas uma das árvores.

Assim é necessário conceber a estratégia de marketing de relacionamento de forma integrada com as demais formas de comunicação, incluindo-a no plano estratégico de comunicação. O maior desafio é entender o valor, as necessidades, definir o valor de cada cliente e criar um canal de comunicação de mão dupla. É a parte difícil, porque é intangível. Também é aconselhável não descuidar dos novos valores que estão advindo com a próxima onda do marketing, embora ainda reste saber se os valores e a responsabilidade social e ambiental propostos pelo Marketing 3.0 irão se consolidar na prática.

Assim houve exposição das práticas comunicacionais mais voltadas às vendas: promoção de vendas, marketing direto, venda pessoal e marketing de relacionamento. Parecem ser as que mais alavancam as vendas. Ao procurar expor detalhadamente a comunicação comercial talvez a abordagem tenha assumido muito o viés comercial-mercadológico. Sem dúvida e, além disso, há muitos que se deslumbrem com a mercadologia; no entanto, nosso enfoque procurou ser crítico e, ao mesmo tempo, integrado.

Refletindo criticamente, surgem questões: por que os livros de comunicação normalmente não tratam da venda? Como vendas se relacionam com comunicação? A propósito, vendas é um processo comunicativo e interativo um-a-um que pode ser sim incluído no escopo da comunicação e, se não é em geral abordado, deve-se simplesmente a uma escolha.

Todas as estratégias voltadas à venda têm lugar na comunicação, do que se destaca principalmente o marketing de relacionamento, que pode ser associado ao novo valor da Comunicação 3.0, o relacional participativo colaborativo, podendo convergir com os novos meios. O que não deixa de ser uma reinvenção das práticas de venda relacional no meio digital. Embora não seja tradicionalmente considerada nos livros de comunicação, percebe-se que continua relevante a estratégia voltada às vendas e que pode ser incluída no plano estratégico de comunicação integrada.

Questões para reflexão

a. Defina o conceito e objetivos do marketing de relacionamento.
b. Como o marketing de relacionamento se distingue do marketing?
c. Marketing de relacionamento é uma estratégia de comunicação interativa? Por quê?
d. Explique como é o processo do marketing de relacionamento.
e. Que críticas que podem ser feitas ao marketing de relacionamento?

f. Destaque a relevância da **estratégia** marketing de relacionamento no contexto da comunicação integrada.

g. Quais podem ser consideradas as principais tendências do marketing de relacionamento?

h. Se os principais competidores adotam marketing de relacionamento, os resultados se mantêm? No caso da intermediação financeira, se os competidores que obtêm os melhores resultados têm estratégias muito semelhantes, como podem se distinguir?

i. Quais as diferenças entre marketing de relacionamento e relações públicas?

j. Que outras questões também poderiam ser consideradas nas práticas de marketing de relacionamento?

k. Pesquise, analise e comente: quais os valores ou cânones do marketing de relacionamento? Quem estabelece o código de ética dos profissionais do marketing de relacionamento? Como é na prática?

l. Pesquise, analise e comente sobre ações de marketing de relacionamento que se destacaram. Por quê?

m. Que fazer diante do marketing de relacionamento que busca integrar o cidadão ao *status quo* mercantilista de forma a torná-lo um consumidor e até um hiperconsumidor?

n. Ao montar seu plano estratégico de comunicação integrada, considerar todas as formas comunicacionais voltadas às vendas.

6

COMUNICAÇÃO COM OS PÚBLICOS: RELAÇÕES PÚBLICAS

As relações públicas, por meio da comunicação, viabilizam o diálogo entre a organização e seu universo de públicos, sendo essa mediação uma de suas funções essenciais. (Kunsch, 2003, p. 109)

SINOPSE: Começa-se com a apresentação do 6.1, conceito e objetivos de relações públicas, depois se salientam os aspectos mais relevantes da estratégia, âmbito de atuação, atividades, 6.2 teorias e formas de relações públicas; 6.3 Processo de relações públicas. Registram-se 6.4 críticas, destaca-se a relevância, outros aspectos e tendências das relações públicas. Em 6.5 apresentam-se conceito e objetivos de relações públicas de marketing, depois se salientam relações públicas proativa e reativa, processo de relações públicas com os públicos intermediários e consumidores, registram-se críticas, destaca-se a relevância e sugerem-se tendências.

6.1 CONCEITOS E OBJETIVOS DE RELAÇÕES PÚBLICAS

No Capítulo 4 fez-se menção ao fim da propaganda, sob a alegação de que os meios pagos se encontram decadentes e cedem lugar às formas espontâneas de comunicação, mais eficazes. Tal proposição se insere no escopo das relações comunicacionais com os públicos, que envolve ações estruturadas com foco nos meios de comunicação não pagos.

Relações públicas podem ser definidas como comunicações adequadas com os diversos públicos para se alcançar publicidade favorável, boa imagem corporativa, o que envolve tratamento adequado a rumores, histórias e acontecimentos não favoráveis à empresa. Tem o objetivo de gerar no público boa vontade e criar percepção favorável em relação à organização. Relações públicas concentram-se nas relações comunicacionais entre uma organização e seus públicos, buscando criar interações harmoniosas, monitorar, antecipar-se e reagir às atitudes dos públicos, identificar procedimentos de indivíduos e desenvolver políticas para organizações.

Grunig (2009, p. 25-28) considera relações públicas "o gerenciamento de uma organização com seus públicos" que, em sua concepção, são: "colaboradores, comunidades, governo, consumidores, investidores, financistas, patrocinadores, grupos de pressão e outros". O que evidencia que o escopo de relações públicas envolve os públicos de interesse (*stakeholders*) da empresa.

Shimp (2002, p. 481) registra que "a maioria das atividades de relações públicas não envolve o marketing em si", pois são parte "das relações públicas gerais de uma empresa"; entretanto há "aspectos das relações públicas envolvidos nas interações de uma organização com seus consumidores", as relações públicas aplicadas ao marketing que serão desenvolvidas no tópico 6.5. Registre-se que a separação é apenas didática, uma vez que relações públicas é uma só estratégia.

Brochand *et al.* (1999, p. 486-487) consideram muito diversificado o âmbito de atuação de relações públicas, definindo os seguintes objetivos de comunicação e respectivos públicos: (i) institucional – consolidar confiança dos seguintes grupos de interesse – acionistas, comunidade financeira, órgãos de comunicação, administração pública, sindicatos e associações patronais, líderes de opinião, comunidade local e público em geral; (ii) produto – criar ou aumentar a notoriedade do produto, explicar suas características e estimular a compra por parte de clientes, distribuidores, líderes de opinião e público em geral, podendo ser relacionada com promoção de vendas; (iii) financeira – atrair e manter acionistas, destacar a rentabilidade e desempenho da empresa para os acionistas, comunidade financeira, órgãos de comunicação e público em geral; (iv) crise – evitar e minimizar eventuais crises, minimizar os efeitos de uma situação adversa, desenvolver relacionamentos com grupos de pressão, voltados para os clientes, órgãos de comunicação, distribuidores, líderes de opinião, administração pública, fornecedores, comunidade financeira, sindicatos e associações patronais, líderes de opinião, comunidade local e público em geral; (v) interna – informar e motivar os colaboradores da empresa. Cada um dos âmbitos referidos envolve ações específicas.

Kotler (1998, p. 586) destaca que relações públicas desempenham as seguintes atividades: (i) relações com a imprensa – divulgar notícias e informações favoráveis sobre a organização; (ii) publicidade de produtos – empreender vários esforços para divulgar produtos específicos; (iii) comunicações corporativas – promover a organização com comunicações internas e externas; (iv) *lobbying* – trabalhar junto a legisladores e órgãos governamentais para aprovar ou vetar legislações e regulações.

Dentre as atividades de relações públicas incluem-se assessoria de imprensa, que se aproxima um pouco do conceito de *publicity* e que, segundo Houaiss e Villar (2009), pode ser definida como: o "conjunto de meios utilizados para tornar conhecido um produto, uma empresa"; ou "arte, ciência e técnica de tornar (algo ou alguém) conhecido nos seus melhores aspectos, para obter aceitação do público"; ou "divulgação de matéria jornalística, por encomenda de uma empresa, pessoa, instituição etc., qualquer veículo de comunicação" (Houaiss, 2009, p. 2330).

A partir do conceito de *publicity,* Limeira (2003b, p. 302) nomeia como publicidade "a divulgação de informações sobre as atividades da empresa, para o público-alvo, sem custo adicional". Em outra perspectiva, Kunsch (2003, p. 190) refere-se ao trabalho de assessoria de imprensa, que "consiste, basicamente, em estabelecer relações com a imprensa, é oriundo da área de relações públicas". É uma das atividades de relações públicas e seu objetivo é gerar notícias favoráveis sobre a empresa, um dirigente ou especialista da empresa, um produto ou serviço ou algum evento.

6.2 TEORIAS E FORMAS DE RELAÇÕES PÚBLICAS

Os modelos de relações públicas são sintetizados por Grunig (2009):

1. Agência de imprensa/divulgação – busca obter publicidade favorável para uma organização ou para indivíduos nos meios. É o trabalho de publicitários que promovem produtos, esportes, estrelas de cinema, políticos ou presidentes de corporações.

2. Informação pública – é semelhante à assessoria de imprensa: jornalistas que disseminam informações favoráveis por meio dos meios, internet, ou meios dirigidos como newsletters, folhetos e mala direta. De mão única, assimétricos ou desequilibrados, com os quais se tenta modificar o comportamento dos públicos, mas não os da organização, tentando proteger a organização de seu ambiente.

3. Assimétrico de duas mãos – utiliza pesquisa para desenvolver mensagens para tentar induzir e persuadir os públicos a se comportarem como a organização espera, sendo uma postura egoísta, pois supõe que a organização está correta e que, em caso de conflito, a alteração de postura deve ser dos públicos, nunca da organização. Trata-se mais de um monólogo.
4. Simétrico de duas mãos – baseado em pesquisas e em comunicação para administrar conflitos e aperfeiçoar o entendimento com os públicos estratégicos, envolvendo negociações e concessões. É o mais ético (Grunig, 2009, p. 31-33).

Para Grunig (2003, p. 76-88), "as relações excelentes são simétricas" de duas mãos: trata-se de "um relacionamento de longo prazo satisfatório para a organização e seus públicos" e "são estratégicas" – envolvem aspectos da administração estratégica, no sentido de detectar oportunidades, "identificar consequências de decisões e presença de públicos" em questões emergentes e monitorar o "meio de atuação", o que pode permitir alcançar vantagem competitiva.

O modelo de "gestão estratégica de relações públicas excelentes" de Grunig (2009, p. 77-107) tem como preceitos: as decisões gerenciais são tomadas no topo da organização, que deve interagir com os grupos de interesse (*stakeholders*) e demais públicos, todos gerenciados por meio de um programa de comunicação pelo qual acompanham questões críticas, gerenciam crises, resultados do relacionamento, reputação e a realização dos objetivos organizacionais, por meio de construção e análise de cenários, identificação e segmentação de públicos, gerenciamento de questões emergentes, mensuração das características de relacionamentos, cultivo de relacionamentos e avaliação do programa de relações públicas, de forma ética.

Grunig (2009, p. 46-63) estabelece os princípios das relações públicas de excelência: (a) "empoderamento" da função, em consonância com a "coalizão dominante", o grupo que tem poder decisório e papel estratégico; (b) definição dos papéis, necessitando-se de habilidades gerenciais estratégicas e administrativas, não só técnicas; (c) definição da função de comunicação, relacionamento com outras funções e utilização de: comunicação integrada de marketing, ou comunicação integrada sob a visão de relações públicas ou gestão estratégica de relações públicas; (d) modelo baseado em pesquisas (duas mãos), simétrico e que envolve comunicação mediada e interpessoal, e ética; e ainda considera: (e) características de programas individuais de comunicação, como relações com os meios, com a comunidade ou com os empregados; (f) ativismo e contexto ambiental para a excelência; (g) contexto organizacional favorável, buscando-se estruturas orgânicas, cultura participativa, sistema simétrico interno de comunicação, tratamento igualitário de gênero e de minorias, exercício do poder da coalizão dominante gerando alta satisfação dos funcionários.

Kunsch (1997, 2003, 2008) desenvolveu um "modelo de comunicação organizacional integrado" (Figura 8, adiante) que é coordenado pelas áreas de relações públicas e marketing e que será apresentado no capítulo da "Comunicação organizacional".

Por sua vez, Ferrari (2009a, 2009b) criou um "modelo das relações organizacionais e do processo de comunicação" em que são considerados elementos culturais: (i) a cultura organizacional, o que envolve os valores, políticas e diretrizes, normais, ritos e crenças; (ii) as relações de poder: se a organização adota um modelo de gestão participativa, que envolve descentralização, sistema aberto, criatividade, empoderamento, ou um modelo de gestão autoritária, caracterizado pela centralização, sistema fechado, tradição, hierarquia; (iii) modelo de prática de relações públicas adotado pode ser: estratégico, gestor, proativo, ou instrumental, midiático e reativo; (iv) possíveis papéis desempenhados pelos profissionais de relações públicas: conselheiro e estrategista, ou técnico e executor. "Com a materialização da cultura se estabelece o modelo de gestão", que pode ser participativo e as práticas de relações públicas estratégias, administrativas e de proação, sendo os papéis desempenhados pelos profissionais de relações públicas: conselheiro e estrategista, adequado para um "ambiente mais vulnerável". As segundas opções dos itens "(iii)" e "(iv)" – supra – seriam válidas em um "ambiente menos vulnerável". O papel de relações públicas é de "mediadora e tradutora de comportamentos da organização e do ambiente, o qual é imprescindível para se obter resultados simétricos" (Ferrari, 2009a, p. 256-260).

Outro viés é o político, proposto por Simões (2009), que define a atividade de relações públicas como "gestão da função organizacional política", o que se dá devido "à iminência do conflito", sendo que as atividades desenvolvidas visam "a cooperação do sistema para consecução da missão da organização". As atividades exercidas são: diagnóstico do sistema, prognóstico do futuro do sistema, assessoramento sobre políticas organizacionais e implementação da programação de comunicação. As atividades de relações públicas envolvem informar, persuadir e negociar e se justificam com base na ética, que dá legitimidade à ação, e na estética, uma vez que "as ações devem ser bem pensadas, bem projetadas e bem realizadas." (Simões, 2009, p. 145-146).

E há uma visão dos relacionamentos com os públicos, apresentado por França (2009, p. 209-269), que propõe o gerenciamento estratégico dos contatos por meio de "redes de relacionamento", sendo cada interação considerada em seu momento:

Figura 7 – Relacionamentos com os públicos

Antes de mapear públicos	Durante o relacionamento com os públicos	Depois de estabelecidos os relacionamentos
Identificar e qualificar públicos de interesse	Determinar os objetivos do relacionamento	Acompanhar o comportamento dos públicos
Mapear os públicos	Descrever o tipo de relacionamento a ser desenvolvido	Manter contatos programados de interesse das partes
Definir os públicos essenciais, não essenciais e redes de interferência	Estabelecer as expectativas da organização perante os públicos	Manter o sistema contínuo de comunicação na interação com os públicos
Esclarecer interdependências organização – públicos	Conhecer as expectativas dos públicos	Monitorar as atividades e as reações dos públicos em relação à organização
Definir o tipo de relacionamento a ser estabelecido	Desenvolver um processo eficiente de interação e comunicação	Administrar os relacionamentos de forma permanente
Conhecer e atender os públicos	Ouvir e responder às indagações dos públicos	Manter atualizado o banco de dados dos públicos
Instruir os públicos	Dar a conhecer a organização, sua missão, valores, princípios éticos e operacionais	Manter alianças estratégicas

Fonte: França (2009, p. 234)

Na concepção de França (2009, p. 235-246), para construir relacionamentos eficazes é necessário "identificar os públicos a serem gerenciados de maneira coordenada e efetiva", para o que propõe: (i) ter visão corporativa dos públicos para identificar e mapear os interesses da organização; (ii) selecionar e determinar o perfil dos públicos de interesse especial; (iii) conhecer e estabelecer interatividade duradoura com os públicos; (iv) analisar o tipo de relacionamento da organização com os públicos escolhidos e vice-versa; (v) definir os objetivos de relacionamento com os públicos escolhidos; (vi) determinar as expectativas da organização na relação; (vii) analisar o nível de interdependência organização – públicos, a interação desejada; (viii) descrever o nível de participação do público na organização; (ix) avaliar o nível de envolvimento da organização com os públicos; (x) compreender e atender às expectativas dos públicos; (xi) criar e manter um processo efetivo de comunicação com os públicos; (xii) utilizar a pesquisa para garantir a compreensão e a qualidade constante dos relacionamentos. E França (2009, p. 256-252) ainda define os critérios de relacionamento para classificar os públicos.

A partir do conceito de público, Steffen (2009, p. 342) refere-se a dois enfoques para as relações públicas: (i) "no enfoque comunicação o relacionamento entre organização e público é regido pela linguagem, (ii) no enfoque poder ele está condicionado à legitimidade das decisões e ações organizacionais". Outras pesquisas sobre poder serão referidas no Capítulo 7.

Além de tais concepções brasileiras e americanas, há a perspectiva europeia das relações públicas. Van Ruler e Vercic (2003, p. 158) mostram que relações públicas – em germânico e eslavo – significam "relações com o público e no público", em que público é o "trabalho realizado publicamente, com públicos e para os públicos". Assim, "relações públicas não são simplesmente relacionamentos com o público, mas a criação de uma base para o debate público", a esfera pública, o que é influenciado pela obra de Habermas (2003c). Esparcia (2009, p. 167) também se refere à influência da teoria sobre o "espaço público" e a ação comunicativa de Habermas (1994, 2003a, 2003b), mas, como "em cada país se mostra um planejamento particular", os estudos acadêmicos de relações públicas "são muito divergentes na Europa" (Esparcia, 2009, p. 168).

Van Ruler e Vercic (2003) apresentam características das relações públicas europeias: gerencial – desenvolver planos para comunicar e manter relacionamentos com os grupos de públicos/esfera pública para conseguir compreensão mútua e/ou confiança pública; operacional – preparar meios de comunicação para a organização e seus membros de forma a ajudar a organização a formular suas comunicações; reflexiva – analisar mudanças de padrões, valores e pontos de vista da sociedade e realizar debates com os membros da organização para ajustar padrões, valores e pontos de vista; educacional – ajudar aos membros da organização a se tornarem competentes comunicativamente para melhor responder às mudanças das demandas sociais (adaptado de Van Ruler; Vercic, 2003, p. 163).

E, em decorrência de pesquisas em vários países, Grunig, Grunig e Ferrari (2009, p. 73) sintetizam atributos de relações públicas que "passaram a ser considerados universais": envolvimento do profissional sênior de relações públicas na gestão estratégica; relacionamento direito do executivo sênior de relações públicas com a alta direção ou o CEO; função integrada de relações públicas – comunicação interna e externa administradas em um mesmo departamento; relações públicas como função administrativa, separada das outras funções como o marketing ou recursos humanos; departamento de relações públicas coordenado por um "gestor" e não por um "técnico"; uso do método simétrico de relações públicas em todas as suas ações; emprego do sistema simétrico na comunicação interna; profundo conhecimento do papel de gestor e das relações públicas simétricas; diversidade em todos os papeis desempenhados no departamento de relações públicas; contexto organizacional participativo para a excelência da comunicação (Grunig; Grunig; Ferrari, 2009, p. 73).

6.3 PROCESSO DE RELAÇÕES PÚBLICAS

Para Andrade (1965, p. 115-128) o processo de relações públicas é composto das seguintes fases: (i) determinação do público; (ii) apreciação do comportamento do público: que impressão os públicos têm da organização e qual seu comportamento frente a organização? (iii) levantamento das condições internas: qual a finalidade da organização? Atividades da organização? Quem as executa é qualificado? Quais os processos de trabalho? Locais adequados? Tempo de duração atende os interesses dos públicos? (iv) revisão e ajustamento: determinação das áreas desajustadas ou em dificuldades, busca-se revisar, ajudar e melhorar; (v) programa de informações: quanto à linguagem, buscar clareza, exatidão, concisão e bom emprego do idioma, e quanto à escolha de veículos, selecionar os melhores de acordo com os diferentes públicos; (vi) controle e avaliação dos resultados: acompanhar as etapas e mensurar os resultados.

Entre os veículos de comunicação, Andrade (1965, p. 147-179) refere-se a dois grupos: 1) comunicação massificada: jornal, revista, rádio, televisão, cinema e exposição; 2) comunicação dirigida: conversa, discurso, palestra, reunião, telefone, alto-falante, correspondência, mala direta, publicações, relatórios, visitas, auxílios audiovisuais e acontecimentos especiais: aniversário de fundação da empresa, inauguração de instalações, datas cívicas e outros eventos.

Kunsch (2003, p. 188-189) acrescenta, com relação ao item 1, supra, "*outdoors*, internet, mídias segmentadas ou alternativas disponíveis na contemporaneidade" e, com relação ao item 2, detalha: correspondência: carta, ofício, memorando, telegrama, e-mail, cartão postal, na mala-direta: folheto, circular, nas publicações: jornais e revistas internos e externos, manuais, folhetos institucionais, folders. Ferreira (2006, p. 91-101) considera a comunicação dirigida como "instrumento de relações públicas" por ter "mão dupla de direção" e servir para "estabelecer e manter compreensão mútua" entre públicos e a organização.

Para Talaya *et al.* (2006, p. 740-743), as fases do processo de relações públicas são: (i) investigação prévia; (ii) eleição de uma estratégia; (iii) seleção e planejamento dos meios; (iv) lançamento do programa de relações públicas; (v) avaliação de resultados.

Igualmente é importante se referir a outras questões relacionadas, como identidade, que se refere aos meios de identificação institucional (*design*), identidade visual – logotipo, papel de carta, folhetos, edifícios, cartões de visita, papel timbrado, cartazes, uniformes etc. Envolve também o design empresarial – cores distintas, símbolos e tipos de letras para conferir aparência visual distintiva. Esquema de cores para veículos, equipamentos, interiores de edifícios, uso cores, símbolos, letras e leiaute fornecendo tema unificador e identificável. Marca em lugar de nome como logotipo principal.

Pode-se também falar no *design* do cenário de serviços: todo local físico em que os clientes chegam para fazer negócios e obter a entrega do serviço, o que envolve análise das dimensões: interior – apresentação visual dos interiores, decoração, tapetes, móveis, cores, sinalização; exterior – instalação física, placas, símbolos, cores; localização; condições ambientais – temperatura, iluminação; questões interpessoais (clima organizacional) – aparência das pessoas e modo (atitude) que interagem com clientes, o que pode ser relacionado com cultura organizacional.

Relações públicas também envolvem as relações com investidores, que cuida de prestar informações sobre as empresas e é uma fonte de orientações quanto a investimentos, sendo a transparência um requisito das empresas que têm ações na Bovespa.

Carvas Junior (2006, p. 236-244) aborda o gerenciamento de crises por meio de relações públicas, destacando o plano de ação: (i) prever e identificar possíveis problemas; (ii) dispor de interlocutores competentes; (iii) viabilizar ações rápidas; (iv) realizar simulações. E, em caso de crise, "propor, planejar e coordenar a aplicação de ações, identificando riscos e/ou problemas" e assessorando a cúpula na "tomada de decisões, visando minimizar" ou "evitar prejuízos à imagem" da organização.

Carvalho (2009, p. 309-324) trata das relações públicas relacionadas a mediação e gerenciamento de conflitos e crises organizacionais por meio de um "mediador que atua como facilitador dos processos de identificação, discussão e resolução de questões divergentes", buscando promover o "diálogo e a participação na sua plenitude e transformando condições destrutivas em construtivas" e o "despertar para soluções criativas" com relação aos problemas, "almejando a eficácia comunicacional entre a organização e seus *stakeholders*".

6.4 RELAÇÕES PÚBLICAS: CRÍTICAS, RELEVÂNCIA E TENDÊNCIAS

<u>Críticas</u>. Há uma abordagem de linha crítica, de Peruzzo (2009a, p. 157-181), em que se denuncia que as relações públicas acabam "no estímulo à cooperação direta no processo de trabalho", ao "conformismo com condições de trabalho", o que é realizado, por exemplo, por meio de um periódico "para melhorar o fluxo de comunicação com os empregados", sendo o foco das matérias os interesses e a visão da empresa. "Tais iniciativas mostram que relações públicas servem para ajudar as empresas a aumentarem os lucros", embora tenha um discurso de desprendimento e "a favor dos interesses coletivos".

Peruzzo destaca a necessidade das relações públicas "estarem a serviço de movimentos sociais e de organizações populares", uma postura contra-hegemônica, o que é abordado em Peruzzo (2009b, p. 417-434), com relação ao processo de mobilização e relacionamento público, com "a inserção de profissionais de relações públicas capazes de contribuir sem desviar a rota da estratégia do movimento social", o que "pressupõe a existência de sintonia com seus propósitos e com a práxis coletiva".

Talaya *et al.* (2006, p. 646) incluem entre os inconvenientes das relações públicas: "ausência da repetição da mensagem e dificuldade de medir a eficácia".

Relevância. Ries e Ries (2002) enfatizam a ascensão das relações públicas, destacando: o poder de terceiros que, ao afirmarem algo, dão maior credibilidade; a construção de novas marcas por meio de relações públicas, citando como exemplos Microsoft, Linux; a reconstrução de uma marca por meio de relações públicas, referindo-se à marca Bacardi; apresentações da participação no mercado e de inovações, destacadas de forma espontânea nas formas de comunicação; a obtenção de manifestação de formadores de opiniões ou artigos favoráveis nos meios de comunicação; a focalização em um porta-voz famoso, preferencialmente o principal executivo da organização.

Como se vê, relações públicas pode ser uma estratégia que contribui para a eficácia, além de que destacam seu poder para construir marcas. De acordo com Ries e Ries (2002), são os seguintes os aspectos que fazem com que relações públicas se destaque: linearidade – uma ação de relações públicas leva a outra e os elementos se compõem ao longo do tempo, reforçando-se mutuamente; construção lenta – começa-se aos poucos, conseguindo-se uma menção espontânea nos meios em uma publicação de pequena tiragem; verbal – verbalizar a marca de maneira que se estimule os meios a produzir reportagens; foco específico – atinge alguém especificamente, alguém que conte, faça a diferença; dirigida aos outros – nas mãos de quem literalmente se coloca; viva – uma história interessante permanece para sempre; barata – os investimentos em relações públicas são baixos; séria – evitam-se piadas e gracinhas usuais na propaganda; criativa – tem de ser original para atrair atenção e conquistar espaços nos meios espontânea; credibilidade – vem geralmente de fontes críveis e não pagas.

Talaya *et al.* (2006, p. 646) incluem entre as vantagens das relações públicas: "credibilidade da mensagem, apoio a criação de imagem", além do baixo custo, ou nenhum, por contato.

Tendências. Grunig (2003, p. 69; 2009, p. 17-19) apresenta as seguintes tendências de relações públicas: (i) tornam-se uma profissão embasada em conhecimentos científicos; (ii) assumem "uma função gerencial" em vez de técnica; (iii) convertem-se em "assessores estratégicos" menos "preocupados com a inserção de publicidade" nos meios; (iv) são "um fenômeno mundial que não se restringe exclusivamente às empresas"; (v) são exercida em sua maioria por mulheres e "por profissionais de grande diversidade ética e racial"; (vi) "estão mais propensos a auxiliar os públicos na construção de imagens positivas sobre a organização", por isso "a orientam a se comportar de forma como o público externo espera"; (vii) "entendem que devem servir aos interesses das pessoas afetadas pelas organizações caso queiram também entender os interesses" dos seus patrões.

Como se vê, a abrangência de relações públicas é ampla e sua importância foi evidenciada. Apesar de toda ênfase, a estratégia só faz sentido se inserida no escopo da integração das estratégias de comunicação e constar no plano estratégico integrado de comunicação.

Questões para reflexão

a. Defina o conceito e os objetivos de relações públicas.
b. Quais as principais diferenças entre relações públicas e propaganda?
c. Qual o âmbito de atuação de relações públicas?
d. Quais os principais modelos de relações públicas?
e. Como é o processo de relações públicas?
f. Quais são os principais públicos de relações públicas?
g. Quais as principais atividades relacionadas com relações públicas?
h. Que são "relações públicas de excelência"?
i. Quais podem ser os atributos universais de relações públicas?
j. Com a proliferação de práticas de relações públicas, alguns veículos de comunicação ficam mais cautelosos na divulgação de texto informativo a ser distribuído (*press release*), evitando divulgar notícias espontâneas. Analise e comente.
k. Há veículos de comunicação que exigem um anúncio publicitário para colocar uma notícia espontânea, uma reportagem sobre o presidente, uma notícia sobre um produto. Ou disfarça-se uma matéria paga como se fosse espontânea. Analise e comente.

l. Algumas redes de televisão e outros veículos cobram para citar e mostrar produtos ou serviços das empresas em seus programas. Analise e comente.

m. Que é possível fazer diante das relações públicas que buscam integrar o cidadão ao *status quo* mercantilista de forma a torná-lo um consumidor e até um hiperconsumidor?

n. Que críticas podem ser feitas à estratégia relações públicas?

o. Qual a relevância das relações públicas no contexto das formas de comunicação?

p. Quais podem ser consideradas as tendências de relações públicas?

q. Pesquise, analise e comente uma prática bem-sucedida de relações públicas.

r. Analise e comente quais são os valores ou cânones de relações públicas? Quem estabelece seu código de ética? Como é na prática?

s. Que outras questões também poderiam ser consideradas nas práticas de relações públicas?

6.5 RELAÇÕES PÚBLICAS DE MARKETING

> À medida que o poder da propaganda de massa se enfraquece, os gerentes de marketing estão voltando-se cada vez mais para o uso de relações públicas de marketing. (Kotler, 1998, p. 587)

Conceito e objetivos. Shimp (2002, p. 480-481) mostrou que o escopo de relações públicas envolve todos os públicos de interesse da organização, mas há aspectos específicos das "relações públicas envolvidas nas interações de uma organização com seus consumidores" (Shimp, 2002, p. 480-481), as relações públicas de marketing.

Na visão de Semenik e Bamossy (1995, p. 476): "Publicidade significa a exposição não-paga da empresa ou seus produtos à mídia", o que "pode ser um fato auxiliador na construção de imagem e no aumento da conscientização de produtos ou empresas". Numa visão mais atual, Talaya *et al.* (2006) registram que "o nome primitivo das relações públicas em marketing é *publicity*" e definem relações públicas como "um conjunto de atividades com a finalidade de criar, manter e retificar os estímulos que configuram a imagem da organização e de seus produtos e serviços" por meio de comunicação, determinando-se previamente os destinatários das ações, "nem sempre relacionados com produtos ou atividades empresariais", pois podem ser os grupos de interesse (*stakeholders*) internos e externos da organização. E o objetivo de relações públicas é "criar espaços de consenso com o denominado alinhamento de interesses e colaboração mútua" e contribuir para o atingimento dos objetivos: (i) apoiar o lançamento de novos produtos; (ii) ajudar o reposicionamento em um mercado maduro; (iii) criar o interesse por uma determinada categoria de produto; (iv) influir em determinado público; (v) defender produtos que se encontram com dificuldades; (vi) criar uma imagem corporativa que favoreça os produtos da empresa (Talaya *et al.*, 2006, p. 732-735).

Kotler (1998, p. 586) também registra que a "designação anterior para marketing de relações públicas era publicidade" e assim a define: "Relações públicas envolve uma variedade de programas destinados a promover e/ou proteger a imagem de uma empresa ou seus produtos". Já para Limeira (2003b, p. 301) o objetivo das relações públicas é "criar imagem e atitude favoráveis à marca do produto e às atividades da empresa".

De acordo com Shimp (2002), as relações públicas orientadas ao marketing têm as seguintes maneiras de atuar e objetivos respectivos: (i) Relações públicas proativa – promover marcas e produtos da empresa, relacionados aos objetivos de marketing da organização, ao aumentar o valor da marca, facilitar a percepção da marca e melhorar a imagem através de associações fortes e favoráveis por parte dos consumidores. As formas mais usadas são comunicadas sobre produtos, declarações executivas e artigos informativos. (ii) Relações públicas reativa – resposta a pressões externas e mudanças que podem ter ou têm consequências negativas sobre a empresa. Exemplos: publicidade negativa, boatos, defeitos e falhas dos produtos, fornecedores adotando práticas como trabalho escravo ou injusto, por pagar pouco etc. As formas são enfrentar "de cabeça erguida" e não negar, o que pode "amenizar uma perda inevitável em vendas" (Shimp, 2002, p. 480-482).

Por outro lado, Brochand *et al.* (1999, p. 486-487) referem-se às relações públicas (i) voltadas ao produto: criar ou aumentar a notoriedade do produto, explicar suas características e estimular a compra por parte de clientes, distribuidores, líderes de opinião e público em geral; e (ii) a voltada às crises: evitar e minimizar eventuais crises, minimizar os efeitos de uma situação adversa; desenvolver relações com grupos de pressão.

Kotler (1998, p. 587) lista as tarefas de relações públicas de marketing como as seguintes: dar assistência ao lançamento de novos produtos; auxiliar o reposicionamento de um produto maduro; desenvolver o interesse por determinada categoria de produtos; influenciar grupos específicos por meio de eventos especiais para causas sociais, construindo imagem positiva da empresa; defender produtos que enfrentam descrédito; construir imagem que seja projetada favoravelmente sobre seus produtos.

Por sua vez, Ogden (2002, p. 111-112) usa a denominação relações públicas direcionadas a seu usuário final, referindo-se às orientadas ao consumidor, que servem para "apoiar as funções de vendas", com os seguintes objetivos específicos: (i) criar e gerenciar a reputação da empresa; (ii) gerenciamento de *lobby* – interesses e influência de entidades e órgãos que se opõem ou limitem atividades da empresa por meio de legislação ou regulação; (iii) gerenciamento de marketing esportivo, patrocínio de eventos culturais e outros; (iv) redação de pronunciamento para funcionários da empresa; (v) desenvolvimento de publicações.

Segundo Shimp (2002, p. 483-490), o marketing de patrocínio inclui-se nas relações públicas e "envolve investimentos em eventos e causas com a finalidade de atingirem vários objetivos", como, por exemplo, crescimento da percepção da marca, melhoria de imagem e crescimento de volume de vendas. E também o patrocínio de eventos, uma forma de promoção da marca, em que estão desde o apoio a eventos esportivo, de entretenimento, cultural, social, até concertos de música, festivais e feiras; e o patrocínio orientado para causa, que é o apoio a causas de interesse de algum segmento da sociedade, como proteção ambiental, preservação de vida silvestre, fundos para caridade ou filantropia (Shimp, 2002, p. 483-490).

Relações públicas de marketing podem ser relacionadas a patrocínios institucionais, que são os eventos e atividades específicas relacionadas com sua realização, além do patrocínio de clubes, equipes e pessoas, como definem Costa e Crescitelli (2003, p. 179-201), que indicam que os critérios para se decidir a participar de um evento são: adequação do evento ao direcionamento da organização, relação custo x benefício, nível de excelência na organização, continuidade ou evento isolado, volume de público previsto, local. Farias (2008, p. 412-430) também aborda o patrocínio, quanto à importância e às estratégias de uso.

Em feiras e eventos, há funções específicas relacionadas com relações públicas de marketing como: prestação de serviços aos clientes; identificação de clientes potenciais; lançamento de linhas e produtos novos ou modificados; coleta de informações sobre a concorrência; obtenção de pedidos; melhoria na imagem da empresa. As outras formas de promoção institucional são patrocínio esportivo, de clubes e equipes ou de atleta, com o qual algumas empresas obtêm bons resultados em termos de imagem.

Os principais públicos de relações públicas de marketing são: fornecedores (ou intermediários membros do canal); consumidores finais do produto ou serviço, ou marca; públicos de empresa prestadora de serviços; demais grupos de interesse.

Entre os objetivos de relações públicas de marketing, incluem-se: monitoramento dos diversos públicos; gerenciamento da imagem: manter e melhorar; divulgação de informações capazes de elevar a boa vontade dos públicos; contatos com imprensa; diante de fato com impacto negativo, busca-se solucioná-lo, eliminar práticas questionáveis; *lobby* ou gestão de interesses, pressão política; gerenciamento de eventos especiais; redação de pronunciamentos; desenvolvimento de relatórios anuais, revistas e manuais e demais publicações da empresa; construção de marcas e outros.

Kotler (1998, p. 589) cita os seguintes objetivos de relações públicas de marketing: construção de consciência por meio da veiculação de notícias nos meios pra atrair a atenção para produto, serviço, pessoa, organização ou ideia; construção de credibilidade por meio de mensagem em contexto editorial; estímulo a vendedores e revendedores para melhorar o desempenho da força de vendas e despertar entusiasmo nos revendedores; redução dos custos – os de relações públicas de marketing são menores.

O processo de relações públicas de marketing consiste em: (i) Identificar os públicos relevantes. (ii) Avaliar a imagem e as atitudes dos públicos mais relevantes para a organização. (iii) Estabelecer objetivos referentes à imagem e às atitudes dos públicos fundamentais. As metas de imagem e atitudes referentes aos principais públicos têm de serem específicas, realistas e mensuráveis. (iv) Desenvolver estratégias de relações públicas de marketing que sejam mensuráveis. (v) Elaborar plano de ação com táticas e cronograma. (vi) Implementar atividades e avaliar os resultados.

De acordo com Ogden (2002, p. 112-117), na construção de um plano de relações públicas de marketing temos uma parte das reflexões voltada às (i) relações públicas com o intermediário e outra (ii) às relações públicas com o consumidor, além das táticas, justificativas, cronograma, método de avaliação.

Críticas. Pode haver uma visão mais crítica, no sentido de relações públicas ser considerada uma forma de controle social que os grupos poderosos exercem na sociedade, como proposto por Merton e Lazarsfeld (2005, p. 106): "Cada vez mais, os principais grupos de poder vêm adotando técnicas para manipular o público de massa" e explica como: "preocupam-se com requintados programas de 'relações públicas' – colocam extensos anúncios de grande impacto nos jornais do país, patrocinam numerosos programas radiofônicos, organizam competições à base de prêmios", tudo sob a "orientação dos conselheiros de relações públicas".

Relevância. Kunsch (2003, p. 123-124) evidencia que as "relações públicas podem apoiar a promoção corporativa e dos produtos ou serviços", a que denomina "relações públicas em apoio ao marketing", destacando que tal trabalho "visa agregar valor econômico e ajudar na consecução dos objetivos mercadológicos", adotando-se "tudo o que contribuir para criar e consolidar um conceito positivo das organizações perante seus públicos e a opinião pública". Kunsch dá muita importância às relações públicas que, junto ao marketing, são as áreas a coordenar seu modelo de "comunicação organizacional integrada".

Silva (2009, p. 383-387) registra que a área de relações públicas "deve entrar em afinidade com a de marketing, posicionando-se não só como um valor social e político, mas como um valor econômico para as organizações", uma vez que os profissionais de ambas as áreas podem ter maior influência na definição da estratégia empresarial e uma atuação conjunta maximiza "as possibilidades de alcançar objetivos empresariais com responsabilidade social", cumprindo papéis sociais da empresa.

A tendência é relações públicas de marketing ser usadas com mais intensidade, como destaca Kotler (2004, p. 86-128): "relações públicas é a melhor ferramenta de construção de audiência" e "o público prefere ouvir opiniões de profissionais independentes antes de escolher uma marca", sendo a que apresenta a melhor "relação custo/eficácia", porque não precisa investir em propaganda, a exemplo da Volvo que convidou jornalistas--chave para participar, desde o início do "processo de desenvolvimento de veículo", que depois foi testado, saindo matérias favoráveis a respeito.

Sistematizando e refletindo. Pode-se perceber que, apesar de haver críticas e aspectos favoráveis, as estratégias de relações públicas geral e de marketing precisam ser inseridas no escopo do plano da comunicação estratégica integrada. E destaca-se que há riqueza de abordagens, teorizações e tendências que sinalizam visão mais estratégica e integrada da comunicação com os públicos.

Refletindo criticamente há semelhança e diferenças entre a estratégia relações públicas e nossa proposta das relações comunicacionais com a sociedade, pois esta forma de comunicação está incluída nas relações comunicacionais, sendo reelaborada como a comunicação com os públicos. E de tudo que se expôs, o que se relaciona com as relações comunicacionais com a sociedade? Os públicos são muito relevantes e é preciso se preocupar em bem atendê-los, mas não é só isso.

Existem muitos outros aspectos e questões a serem considerados na comunicação na sociedade como se mostra neste estudo. A teorização da comunicação com a sociedade é mais abrangente, pois os Públicos estão situados em um dos eixos, o qual se relaciona em mão dupla com os demais eixos: Comunicadores, Social/cultural e Social/mercadológico, sendo, assim, uma proposta para se passar uma visão mais abrangente, como se fosse metaforicamente uma perspectiva da floresta da comunicação, enquanto a estratégia relações públicas por si só seria só a de uma grande e importante árvore da floresta comunicacional, que tem muitas árvores, entre os quais a dos públicos, entre outras.

Aqui se reafirma novamente o novo valor da Comunicação 3.0: o relacionamento, que ocupa lugar importante igualmente na comunicação digital, podendo convergir muito bem com os novos meios, que não deixa de ser uma reinvenção das relações com os públicos por meio da Internet/Web.

Do exposto, evidencia-se que continua muito relevante a estratégia de relações com os públicos que deve ser considerada e incluída no plano estratégico de comunicação integrada.

Assim foi introduzida a perspectiva mercadológica, do que se evidenciou a visão de comunicação comercial, e como se dá a gestão da comunicação estratégica integrada, e as práticas de comunicação mais tradicionais. Do exposto, destaca-se a empresa que assume sua responsabilidade.

À primeira vista, pode até parecer que se dedicou muita atenção às práticas mais tradicionais de comunicação estratégica, destacou-se a necessidade de elaboração do plano comunicacional e definição das formas de avaliação. Ao mesmo tempo, inclui-se a Internet – comunicação digital – e seus impactos nas práticas, considerando-se igualmente modelos relacionais, participativos e colaborativos da Comunicação 3.0 que surgem diante do impacto disruptivo que a Web provoca no campo comunicacional tradicional.

E, na parte dois, abordaremos as possibilidades comunicacionais que emergem e buscam se consolidar, algumas das quais já referidas nesta parte.

Questões para reflexão

a. Defina conceito e objetivos das relações públicas de marketing.

b. Qual o conceito de *publicity* e qual sua relação com relações públicas de marketing?

c. Como é o processo de relações públicas de marketing?

d. Que aspectos poderiam ser considerados ao formular um plano de relações públicas de marketing?

e. Que críticas podem ser feitas à estratégia relações públicas de marketing?

f. Destaque a relevância das relações públicas de marketing no contexto das formas de comunicação.

g. Quais as tendências das relações públicas de marketing?

h. Que fazer diante das relações públicas de marketing que contribuem para integrar o cidadão ao *status quo* mercantilista de forma a torná-lo um consumidor e até um hiperconsumidor?

i. Pesquise, analise e comente sobre ações de relações públicas que se destacaram. Por quê?

j. Ao montar seu plano estratégico de comunicação integrada, considerar as práticas de relações públicas.

PARTE II

POSSIBILIDADES DE COMUNICAÇÃO NA SOCIEDADE

Na segunda parte apresentam-se mais algumas possibilidades relacionadas com a comunicação na sociedade, as que podem ser as mais consolidadas e as a se consolidar: no Capítulo 7 está uma síntese da Comunicação organizacional, uma área de estudos consolidada e que também tem uma teorização de gestão estratégica da comunicação. A área tem interface com as práticas comunicacionais apresentadas na primeira parte.

No Capítulo 8 examinam-se possibilidades comunicacionais e reflete-se sobre a reinvenção digital: 8.1: uma perspectiva do futuro do jornalismo: móbile, de dados, de grande formato, de alta tecnologia, de laboratório, adaptativo, sustentável. E são introduzidas as possibilidades de datificação e plataformas, o jornalismo de alta tecnologia, o híbrido humano-algoritmo, a questão da Inteligência Artificial (IA) na comunicação e o futuro do jornalismo, o jornalismo do futuro.

É abordada a questão das políticas regulatórias (8.2), uma teorização sobre a comunicação digital: 8.3 Hipermediações, e ainda mais 8.4 possibilidades comunicacionais com a sociedade.

7

COMUNICAÇÃO ORGANIZACIONAL

> *A comunicação organizacional é povoada de mitos, versões, falsas interpretações e muito preconceito. O principal mito: a comunicação faz milagres. Pode transformar o conceito de uma organização, de forma a substituir aspectos negativos por aspectos positivos, alterando radicalmente a imagem. (Torquato, 2008, p. 33)*

SINOPSE: Inicialmente, sintetizam-se pesquisas sobre 7.1 comunicação organizacional e depois se destaca a abrangência. Para se ter uma ideia da extensão da matéria, a obra clássica *The new handbook of organizational communication* tem 910 páginas, as coletâneas organizadas por Kunsch: *Comunicação organizacional* (em dois volumes) atinge 746 páginas, *Comunicação organizacional estratégica* soma 391 páginas e *Relações públicas e comunicação organizacional* mais 347 páginas. O assunto do capítulo poderia assim merecer uma obra específica. Optou-se, no entanto, por abordar a interface comunicação massificada (social) – comunicação organizacional, apresentar um 7.1.1 modelo de "comunicação organizacional integrada" e sintetizar aspectos, a começar pela 7.1.2 conceituação, a abrangência e organização, e referir-se de forma sintética às questões mais relevantes abrangidas por Jablin e Putnam (2001) e Kunsch (2009a, 2009b, 2009c, 2009d e 2016), que são: 7.1.3 aspectos teóricos, contexto, estrutura, processo de comunicação organizacional e pesquisas.

7.1 COMUNICAÇÃO ORGANIZACIONAL

A primeira questão que surge é a razão de tratar de comunicação organizacional nesta obra. Pode-se dizer que comunicação organizacional é um conceito que está contido no conceito de Comunicação na sociedade, que é mais abrangente. O título desta pesquisa poderia ser comunicação das organizações com a sociedade, mas, refletindo, percebeu-se que precisa ser ainda mais abrangente e englobar a possibilidade de que um indivíduo que não represente uma organização se comunique com a sociedade. Já na comunicação organizacional aborda-se a comunicação na e da organização.

O propósito principal da presente pesquisa são as relações comunicacionais que partem (ou não) da organização: um indivíduo ou mais que a representa (ou não) e se comunica com a sociedade. Como se vê, admite-se também a possibilidade de uma pessoa – por meio de um blog, site ou outro meio – vir a se comunicar com a sociedade sem vínculo com nenhuma organização. Já o aspecto da comunicação na organização só é referido, pois o enfoque principal está em se comunicar com a sociedade.

Quanto às relações entre áreas, Kunsch (1997, 2003) refere-se a estudos que sinalizam as interfaces entre relações públicas e comunicação organizacional. Segundo Kunsch (2009d, p. 115), "elas se ligam às escolas ou faculdades de comunicação social, tanto em nível de graduação quanto de pós-graduação", nos "cursos de relações públicas e, em alguns casos, nos cursos de jornalismo, quando se trata de jornalismo empresarial". Como as relações públicas estudam "as organizações e seus públicos", a relação acontece "por meio da comunicação – contexto no qual a comunicação organizacional fornece subsídios teóricos para fundamentar a administração dos relacionamentos entre organizações e públicos".

No entanto, há autores que não concordam com tal ponto de vista. I Grau (2009, p. 18-19) defende que "a singularidade e a especificidade das relações públicas não permite confundi-las com a comunicação organizacional", pois se volta ao "estudo das organizações tendo como eixo a comunicação no contexto das ciências sociais" e "tende a analisar a teoria e a prática das relações públicas a partir de sua própria perspectiva acadêmica"; enquanto que relações públicas se movem em torno de três eixos: "o da organização e dos públicos e a interação social no âmbito das relações entre grupos" e refere-se também à "premissa básica de qualquer conhecimento deve ser a de 'juntos mas não intrincados'".

Destaque-se que, nas colocações de I Grau, ambas tenham um mesmo eixo em comum: comunicação organizacional tem como eixo o "estudo das organizações" e, nas relações públicas, um dos eixos é o "da organização", o que sugere um ponto de aproximação. E aqui não se defende que estão "juntas", mas inter-relacionadas e que podem gerar estudos conjuntos, uma contribuindo com a outra, ou seja, que há uma interface entre ambas, o que defendemos, junto com Kunsch. Também é a visão de Farias (2009, p. 45) que menciona que as áreas de comunicação organizacional e relações públicas são "tidas como interdependentes, gerando imbricamento – cada uma delas tem independência, mas tem a sua existência associada diretamente à outra".

Em outra perspectiva, comunicação organizacional pode ser relacionada com o processo estratégico: questões e processos internos da organização, ou seja, a visão da comunicação da perspectiva *de dentro para fora*, que está diretamente relacionada com a outra perspectiva de atuação comunicacional, *para fora* da organização, relacionada ao conteúdo estratégico (posicionamento e atuação) e mais próxima da Comunicação na sociedade. Note que nessa concepção o "para fora" é o fator em comum de ambas, a *comunicação para fora*, sendo que comunicação organizacional tem um fator a mais, "de dentro", ou seja, a visão da *comunicação de dentro da* organização.

Assim, além corroborar a interface com relações públicas e jornalismo, proposta por Kunsch, nossa visão da Comunicação na sociedade ao abranger a comunicação no contexto da organização e para fora é um conceito amplo que pode abarcar também – além de contribuir para fundamentar – as demais áreas, subáreas e especialidades da Comunicação na sociedade. Outro autor que inclui as "comunicações corporativas" – entendidas como "promover a organização com comunicações internas e externas" – no âmbito das relações públicas é Kotler (1998, p. 586).

Esclareça-se que, ao adotar uma abordagem transdisciplinar da comunicação, busca-se estabelecer ligações entre disciplinas e encontrar pontos de aproximação entre áreas, subáreas e especialidades do conhecimento, o que não significa propor conceitos que queiram abarcar toda a complexidade do fenômeno comunicação. Por tal razão, preferiu-se adotar as denominações comunicação massificada e comercial, a partir do Mapa das relações comunicacionais com a sociedade, o que também inclui a comunicação organizacional.

7.1.1 Comunicação organizacional integrada

Desde a década de 80 vem sendo desenvolvida teorização (Kunsch, 1997, p. 115-116; 2003, p. 150-186; 2008, p. 385-388), em que propõe um modelo de "comunicação organizacional integrada" (vide Figura 8), que é "aquela em que as diversas subáreas atuam de forma sinérgica", o que supõe uma junção de "relações públicas / comunicação institucional, comunicação interna / comunicação administrativa e marketing / comunicação mercadológica" que formam o "mix da comunicação nas organizações". Apesar das "diferenças e especificações de cada" uma, todas devem "formar um conjunto harmonioso". Em tal concepção, o "mix da comunicação nas organizações" abrange três perspectivas: (i) a comunicação interna que "corre paralelamente com a circulação normal da comunicação que perpassa todos os setores da organização, permitindo seu funcionamento e viabilizando a interação com os empregados": processo comunicativo, mídias internas, barreiras e a comunicação administrativa, "que se processa dentro da organização, no âmbito das funções administrativas": fluxos informativos, redes formal e informal, e veículos; (ii) a comunicação institucional, "responsável pela construção e formação de uma imagem e identidade corporativas fortes e positivas": editoração multimídia, imagem corporativa, publicidade institucional, marketing social e marketing cultural, e as relações públicas, às quais "cabe administrar estrategicamente a comunicação das organizações com seus públicos": assessoria de imprensa e jornalismo empresarial; (iii) o marketing, área que "deve estabelecer os parâmetros e fornecer os subsídios necessários para toda a criação e organização" da comunicação mercadológica, "responsável pela produção comunicativa em torno dos objetivos mercadológicos": marketing, propaganda, promoção de vendas, feiras e exposições, marketing direto, *merchandising* e venda pessoal (Kunsch, 2003, p. 150-165; 2008, p. 385-388). É como se vê na figura a seguir.

Figura 8 – Modelo de comunicação organizacional integrada

Fonte: Kunsch (2008, p. 387)

A convergência das todas essas atividades comunicacionais, por meio de "ação conjunta", "com base numa política global, claramente definida, e nos objetivos gerais da organização, possibilitará ações estratégicas e táticas de comunicação mais pensadas e trabalhadas com vistas na eficácia." É por meio de tais formas de comunicação que a organização "se relaciona com seu universo de públicos e com a sociedade em geral. Por isso, não se devem mais isolar essas modalidades comunicacionais", que, assim, assumem "um caráter estratégico" (Kunsch, 2003, p. 150-165).

Kunsch (2008, p. 386; 2009a, p. 79-80) destaca como as áreas fundamentais para dirigir a comunicação organizacional integrada: (i) relações públicas, que "abarcaria, por sua essência teórica, a comunicação institucional, a interna e a administrativa", e (ii) marketing, que "responderia por toda a comunicação mercadológica". E ressalta que "a área de comunicação deixa de ter uma função meramente tática e passa a ser considerada estratégica", devendo levar em conta "as demandas, os interesses e as exigências dos públicos", sugerindo-se que "deve haver total integração" entre todas as formas de comunicação para "a busca e o alcance da eficácia, da eficiência e da efetividade organizacional" (Kunsch, 2008, p. 386; 2009a, p. 79-80).

E Kunsch também traz indicações quanto à formulação do plano estratégico de comunicação (Kunsch, 2003, p. 248-276), e à elaboração de planos, projetos e programas de relações públicas (Kunsch, 2003, p. 365-388). Em obra mais recente Kunsch (2016) reafirma que a área de comunicação não é "meramente tática e passa a ser considerada estratégica" por "agregar valor" à organização, promover "relacionamentos públicos", ajudar na "consecução dos objetivos", fixar nos públicos "seus valores" e adotar "princípios éticos" (Kunsch, 2016, p. 10).

E, com base na "comunicação organizacional integrada" (Figura 8), Pasquale, Lammando Neto e Gomes (2012, p. 51) construíram uma obra sobre "a teoria na prática" da comunicação integrada, em que registram: "encontramo-nos na era da comunicação integrada", que nao pode ser deixada "à parte das estratégias empresariais".

A proposta de Kunsch tem semelhanças com a abordagem da gestão da comunicação estratégica apresentada em "Práticas e possibilidades comunicacionais" e que foi concebida dentro do viés da Administração – Comunicação Integrada de Marketing.

7.1.2 Conceituação de comunicação organizacional

Apresentada tal teorização e salientado que a comunicação tem de se alinhar à estratégia organizacional, parte-se para a conceituação e demais aspectos teóricos e metodológicos. Comunicação organizacional, comunicação institucional, comunicação empresarial e comunicação corporativa em princípio "são usados indistintamente no Brasil para designar todo o trabalho de comunicação levado a efeito pelas organizações" (Kusch, 2003, p. 149).

Aceito o uso indistinto entre as acepções acima referidas, destaca-se que comunicação organizacional tem recebido cada vez mais pesquisa nos últimos anos, como mostra Kunsch (2009d, p. 123). Comunicação organizacional refere-se às relações comunicacionais que acontecem em um grupo de pessoas que se une com um objetivo, como um time de futebol amador, um condomínio, uma empresa ou uma organização sem fins lucrativos.

Mumby (2001, p. 587) define comunicação organizacional como o "processo de criação coletiva e coordenada de estrutura de significados através de práticas simbólicas orientadas para o atingimento dos objetivos organizacionais". Na visão de Kunsch (2003, p. 149), a comunicação organizacional "é a disciplina que estuda como se processa o fenômeno comunicacional dentro das organizações no âmbito da sociedade global", analisando "o sistema, o funcionamento e o processo de comunicação entre a organização e seus diversos públicos".

Definidos os conceitos, pode-se refletir sobre o papel da comunicação nas organizações. Mintzberg (1975) mostra que a comunicação é o fator vital, pois os administradores exercem os seguintes papeis comunicacionais: (i) Interpessoais – atuam como líderes de sua organização, interagindo com os seguintes grupos e assim investindo seu tempo: 45% com clientes, fornecedores e outras pessoas de fora de sua empresa; 45% do tempo com pares; 10% com superiores. (ii) Informativos – buscam informações com pares, subordinados e em contatos pessoais sobre qualquer coisa relacionada com seu trabalho; em troca, disseminam informações importantes e interessantes e também oferecem informações sobre sua organização aos fornecedores, pares e demais grupos externos. (iii) Decisórios – com base nas informações que têm e em suas percepções, refletem sobre as questões sobre que têm de decidir, tomam suas decisões (às vezes com interação com os demais membros do grupo dirigente) e as comunicam aos interessados.

Destacada a relevância, há que se buscar entender melhor a relação entre comunicação e organizações. Uma alternativa é refletir sobre a correlação entre os três principais modelos organizacionais e seus respectivos processos comunicacionais, o que é apresentado a seguir, a partir de proposta de Nonaka e Takeuchi (1997):

(i) *Top-down*: comunicação do topo para a base (descendente), em que a gerência média e os funcionários da base têm a função de processar ordens e instruções que vêm da direção, estando quase tudo previsto e padronizado nos manuais;

(ii) *bottom-up:* comunicação da base para cima (ascendente);

(iii) *middle-up-down:* comunicação fluindo da gerência média para cima e para baixo; princípio da auto-organização; diálogo e uso de metáforas.

É o que pode ser sintetizado na figura a seguir.

Figura 9 – Comunicação e modelos gerenciais

Modelos gerenciais	*Top-down*	*Bottom-up*	*Middle-up-down*
Papel agente principal	Alta gerência, comandante	Indivíduo empreendedor, mentor	Equipe, catalisadora
Papel gerência média	Processadora de informações	Intraempreendedora autônoma	Líder de equipe
Armazenamento	Banco de dados	Personificado no indivíduo	Base de conhecimentos organizacionais
Comunicação	Ordens e instruções	Princípio da auto-organização	Diálogo e uso de metáforas
Tolerância à ambiguidade	Não	Caos / flutuação como processos	Cria caos / flutuação
Fragilidade	Dependência	Tempo; dificuldade de coordenação	Exaustão humana; custo de redundância
Conversão do conhecimento	Explícito; combinação / internalização	Tácito; socialização / externalização	Explícito e tácito; conversão em espiral quatro quadrantes

Fonte: Adaptado de Nonaka e Takeuchi (1997, p. 173-174)

Do que se destaca que a atuação gerencial se relaciona com o modo predominante de se comunicar: o modelo (i) é considerado o mais inadequado em termos de comunicação, porque flui apenas de cima para baixo e se baseia em ordens e instruções; o modelo (ii) é mais favorável, está baseado na troca de informações de maneira informal, mas pode ser difícil de ser coordenado por pressupor a auto-organização; o modelo (iii) envolve interação dialógica com uso de metáforas e tem se mostrado adequado. É adotado principalmente por empresas japonesas (adaptado de Nonaka; Takeuchi, 1997). O primeiro modelo é assimétrico, os outros dois são simétricos. Como se vê, as relações comunicacionais assumem função de relevância nas organizações.

De forma complementar, Torquato (1986, p. 31-44) defende que comunicação opera em fluxos: (i) descendente: informação proveniente dos altos executivos para todos os empregados; (ii) ascendente: informações dos níveis mais baixos dirigidos aos órgãos diretores, como críticas, cartas, colaborações, sugestões, apelos de empregados; (iii) lateral ou horizontal: comunicação entre pares e comunicação informal. Em tal concepção, haveria três dimensões da comunicação: a) comportamental: abrangendo os níveis intrapessoal, interpessoal e grupal, e engloba aspectos culturais e psicológicos; b) social: transmissão de mensagens por canais indiretos; c) cibernética – controle e armazenamento de dados e difusão de informações, apoiado por tecnologia de informação.

7.1.3 Aspectos teóricos, contexto, estrutura, processo e pesquisas

Jablin e Putnam (2001) organizaram a abordagem sobre comunicação organizacional em quatro partes: 2.1.3.1 aspectos teóricos; 2.1.3.2 contexto: ambientes interno e externo; 2.1.3.3 estrutura: padrões de interdependência organizacional; 2.1.3.4 processo: comportamento comunicativo em organizações, ao que se acrescenta 2.1.3.5 pesquisas.

7.1.3.1 Aspectos teóricos

Fundações conceituais: mapeamento das abordagens dos estudos de comunicação organizacional em que se apresentam os seguintes paradigmas de discursos e o que concerne à comunicação: (i) normativo – fidelidade, influência, necessidade de informação; (ii) interpretativo – aculturação social, afirmação grupal; (iii) crítico – falta de reconhecimento (*misrecognition*), distorção sistemática; (iv) dialógico – fechamento discursivo (*discursive closure*), de acordo com Deetz (2001). Kunsch (2009a, p. 63-89) faz uma revisão dos paradigmas vigentes e determinantes da comunicação organizacional, indicando pluralidade conceitual e referindo-se ao posicionamento de pesquisadores de diversos países e destaca estudos brasileiros que adotam "visão ampla e estratégica" e "integrada", abordando temas como comunicação relacionada com cultura organizacional, mudança organizacional, autopoiese, complexidade e outros.

- Desenvolvimento de construtos chaves como a dialética entre ação e estrutura em comunicação organizacional, constrangimento, criação de espaço para resistência, transformação e desafios pós-modernistas que reconsideram o dualismo ação e estrutura dominante e outros (Conrad; Haynes, 2001).

- Análise de discurso em organizações: em que Putnam e Fairhurst (2001) abordam aspectos sociolinguísticos, de análise da conversação, pragmática, semiótica, estudos críticos da linguagem e análise da linguagem pós-moderna. Referindo-se a pesquisas em que se analisa "a função do discurso na comunicação organizacional", Blikstein, Alves e Gomes (2004, p. 126) focam as organizações compreendidas como discursos "que invocam várias vozes (polifonia) e várias lógicas (dialogismo)" e constatam que, no Brasil, "o volume de artigos é ainda muito pequeno". Atualmente a pesquisa vem crescendo, como mostra Kunsch (2009b), ao reunir trabalhos sobre retórica e discursos organizacionais. Em abordagem retórica, Halliday (2009, p. 31-49) trata o discurso organizacional "como ação e como recurso" que "agrega valor na medida em que contribui para aumentar o poder da organização entre seus interlocutores", mas alerta que "o discurso legitimador é necessário, mas não é suficiente". Pode-se conseguir "compartilhar uma visão e fomentar entendimento", mas "desse estágio de sucesso retórico não se seguirá, automaticamente, anuência e adesão". Van Raij (2009, p. 85-103) procedeu à análise de discurso de organizações que passaram por processo de privatização, evidenciando que o discurso foi o legitimador da mudança, recuperando-se "pela palavra" o fio condutor e os "aspectos diferenciais" das duas organizações. E Roman (2009, p. 125-156) faz uma apresentação na qual "as organizações se constituem em universos de discursos bem-ditos, mal-ditos e não-ditos" e propõe reflexões para "contribuir para a administração dessa polifonia de discursos". Godói e Ribeiro (2009, p. 159-186) apontam contribuições que a pragmática linguística oferece para a comunicação organizacional, ao considerar que "a linguagem em uso na comunicação é relevante e vital na criação, manutenção, transformação da autoimagem pública". Também com base na pragmática linguística, Oliveira, J. A. (2009, p. 189-210) traz um "viés crítico em relação às teorias" que procuram conter as práticas linguísticas da comunicação organizacional por meio de "modelos explicativos advindo das ciências exatas (tecnologias digitais)" e do "uso da noção de cooperação linguística", questionando o emprego de "procedimentos metodológicos que usam a linguagem" sem, no entanto, "considerar as possibilidades transformativas presentes nesses usos".

7.1.3.2 Contexto – ambientes interno e externo:

- Ambiente organizacional e processamento da informação organizacional: em que Sutcliffe (2001, p. 225) conclui que organizações são sistemas de obtenção e processamento de informação. Pode incluir os fluxos de informação e os canais: quais fatores que afetam os fluxos, transmissão de informações, direção da comunicação e mídia de preferência. Corella (2009) parte do pressuposto de que há "necessidade de dissecar as organizações e compreendê-las, antes de se empreender uma estratégia de comunicação em direção a seu interior e exterior", sugerindo que se entendam os subsistemas que "integram uma organização", conhecendo as especificidades e a relação com comunicação interna, corporativa e publicitária.

- Identidade organizacional: ligação entre comunicações internas e externas: em que Cheney e Christensen (2001, p. 263) apresentam informações sobre: (i) expansão e constrangimento do universo da comunicação; (ii) aspectos internos e externos da comunicação organizacional estão interligados e é necessário estar atento em relação aos símbolos e aos valores organizacionais; (iii) as organizações desenvolvem sistemas de comunicação fechados e de natureza autorreferenciada. Tais abordagens sugerem a necessidade de mudanças que reflitam a real complexidade da comunicação organizacional contemporânea. Almeida (2009) mostra que "para uma melhor compreensão" da identidade, imagem e reputação organizacional "se faz necessário um entendimento de suas inter-relações, fronteiras, espaços comuns e abordagens". A gestão da identidade contribui com a imagem e, com o tempo, com a reputação que "se constitui nas interpretações e na consolidação das identidades e imagens". "A identidade exerce forte papel na diferenciação e no posicionamento da organização", o que pode ser trabalhado por meio da comunicação organizacional.

- Ambiente sociopolítico: Finet (2001, p. 287) sugere que a comunicação organizacional deve sair das fronteiras intraorganizacionais e focar a interatividade no ambiente sociopolítico. A partir da "perspectiva da interação negociada, resultante de interfaces do campo da comunicação com outros campos de conhecimento", I. L. Oliveira (2009, p. 321-331) entende que a comunicação organizacional "promove e organiza por meio de trocas simbólicas e práticas a interação entre organização e grupos que a afetam e/ou são afetados por ela". Trata-se de "processo de interlocução entre esses agentes sociais, tendo na elaboração, na implementação e no monitoramento dos processos comunicacionais a operacionalização de suas trocas simbólicas e práticas". Gerir tais processos "implica considerar a construção de espaços dialógicos e relacionais" nos quais "organização e agentes sociais possam interagir comunicativamente na busca da construção de sentido no ambiente organizacional".

- Cultura organizacional: Eisenberg e Riley (2001) apresentam diversas concepções de cultura organizacional, inclusive uma visão comunicativa da cultura organizacional como constitutiva da cultura, o que pode incluir simbolismo, valores, crenças, rituais, regras e normas da comunicação, metáforas, histórias e textos organizacionais, imagens e mitos. Aktouf (1993, p. 79) aborda a utilização dos conceitos de cultura de empresa e aponta perigos como "manipulação da subjetividade, manipulação insidiosa", o que sugere incapacidade de se dar conta da complexidade da realidade das organizações. Freitas (2006, p. 53-62) destaca que a "natureza humana que deve merecer a atenção nos estudos de comunicação e da cultura organizacional". Schuler (2009, p. 243-271) traz uma "nova visão da cultura", abordada em dois blocos: "cultura influenciando o comportamento e as inter-relações; e a cultura como manifestação multidimensional", a partir da reflexão sobre a complexidade da mudança cultural que acontece "cada vez que o administrador da comunicação organizacional tiver de gerenciar mudanças de comportamento", uma vez que se utilize "a comunicação para realizar mudanças culturais", o que "exige conhecimento dos vários níveis de expressão da cultura". Marchiori (2009, p. 293-316) propõe que se passe a "observar a comunicação e a cultura muito mais em uma perspectiva de desenvolvimento de seus processos", assumindo "a função de catalisadores, provedores e disseminadores de conteúdo, criando novos ambientes internos", pois a comunicação é "fundamental" e "as pessoas constroem comunicativamente a cultura à medida que geram significados, símbolos e discursos para todas as ações". Por meio da semiótica discursiva, Garcia (2009, p. 105-120) analisou teses na área de cultura e comunicação organizacional para "detectar a constituição do sujeito discursivo" na gestão dos processos de formação de gestores dos processos de cultura e comunicação organizacional, evidenciando "um efeito discursivo" que "possibilita a ilusão de objetividade e ausência de sujeito".

- Comunicação organizacional globalizada: Stohl (2001, p. 329) apresenta uma tipologia dos níveis de globalização da comunicação: doméstico (paroquial) – identificação com um país e sua cultura dominante; multicultural (etnocêntrico) – identificação com um país e sua cultura dominante, mas com conhecimento de diferentes culturas e ligações com subculturas; multinacional (policêntrico) – identificação com uma nacionalidade que faz negócios com muitos países, com conhecimento das diferenças culturais; internacional (regiocêntrico) – identificação com dois ou mais países e com seus atributos culturais, com conhecimento de diferenças culturais; global (geocêntrico) – identificação com o sistema global, transcendência das fronteiras das nacionalidades e das diferenças culturais.

7.1.3.3 Estrutura – padrões de interdependência organizacional:

- Liderança: Fairhurst (2001) aponta dualismo na liderança comunicacional entre o indivíduo e o sistema, pois ambos constituem elementos de liderança, além do dualismo secundário, como se vê na figura a seguir:

Figura 10 – O dualismo da liderança comunicacional

Dualismo primário	Indivíduo		Sistema	
	Sistema de significados pessoal	Sistema de significados cultural	Liderança como monólogo	Liderança como diálogo
Dualismo secundário	Resultado cognitivo	Práticas conversacionais	Transmissão da visão de comunicação	Visão de comunicação centrada no significado
	Enraizada em		Enraizada em	
Liderança como experiência de social integração		Liderança como um talento	Positivismo	Perspectivas crítico-interpretativa

Fonte: adaptado de Fairhurst (2001, p. 382)

- Redes de comunicação, novos meios, estruturas e configurações organizacionais: McPhee e Poole (2001) examinam a relação da comunicação com o contexto estrutural que inclui a realidade socialmente construída e outras questões. Barichello (2009, p. 337-351) aborda as estratégias de comunicação mediadas por computador nas organizações, sugerindo que "está havendo uma convergência entre a ação (o ser) e a representação (mediação)".

7.1.3.4 Processo: comportamento comunicativo em organizações:

- Encontros virtuais, poder e política: Comunicação, poder e organização são o tema de Alvesson (1996), que aborda a questão da legitimidade no gerenciamento de organizações, poder e interações sociais, entre outras. Mumby (2001, p. 613) apresenta muitas perspectivas sobre a questão – em uma, por exemplo, a comunicação funciona como um mecanismo pelo qual os grupos representam seu poder. Os demais conceitos estão concebidos em sua relação com comunicação: poder – produção, reprodução ou resistência, ou transformação das relativamente fixas (sedimentadas) estruturas de comunicação e significados que suportam os interesses (simbólicos, políticos e econômicos) de alguns membros ou grupos da organização, além de outros. Política – a articulação de vários indivíduos ou grupos interessados por meio de representação cotidiana dos processos comunicativos que produzem, reproduzem, geram resistência e transformam coletivamente (intersubjetivamente) estruturas de significados. Político é poder representado e resistência (Mumby, 2001, p. 613). Torquato (1991) também examina a questão e estabelece as relações entre poder e comunicação, criando uma tipologia dos poderes: (1) de reter informações, (2) das panelas, (3) invisível, (4) dos boatos, (5) da delação, (6) da hierarquia, (7) dos feudos e (8) do líder informal. E Torquato (2008) aborda comunicação organizacional e política: poder, comunicação em organizações privadas, comunicação e marketing de campanhas eleitorais, comunicação na administração pública e outros aspectos. Pode incluir ainda ideologia, poder e influência, construção social do poder, barganha; conflitos e negociação (Uhry, 2010, p. 218-230) e argumentação (Uhry, 2010, p. 192-198).

- Admissão, assimilação, demissão e saída da organização e os respectivos processos de comunicação envolvidos com tais aspectos de gestão de pessoas são "questões chaves para compreender a comunicação humana nas organizações" (Jablin, 2001, p. 794).

- Competência comunicativa: Jablin e Sias (2001, p. 819-856) apresentam um modelo de competência comunicativa organizacional que considera diversas características que afetam a natureza da competência comunicativa em diversos níveis (indivíduo, grupo e organizacional). Chanlat e Bédard (1993, p. 137-143) consideram a palavra a ferramenta do executivo e apontam os seguintes obstáculos ao diálogo no ambiente de trabalho: ideologia gerencial, língua administrativa, jargões e estrutura burocrática, mas também indicam condições que favorecem o diálogo. Duarte e Monteiro (2009, p. 333-359) propõem "ampliar a tematização da comunicação na agenda das organizações ao tornar cada integrante um comunicador competente e consciente de seu papel e de sua responsabilidade", buscando-se uma comunicação mais "orgânica e participativa", o que pode dar "sustentação e eficiência aos múltiplos processos e, certamente, agregar valor e ajudar a fortalecer a atuação".

7.1.3.5 Pesquisas:

- Metáforas: Putnam, Phillips e Chapman (2004, p. 82-83) apresentam diferentes metáforas que servem como molduras para fazer uma síntese da literatura de comunicação organizacional e a relação entre comunicação e organização: (i) Canal, conduíte, meios, em que se foca o encaminhamento e transmissão da comunicação, considerando as organizações como canais ou contêineres para a quantidade, o tipo, a direção e a estrutura do fluxo de informações. Inclui estudos sobre sobrecarga da informação, direcionalidade, comparação entre mídias, comunicação como ferramenta para atingir objetivos organizacionais e unidades como nós de comunicação. (ii) Lente, em que se considera como sistemas perceptuais ou olhos, que esquadrinham o ambiente, filtram dados, distorcem e retardam a informação, selecionam e encaminham as mensagens, disseminam inovação e mudança. Os estudos envolvem o guardião selecionador (*gatekeeper*), o sensor e o escudo (*shield*). (iii) Rede, ligação (*linkage*) de pessoas interconectadas, construindo contratos relacionais, integração e liames entre trabalho, lar e comunidade. Os estudos incluem teia, ponte, liame, contratos e relacionamentos. (iv) Desempenho (*performance*): projeta a comunicação com interação social, como é vista na improvisação, no desempenho de papéis administrativos, nos significados compartilhados e nas produções teatrais. Estudos incluem atuação, coprodução, drama e narração de histórias. (v) Símbolo: emerge da cultura organizacional para projetar a comunicação como interpretação de narrativas, metáforas, rituais e paradoxos. Estudos: semiótica, sinal, cultura e mecanismos compartilhados. (vi) Vozes distorcidas, de dominação por meio da ideologia e do controle, diferença de voz, acesso à voz por meio de participação e democracia. A comunicação é expressão e a organização torna-se um coro de vozes, abafadas ou tonitruantes. Estudos incluem categorias de voz, distorção da comunicação e supressão de conflitos. (vii) Discurso: evidencia a comunicação como conversação, as organizações aparecem textos que consistem em gêneros e diálogos. Estudos: linguagem, conversa, linguística, atos de discursos, emoções e práticas discursivas. Putnam (2009) retoma as metáforas e define o papel das relações públicas.

- Mais pesquisas. Bueno (2009) aborda a articulação entre teoria e prática na pesquisa em comunicação organizacional na pós--graduação em Comunicação Social. Kunsch (2009d) refere-se à contribuição da pesquisa em comunicação organizacional e relações públicas no programa de pós-graduação em Ciências da Comunicação da ECA-USP. Moura, Scroferneker e Simões (2009) enfocam a pesquisa em comunicação das organizações na pós-graduação em Comunicação da Famecos-PUC-RS. Curvello (2009) realiza uma meta-análise da pesquisa em comunicação organizacional e relações públicas no Núcleo de Pesquisa da Intercom. Moura (2009) realiza análise da bibliografia e do espaço digital na pesquisa em relações públicas. E Farias (2009) faz uma abordagem do campo acadêmico do ensino e da pesquisa em comunicação organizacional e relações públicas. Outras pesquisas estão relacionadas com o modelo da "Escola de Montreal" (Casali, 2009), a administração da imagem (Toni, 2009) e, entre outras, por exemplo, a busca dos "fundamentos da arte da comunicação" (Uhry, 2023b).

- Pesquisas relacionadas às práticas de comunicação organizacional, na visão de Kunsch (2008), podem evidenciar realidades distintas em organizações brasileiras, porque a consideram: (i) como de elevado valor estratégico de resultados – fazem grandes investimentos, dispõem de profissionais competentes para as dirigirem e contratam serviços especializados de empresas terceirizadas; (ii) na esfera técnico-tática – fazem divulgação por meio de produtores e executores da comunicação (imprensa, jornais, revistas, boletins, vídeos, folhetos), mas "sem perspectiva clara quanto a diretrizes e estratégias"; (iii) reativa, improvisada – feita por "qualquer um", sem valorização do "profissional especialista"; (iv) função administrativa e funcional: "existe espontaneamente, mas não recebe nenhum tratamento especial"; viabiliza "os fluxos de entrada, transformação e saída" em perspectiva sistêmica (Kunsch, 2008, p. 379).

- Nas pesquisas também se relaciona com comunicação organizacional a comunicação interna, a chamada comunicação dentro das organizações, ou relações públicas internas, a comunicação voltada a diretoria, gerências, supervisões e demais funcionários, a busca de se integrar informações de forma a manter os públicos internos atualizados sobre os direcionamentos e interesses da organização. É válido criar um canal de mão dupla, de forma que os funcionários tenham acesso à direção da empresa. Basicamente se pode dizer que a comunicação interna envolve: as comunicações de caráter administrativo, como comunicados, e-mails, intranet e extranet, memorandos, cartas, manuais de instruções, operações e normas, documentos de serviço e outros; a comunicação social formal: boletins, jornais e revistas internos, vídeos, quadro de avisos, murais e outros; a comunicação interpessoal entre funcionários, com empregados e chefias e entre chefias e funcionários: bilhetes, e-mails, intranet e extranet, reuniões, dar e receber críticas e *feedback*, conflitos, e outros aspectos. E também há a comunicação social informal, ou rede informal, é abordada em Davis (1999, p. 163-175). Cerantola (2016) destaca a comunicação interna "como determinante na criação de valor" para a organização por permitir mobilizar, integrar, interagir, obter informações (inclusive observando grupos *on-line*), manifestar opiniões e mapear "redes de influência" (Cerantola, 2016, p. 213-223).

Sistematizando e refletindo. Retomando e buscando sintetizar, pode-se constatar que o conteúdo da comunicação organizacional é muito rico e amplo. Como relacioná-lo com as relações comunicacionais com a sociedade? Assim voltamos a uma reflexão que já foi lançada ao longo da obra, a de como efetivamente integrar todas as estratégias de comunicação de forma a ter uma atuação comunicacional satisfatória? Como é que se dá a gestão e integração da comunicação como um todo orgânico? Como a comunicação organizacional se articula com a comunicação massificada e com a comunicação comercial? Como é que, além das disciplinas acadêmicas e do aprendizado nas faculdades, acontece a prática comunicacional – a comunicação do dia a dia das organizações?

Estudo de caso. Trago um depoimento sobre a estrutura e a prática de uma diretoria de uma fundação com atuação nacional que tive o privilégio de dirigir. O primeiro aspecto a definir é o planejamento estratégico com a definição da visão e a missão da organização, o segundo passo é o foco estratégico da fundação, pois não é possível atuar em todas as áreas. Assim se definem estrategicamente os três eixos de atuação: 1) educação, 2) renda e 3) conhecimento.

Os três pilares de atuação da fundação se complementam: a educação envolve a atuação voltada principalmente para os excluídos do sistema escolar, atuando na alfabetização de adultos e na alfabetização digital, que estão embasados nos programas "Alfabetização de adultos" e "Alfabetização digital" ambos em parcerias nas localidades. O eixo do conhecimento envolve a produção e certificação de conhecimentos sociais, soluções que podem ser sistematizadas e replicadas com modelo de franquia social. Assim em interlocução com comunidades é definida a replicação do conhecimento social para gerar renda em localidades desassistidas. Cria-se um círculo virtuoso entre educação-conhecimento-renda. O terceiro aspecto é avaliar e orçamentar os programas e aprovar fundos estratégicos e operacionais, além de prever o acompanhamento.

Quarto passo é as diretorias montarem seus planos estratégicos, entre os quais se incluem os planos de comunicação e marketing de cada uma das diretorias. Também a diretoria de comunicação e marketing da fundação elabora – em interlocução e em conjunto com as diretorias – um plano estratégico de comunicação integrada que vai abranger as atividades de comunicação de todas as diretorias e as demais atividades de comunicação e marketing a seguir referidas.

Na estrutura da diretoria de comunicação e marketing há um diretor, e um comunicador para assessorar e acompanhar o plano de comunicação e marketing de cada uma das diretorias e que é, ao mesmo tempo, um profissional que também pode exercer função de: 1) comunicador de marketing de terceiro setor que vai consolidar e acompanhar todos os planos de atuação das demais diretorias; 2) assessoria de imprensa, Relação Públicas, Comunicação Institucional, que faz contatos para gerar entrevistas com os diretores, ou gera pautas e matérias para os meios de comunicação e outras questões; 3) publicidade, comunicação editorial e promoção de eventos, que cuida das peças publicitárias e de todos os impressos, vídeos e materiais que envolvam comunicação além de organizar eventos; 4) jornalistas, operadores de estação de rádio, comunicadores que produzem as matérias que vão para o site e todas as matérias e entrevistas que vão tanto para o site quanto para os meios de comunicação; 5) comunicação interna com os empregados da empresa que mantém a fundação e os próprios funcionários da fundação e comunicação administrativa; 6) comunicação e articulação com comunidades que podem receber ações sociais, entidades do terceiro setor, universidades, governos e demais intervenientes; 7) comunicação projetiva, criatividade e avaliações de todas as ações.

A ideia é que cada um dos comunicadores, que pode ser oriundo de qualquer área de formação e especialização, tenha conhecimentos para atuar em pelo menos duas áreas: uma em que atua e a outra que possa exercer se necessário. Em tal configuração se percebe que há subáreas de atuação que precisam produzir um tipo de trabalho especializado de comunicação e para lá são alocados profissionais.

Da exemplificação se percebe que a prática comunicativa nem sempre corresponde necessariamente a uma atuação do comunicador em sua área específica de formação acadêmica, mas exige a capacidade de atuar na função em que seja necessário. Tal concepção esboçada é influenciada pelo viés da administração e do marketing como uma das funções, e foi concebida a partir de plano de comunicação e marketing integrado a partir da visão estratégica.

Refletindo a propósito do estudo de caso, digamos que a prática comunicacional em essência não difere muito do "modelo de comunicação organizacional integrado" apresentado na Figura 8 e em que as diferentes formas de comunicação devem "formar um todo harmonioso", a que Kunsch (1997, p. 115) denomina "mix da comunicação nas organizações".

Com o exemplo prático, pode-se perceber que a formação e especialização são muito importantes, mas que a atuação como profissional não necessariamente vai corresponder ao que aprendeu na universidade, dada a complexidade com que se reveste a atuação no campo da comunicação, independentemente de a prática comunicativa ser na área da comunicação mercadológica, na comunicação massificada ou na comunicação organizacional ou outra denominação que venha a receber.

As formas de atuação comunicacional no social elencadas na "Visão geral das relações comunicacionais na sociedade" são só as principais estratégias de comunicação, mas existem outras sendo criadas, talvez algumas referidas como tendências, ou novas possibilidades, até mesmo novas.

Assim a verdade é que na prática podem ser diferentes e infinitas as formas de atuação comunicativa, dependendo da criatividade dos comunicadores e das escolhas de expertise dos gestores. E talvez seja essa a principal razão pela qual se deva formar uma visão mais abrangente de diversas possibilidades e formas de atuação no campo da comunicação e manter-se sempre aberto e atento às novas possibilidades comunicacionais que estejam sendo criadas e quem sabe venham a se consolidar.

Questões para reflexão

a. O que se entende por comunicação organizacional e qual sua abrangência?

b. Será que as práticas de comunicação organizacional também contribuem para integrar o cidadão ao *status quo* mercantilista de forma a torná-lo um consumidor e até um hiperconsumidor? Como?

c. Qual a diferença entre comunicação organizacional, relações públicas e Comunicação na sociedade?

d. Analise e comente sobre a aplicabilidade da comunicação integrada por parte das organizações. Será que na prática há mal-entendidos ou desvirtuamentos? Por quê?

e. Que outros aspectos também podem ser percebidos nas práticas de comunicação organizacional?

f. Pesquise, analise e comente sobre como acontece a prática de comunicação em uma organização: como é o processo de sua concepção, planejamento e gestão estratégica, integração das formas de comunicação e sua gestão. Como é o processo comunicacional na prática e como se insere na organização. E qual a formação original dos comunicadores e quais competências dominam e utilizam em sua prática?

g. Pesquise e analise quais são as práticas de comunicação organizacional que se destacam. Por quê?

h. Ao montar o plano estratégico de comunicação, considere incluir as práticas de comunicação organizacional.

8

POSSIBILIDADES E PERSPECTIVAS COMUNICACIONAIS

¿Hasta cuándo el adjetivo digital *nos servirá para diferenciar a las nuevas formas de comunicación?(Scolari, 2013, p. 290)*

SINOPSE: Começa-se com a apresentação do 8.1 de reflexões sobre possibilidades comunicacionais – o que nos espera na comunicação do futuro, a reinvenção digital? O que envolve possibilidades comunicacionais como: jornalismo móbile, de dados, de grande formato, de alta tecnologia, viral, global, de laboratório, adaptativo, de plataformas, robótico, híbrido humano-algoritmo e a questão da Inteligência Artificial; 8.2 políticas regulatória; 8.3 hipermediações: a comunicação digital interativa; e mais 8.4 possibilidades comunicacionais.

8.1 POSSIBILIDADES COMUNICACIONAIS: REINVENÇÃO DIGITAL?

Refletindo sobre as possibilidades do comunicacional, é necessário dar atenção à reinvenção digital. Além da crise pandêmica que afetou a todos, entre os tensionamentos da era digital se apresenta um cenário disruptivo no qual tem emergido a plataformização e a desinformação, que estão relacionados ao abuso das corporações e às notícias falsas, ao que se soma a crise do jornalismo, desafios que exigem a reinvenção digital.

Ao mesmo tempo que há crise, há oportunidades para a reinvenção do jornalismo digital: (i) inovar jornalisticamente na Web para que venha a se tornar um espaço público que permita a comunicação cidadã; (ii) consolidar-se o movimento internacional para se firmar um contrato de princípios da Internet que inclua o jornalismo digital; (iii) contribuir para aprimorar a experiência tanto dos comunicadores quanto a fruição dos interlocutores, entre outras.

Buscando um tensionamento entre tais posições, consideramos focalizar estratégias promissoras que ressaltam as tecnologias digitais, examinando-se robôs jornalistas, algoritmos e outras inovações jornalísticas. O desafio da reinvenção jornalística consiste em desenvolver as competências digitais críticas e a capacidade para sensibilizar os leitores e sentir da perspectiva do outro. O jornalismo digital pode fazer frente às diferentes possibilidades e aos desafios que surgem na comunicação digital.

Para contextualizar a questão, em pesquisas brasileiras a comunicação digital é uma das áreas que mais tem recebido atenção. A partir da análise de uma década de artigos da Associação Nacional dos Programas de Pós-Graduação em Comunicação (Compós), Mattos, Barros e Oliveira (2018) identificaram eixos de investigação e destacaram a "complexidade, historicidade e magnitude das transformações potencializadas pelas tecnologias de comunicação e informação (TIC)", a que denominam o "cibercultural", que é o "segundo eixo mais volumoso", com 21% do total dos trabalhos. Os pesquisadores trazem reflexões sobre os "usos sociais e as formas de relacionamento a partir dos dispositivos tecnológicos", apresentando uma "pluralidade de visões sobre a comunicação e cultura ciber e/ou digital". Os artigos foram classificados em: i) redes sociais (tipologia e análise), ii) comunidades na web, iii) ativismo digital, iv) ciberespaço x espaço físico, vi) jogos digitais, vii) cibernética, vii) teoria ator-rede. Se, por um lado, a quantidade de abordagens indica muitas possibilidades, por outro lado, os artigos revelam "uma dimensão positiva das tecnologias, incluindo uma integração radical às tecnologias (tecnofilia)", sugerindo uma análise "pouco crítica" (Mattos; Barros; Oliveira, 2018, p. 99-138).

A pequena criticidade em relação à comunicação digital sugere que está reservado à formação um importante papel, a que Van Dijck (2019) se refere: "Se impõe como uma necessidade urgente a implementação de uma sólida educação nos meios de comunicação, não só para ensinar a codificar, senão também pensar de maneira crítica." Destaque-se que na classificação da Compós não há jornalismo digital, sugerindo que os organizadores da metapesquisa curiosamente não conferem relevância ao jornalismo.

Por outro lado, na Sociedade Brasileira de Estudos Interdisciplinares da Comunicação (Intercom) há grupos de pesquisas webjornalismo e comunicação multimídia (que abrange conteúdos digitais, convergência tecnológica, comunicação e cultura digital) e na Associação Brasileira de Pesquisas em Jornalismo (SBPJor) há mesas sobre ensino, pesquisa e inovação em jornalismo digital, tendências entre jornalismo e tecnologias digitais e convergência jornalística na internet.

Os Estados Unidos da América têm um Plano de Inovação e Competição com investimentos anuais de US$ 250 bilhões para Ciência e Tecnologia com intenção de fortalecer sua economia e enfrentar a competição chinesa. Os investimentos estão focados na indústria do futuro que envolve a comunicação. Ainda existem outros tensionamentos: a plataformização, a desinformação, que estão relacionados ao abuso das corporações e às notícias falsas, entre outros desafios que sugerem a possibilidade da reinvenção digital do jornalismo, que foi desenvolvido por Uhry e Caetano (2021).

Sobre os desafios e possibilidades do noticiário, o jornalismo confrontou-se com a era digital, que trouxe, na revisão de Christofoletti (2019), desafios que desencadearam uma crise disruptiva, devido a principalmente: (i) gratuidade da informação na web; (ii) chegada de novos competidores não-jornalistas (youtuber, influenciador digital e outros amadores) que postam informações na Internet com mais agilidade; (iii) chegada das plataformas tecnológicas que se tornaram atravessadores e quebraram o domínio na distribuição das notícias; (iv) "afrouxamento da qualidade" da informação por não haver verificação do "teor, relevância e autenticidade" e por haver renúncia à "responsabilidade sobre o que se torna público"; (v) "desvio da função pública e renúncia do papel social junto às comunidades" (Christofoletti, 2019, p. 90-91).

No entanto, há possibilidades para o jornalismo digital, embora, ao mesmo tempo, cada uma delas traga embutido desafios para ser implementada. Um dos autores a indicar caminhos foi Salaverría (2015), que propôs sete tendências que fariam o jornalismo do futuro: "1. Periodismo móvil, 2. periodismo de datos, 3. Periodismo de gran formato, 4. Periodismo *hi-tech,* 5. Periodismo viral, 6. Periodismo global e 7. Periodismo de laboratório" (Salaverría, 2015, p. 137-143), que são a seguir apresentados já adaptados a nossa concepção.

Trata-se do que se poderia denominar jornalismo do futuro, uma reflexão sobre o futuro do jornalismo. A seguir algumas dessas características e desdobramentos são abordados aqui e examinados em seus modos de funcionamento como tentativas de ajustamento e reinvenção do jornalismo nos tempos atuais, descrevendo o caráter experimental e experiencial dessas tendências e buscando examinar na interface entre a criação humana e os algoritmos o processamento das combinatórias imaginativas. No final há algumas considerações sobre políticas regulatórias.

8.1.1 Jornalismo móbile

Jornalismo digital móbile seria o jornalismo adaptado às plataformas móveis, aos celulares, tablets, phablets, wereables e outros dispositivos móveis conectados à Internet, com implantação de design de web autoadaptados (*responsive web design*, em inglês) para pequenas telas. Trata-se de ações exclusivas desenvolvidas para tablets, celulares, com concepção móbile nativo. Um destaque experimental é Snapchat Discover, que foi destacado como um dos "onze melhores experimentos" pela revista Columbia Journalism Review (2015). Também há o jornalismo viral, é como ocorre nos blogs, os meios se lançam para competir com as redes sociais. O uso do Twitter para difundir notícias, do Facebook para vídeos, procurando oferecer conteúdo que se tornem virais nas redes sociais, o que também está relacionado ao jornalismo móbile. Além disso, o digital contribui com o jornalismo globalizado: com a Internet as fronteiras são extintas e as notícias digitais têm de se tornar globais, a exemplo dos principais jornais do mundo: *BBC, Voice of America, The Economist, National Geographic, The New York times, El País* e outros. A propósito do jornalismo móbile, Salaverría (2015, p. 137) traz como exemplo Circa.

8.1.2 Jornalismo de dados

Jornalismo de dados que é o apoiado em bases de dadas, completado com visualização infográfica da informação, com múltiplas tecnologias digitais para o tratamento e exibição dos dados. *The New York* faz do jornalismo de dados um fator distintivo de qualidade que em 2021 foi destacado com o Pulitzer Prizes Journalism (2021) "Por uma cobertura corajosa, presciente e abrangente da pandemia de coronavírus". O jornalismo de dados tem uma premiação internacional: o Sigma Awards que visa celebrar o melhor jornalismo de dados em todo o mundo e capacitar, elevar e iluminar a comunidade global de jornalistas de dados, que premiou trabalhos como "no epicentro" da Agência Lupa.

8.1.3 Jornalismo de grande formato (*longform journalism*)

Textos com mais de 140 caracteres, reportagem literária, jornalismo narrativo, com mais espaço e com possibilidade de uma edição exclusiva, a exemplo do The New York Times. Um experimento jornalístico de *lon-*

gform journalism de sucesso é a revista Narratively, que escolhe um tema diferente a cada semana e publica uma história relacionada e detalhada por dia, que foi um dos "onze melhores experimentos" da revista *Columbia Journalism Review* (2015).

8.1.4 Jornalismo de laboratório

Jornalismo de laboratório de inovação nos meios de comunicação, com uma unidade interna para experimentação e desenvolvimento de produtos e serviços especialmente no âmbito digital. São as áreas de inovação que experimentam novas narrativas e linguagens para detectam a melhor forma de contar cada história e é adotado no *The New York Times*, *BBC*, *AFP* e outros. Além dos já referidos, entre os "melhores experimentos" da revista *Columbia Journalism Review* (2015) estão: Quartz, Vox. Columbia Daily Tribune Nighborhoods, Nautilus, Buzz Feed Newa, Des Moines Register, The Skimm, Medium Design e Serial. Tem semelhança com o experiencial.

Radio Televisão Española lançou em 2011 o Lab RTVE.es, um departamento de inovação audiovisual que investiga novas narrativas e linguagens para detectar a melhor forma de contar cada história. Também é adotado no *The New York Times*, *BBC*, *AFP* e outros (adaptado de Salaverría, 2015, p. 142-143).

8.1.5 Jornalismo adaptativo

Implica em que, para enfrentar cenários disruptivos é necessário adaptar-se constantemente, o que envolve "resiliência e resistência", ou seja, ao mesmo tempo, flexibilidade diante das mudanças, e "tenacidade, persistência e convicção" para implementar sem desistir um "plano governativo editorial" que envolva as dimensões editorial, administrativa e de "engajamento e circulação" de forma a mobilize são só os jornalistas, os donos e os leitores, mas também os "demais *stakeholders*" (Christofoletti, 2019, p. 79-87).

8.1.6 Jornalismo sustentável

O que busca criar propostas editoriais inovadoras, desenvolver e aplicar novas tecnologias, desenvolver novas linguagens e novos modos de conectar com o público para construir modelos editorialmente independentes e economicamente sustentáveis. Quanto à questão da sustentação, Cagé (2015) traz uma proposta de que sejam preservados os valores essenciais do jornalismo, mas que a tomada de decisão gerencial não seja conduzida por quem financia o negócio. O que pressupõe é que o financiamento seja feito por meio de organizações sem fins lucrativos, como, por exemplo, a Fundação Scott Trust, que mantem o jornal britânico The Guardian, ou de forma participativa, por meio de muitos acionistas, de forma que o controle seja democratizado (Cagé, 2015, p. 214). Analisando a proposta, Christofoletti (2019, p. 80) destaca que as fundações "são orientadas por um espírito público distinto da agressividade das empresas ávidas por lucratividade a todo custo".

8.1.7 Datificação e as plataformas

Analisando a produção da socialidade "vendável", que se tornou um marco da "cultura de conectividade", Van Dijck (2019) faz uma revisão da transformação da "sociedade em rede" para a "sociedade por plataformas e algoritmos", o que exige um jornalismo adaptado às plataformas. Existem possibilidades de desmontar as plataformas e reconstruir a socialidade e Van Dijck (2019) refere-se a um "ecossistema de meios conectados que se encontram presos à base algorítmica da sociedade, cercados por integração vertical e interoperabilidade. Parece não haver saída, com a conectividade tendo-se tornado uma ideologia, o que exige que se reflita sobre a qualidade da experiência *online* "manipulável e vendável na medida em que as plataformas cresceram" e passaram a ser administradas por corporações (Van Dijck, 2019).

A "cultura de conectividade" de Van Dijck (2019) tem as seguintes dimensões: (i) datificação: não apenas gerar e interpretar dados para armazenar, mas integrar processos para oferecer serviços cada vez mais personalizados e com maior valor comercial; (ii) algoritmos: sequência de instruções de programação para transformar dados em resultados. Datificações e mediações algorítmicas são interdependentes e relacionam-se à plataformização da web. (iii) Infraestrutura: centrais nas articulações de fluxos e práticas comunicacionais nas ambiências digitais: Amazon – armazenamento nas nuvens; Google, Apple, Microsoft – sistemas operacionais; Google, Facebook e Microsoft – cabos submarinos. (iv) Modelos de negócios: baseados nas plataformas que afetam todas as áreas da comunicação digital. Aqui temos um desafio porque o jornalismo pode se tornar dependente das plataformas para fazer circular e remunerar sua produção, com automatização dos processos publicitários. (v) Governança de plataformas – um conjunto de mecanismos e práticas de ordem técnica, política, jurídica e comunicacional que regulam o funcionamento da comunicação digital. (vi) Práticas – artefatos tecnológicos emergem nos tensionamentos entre práticas e materialidade. (vii) *Affordances* – compreensão de como se dá entre os usuários e os usos possíveis das interfaces e sua funcionalidade, ou seja, como a ação pode ser datificada (adaptado de Van Dijck, 2019; D'Andrea, 2020, p. 25-31).

No item (iv) "modelos de negócios" temos um desafio, porque o jornalismo pode se tornar dependente das plataformas para fazer circular e remunerar sua produção, com automatização dos processos publicitários.

A adaptação do jornalismo digital à "era da conexão" é um desafio e tanto. Nas reflexões sobre as plataformas *online*, d'Andrea (2020) também constata a "tendência à plataformização de tudo", com adoção "generalizada de certas lógicas de funcionamento pelos mais diferentes artefatos tecnológicos e midiáticos". Essas mudanças na comunicação digital podem ser mais bem compreendidas se abordadas em sua relação com os dados, afetos e sua mediação *online*. Espera-se que sejam "socialmente mais justas, sustentáveis e equilibradas" e ligadas ao "tensionamento e reconfiguração das lógicas de exploração" e à articulação das Big Five (Google, Facebook, Apple, Amazon, Microsoft) e outras plataformas digitais, o que constitui um "desafio político e ético" (adaptado de D'Andrea, 2020, p. 67-68).

8.1.8 Jornalismo de alta tecnologia (hi-tech, robo-journalism)

Notícias escritas por robôs, vídeos gravados por drones, uso de realidade virtual. Como o Los Angeles times que adotou escrita automática por programa algoritmo sem intervenção humana. Associated Press AP usa algoritmos para oferecer 4400 notícias automaticamente, multiplicando por dez a capacidade de produção de notícias. Abrange:

Jornalismo robótico. Os robôs jornalistas (newsbots em inglês), que logo estarão em todas as redações. Já referida por Diakopoulos (2019), a Associated Press AP não só usa algoritmos, mas também inteligência artificial. O Washington Post teve um newsbot adicionado à sua equipe e outros jornais também podem ter. Os newsbots fazem um trabalho profissional e terão um papel cada vez maior na produção de notícias, já que a economia na equipe pode ser o diferencial. Em princípio parece não ser bom para os jornalistas que serão forçados a ceder sua expertise a algoritmos precisos, pontuais, não remunerados e que são imperturbáveis mesmo sob pressão.

No Brasil identificamos uma experiência desenvolvida em parceria por universidades brasileiras (Universidade Federal de Minas Gerais e Universidade de São Paulo), a dos "robôs jornalistas" digitais que geram diariamente notícias atualizadas no Twitter: (i) robô "Corona Repórter" sobre Covid-19, a partir de dados dos órgãos oficiais do Governo Brasileiro e do site de estatísticas *WorldoMeter* (https://twitter.com/CoronaReporter) e (ii) robô "Da Mata Repórter" sobre desmatamento da Amazônia, a partir da base de dados do *Terra Brasilis* (https://twitter.com/DaMataReporter). Ainda não identificamos jornais brasileiros que usem robôs jornalistas.

8.1.9 Jornalismo híbrido humano-algoritmo

Uma tendência à hibridização, combinando o jornalista e uso de algoritmo. Diakopoulos (2019, p. 1) defende que "a era dos algoritmos de notícias" pode ajudar a dar produtividade ao jornalismo digital, citando o caso da Associated Press AP, serviço de notícias de mais de 170 anos, que, a partir de dados estruturados e uso de algoritmos, passou a produzir dez vezes mais notícias do que fazia. Trata-se de um sistema "híbrido" que combina algoritmos com jornalistas nas rotinas de notícias e que exige responsabilidade.

Não há dúvidas de que os algoritmos transformam o jornalismo radicalmente. Diakopoulos (2019, p. 1-3) mostra que a mídia está cada vez mais usando algoritmos para aumentar a efetividade e eficiência de várias atividades das notícias cadeia de valor. As pessoas é que colocam os algoritmos em movimento, "que projetam, desenvolvem, operá-los e gerenciá-los", que "definem, medem e amostram dados para alimentar e treinar algoritmos" e que "consomem e são afetados por resultados e decisões algorítmicas". A interação entre algoritmos e humanos na produção de notícias é foco de Diakopoulos (2019, p. 4) que traz reflexões sobre: (i) os valores humanos na concepção e utilização de algoritmos; (ii) a mudança das práticas jornalísticas que surgem com algoritmos e que são uma combinação de rotinas de produção de notícias que contam com a contribuição dos algoritmos para aumentar a sustentabilidade.

Para Diakopoulos (2019, p. 13-40), o jornalismo híbrido é a interação entre algoritmos e humanos no jornalismo, as decisões são tomadas e extraem os potenciais para cruzar esses dois modos de tomada de decisão, a dos humanos e dos algoritmos. A proposta é decompor os fluxos do trabalho editoriais em diferentes tipos de tarefas e analisar a suscetibilidade para a automação. Há limitações das abordagens algorítmicas e evidencia-se que há áreas-chave em que a cognição humana será crucial. "Como as fronteiras do que é possível para realizar com automação, algoritmos e sistemas híbridos continuam a se expandir", mas "jornalistas humanos ainda têm muito a acrescentar quando se trata de comunicação complexa, pensamento especializado e julgamento ético." Isso também vale para o projeto de fluxos de trabalho híbridos, que, por enquanto, muito provavelmente permanecerão como um esforço humano e representam um campo desafiador de gerenciamento de inovação.

Diakopoulos (2019) refere-se a abordagens de tentativa e erro: "prototipagem iterativa, desenvolvimento e teste por uma variedade de empreendedores, organizações estabelecidas e laboratórios de pesquisa". A hibridização humana com algoritmos no jornalismo está aumentando e analisa como a integração na tomada de decisão algorítmica e humana ocorre em diferentes contextos jornalísticos: mineração de dados jornalísticos, produção automatizada de conteúdo, *newsbots*: agentes de informação e algoritmos na distribuição de notícias.

A integração de máquinas e humanos é mais visível na produção automatizada de conteúdo, de acordo com Diakopoulos (2019, p. 96-144). Enquanto "os algoritmos permitem uma escala maior e mais rápida, jornalismo mais preciso e personalizado, que cria oportunidades de negócios para as agências de notícias", eles têm limitações em termos de contingências de dados e dificuldades em combinar flexibilidade humana e qualidade em relatórios. Adequadamente, colaboração é o caminho a seguir. Isso, por sua vez, mudará as estruturas editoriais e processos. "Conforme as pessoas interagem com esses sistemas, a natureza de suas habilidades, tarefas, papéis e empregos irão necessariamente evoluir, provavelmente para privilegiar o pensamento abstrato, criatividade e resolução de problemas."

Diakopoulos (2019, p. 204-239) expõe como a tomada de decisão algorítmica, que impactos em vários setores sociais, podem ser responsabilizados. Ele descreve a evolução algoritmos vencem, distingue diferentes tipos de histórias de responsabilidade algorítmica, e sugere métodos para descobri-los. Obviamente, também é necessário responsabilizar o jornalismo algorítmico. Afinal, sem a ética e o interesse público como uma bússola, o jornalismo vai perder a confiança das pessoas. Nesse contexto, Diakopoulos defende a transparência algorítmica como uma abordagem para o uso responsável de algoritmos na mídia de notícias.

Diakopoulos (2019, p. 240-241) defende as tecnologias subjacentes, apresenta uma ampla variedade de casos de uso e sintetiza o atual estado do jornalismo algorítmico, que é algo está em rápida evolução. "É claro que o futuro da mídia algorítmica envolverá uma coevolução de tecnologia, pessoas e sociedade." Resta saber como a hibridização da tomada de decisão humana e algorítmica se dará e como isso afetará qualidade e desempenho do jornalismo.

8.1.10 Inteligência Artificial (IA) na comunicação?

Inteligência Artificial (IA) na comunicação e especialmente no jornalismo precisa ser mais bem estudada, mas não é o nosso foco. Obviamente pode-se sugerir que transformará o jornalismo e abre novas possibilidades para a cobertura de notícias, como já mostrado anteriormente.

Rich, Knight e Nair (2017) expõem que o objetivo da IA é desenvolver sistemas para realizar tarefas que: (i) são mais bem realizadas por seres humanos que por máquinas, ou (ii) não possuem solução algorítmica viável pela computação convencional, ou seja uma sequência de programação de ações para resolver um problema.

Os algoritmos de IA processam dados e desde que bem codificados podem identificar padrões para apoiar a escrita de notícias como já relatado no tópico anterior. A incorporação da IA no jornalismo traz preocupações sobre a precisão e a imparcialidade das notícias, além da ética. A IA tem sido também criticada por poder perpetuar a discriminação e a desigualdade, ao reforçar estereótipos e prejuízos. Principalmente envolve coleta de dados para utilizar em sistemas como, por exemplo, no ChatGPT uma IA especializada em diálogo criado pela OpenAI, entre outros.

O termo Inteligência Artificial é inapropriado: as denominações anteriores de datificação e programação de dados são mais precisas. Não há nada que caracterize "inteligência" nos sistemas, mas mera datificação, programação de dados.

8.2 POLÍTICAS REGULATÓRIAS

Há movimentos dos usuários que exigem ações políticas regulatórias e alguns governos procuraram estabelecer regras transparentes para a comunicação digital. Por exemplo, os Estados Unidos da América processam o Google por monopólio, assim como a Europa também já adotou ações contra os Big Five em defesa da cidadania. Entre os desafios podem ser incluídos o uso indevido da comunicação digital pela manipulação de dados com propósito político, no caso da Cambridge Analytica/Facebook, ou com propósito econômico.

A falta de regulamentação das novas tecnologias digitais pode ser associada às práticas da desinformação, conceito que abrange desinformação com propósito manipulatório, notícias falsas e o pós-verdade. Desinformação é também referida como *fake news*, notícias falsas, definidas como os factoides inventados para parecer jornalismo crível e que são divulgadas com a intenção de influenciar, moldar, distorcer a percepção da realidade, manipular, uma vez que a informação falsa é partilhada deliberadamente para causar dano.

Esse cenário requer não apenas uma análise crítica de seus efeitos, mas evidencia a necessidade de desenvolver e valorizar as práticas educacionais de esclarecimento e acesso à informação, sejam elas de natureza formal ou informal. Na contramão, por exemplo, das práticas de desinformação da Cambridge Analytica, que, com a conivência do Facebook e outras plataformas, invadiram a privacidade de milhões de pessoas e manipularam com propósito político, Kaiser (2020) propõe: (i) tornar cada cidadão um "alfabetizador digital" para evitar "práticas antiéticas" e "proteger nossos dados"; (ii) apoiar as regulamentações das práticas de comunicação; (iii) incentivar as empresas "a optar pela ética"; (iv) cobrar que os que "cometeram abusos de poder" sejam responsabilizados; (v) questionar se as notícias negativas são verdadeiras; 6) evitar compartilhar o que incita ódio e medo (Kaiser, 2020, p. 359-364).

Diante desses desafios, uma das tendências que se impõe é da regulamentação em face de problemas desinformação que ocorrem na comunicação digital e estão também relacionados com plataformização e algoritmos. Além do referido, há uma tendência de empoderamento da Internet, liderado pela World Wide Web Foundation (2024) com mais de 50 organizações, para se definir um contrato de princípios para a Web, o que está sendo mundialmente costurado e que prevê responsabilidades para todos os envolvidos: 1.º Governos: (i) garantir conexão e disponibilidade à Internet; (ii) respeitar o direito das pessoas à privacidade. 2.º Empresas: (iii) tornar a Internet financeiramente viável e acessível a todos, sem exclusões ao usar e moldar a Web; (iv) respeitar privacidade e os dados pessoais dos consumidores; (v) desenvolver tecnologias que fomentem o que há de melhor e contestem o que há de pior para a humanidade. 3.º Cidadãos: (vi) ser criadores e colaboradores da Web; (vii) desenvolver comunidades que respeitem o discurso civil e a dignidade humana; (viii) lutar para a Web permaneça aberta e pública para todos, agora e no futuro (adaptado da World Wide Web Foundation, 2024).

Em vista do exposto, pretendemos abordar esse movimento de articulação da técnica, da sociedade e da informação, examinando seu estado atual e as iniciativas inovadoras voltadas para o jornalismo digital o que está implicado no processo de interface do jornalismo e dos algoritmos e outras tendências aqui sintetizadas.

Refletindo, em princípio, há percepções contraditórias sobre a web: há quem veja a Internet de forma desfavorável por possibilitar dar voz a sujeitos que consideram desqualificados para opinar e, por outro lado, outros deslumbram-se com a utopia de termos uma possibilidade virtual que pode unir os povos em toda face da terra. Buscando um tensionamento entre tais posições, consideramos focalizar algumas estratégias promissoras que ressaltam a convergência das tecnologias digitais com o jornalismo e o jornalismo de dados.

Entre as possibilidades, Longhi e Caetano (2019) apontam os caminhos abertos para um jornalismo em que propõe o "valor-experiência" – uma busca de um valor no fazer jornalístico que possa proporcionar "experiência do leitor/usuário enquanto fruidor de conteúdos". Da análise dos jornais *Folha de S. Paulo*, *The New York* e *The Guardian*, as autoras sugerem "que se manifesta uma instância na produção e fruição de conteúdos jornalísticos que podemos definir como valor-experiência" (Longhi; Caetano, 2019).

Destacam-se, portanto, práticas inovadoras do jornalismo digital que vêm apresentando uma combinação de tecnologia e de criatividade, do que se propõe, a ser pesquisada, uma possibilidade de se vislumbrar: o jornalismo experiencial que envolve aspectos como participação dos públicos, experimentação gratificante, desenvolvimento da sensibilidade e do gosto estético dos leitores, e em que busca incrementar as relações afetivas em relação às notícias, seja pela experimentação inovadora buscada no fazer jornalístico, seja pela experiência proporcionada ao leitor enquanto fruidor de experiência jornalística digital sensível, envolvente e enriquecedora.

São desafios e possibilidades que se colocam ao lado de tensionamentos como a desinformação, relacionada às notícias falsas, e a atuação abusiva das corporações por meio das plataformas e dos algoritmos; ao que se contrapõe a busca de garantir o espaço público com vistas à cidadania por meio de um contrato de princípios da web e outras ações regulatórias.

Assim, além da crise pandêmica que afeta a todos, entre os tensionamentos que provoca a era digital apresenta-se um cenário disruptivo no qual tem emergido a plataformização, os algoritmos e a desinformação, que estão relacionados ao abuso das corporações, inovação e às notícias falsas. A isso se soma a crise do jornalismo, o que exige a reinvenção digital.

De tal forma, ao mesmo tempo que há crise, há oportunidades para a reinvenção do jornalismo digital: (i) inovar jornalisticamente no meio digital para que a web venha a se tornar um espaço público que permita a comunicação cidadã; (ii) consolidar-se o movimento internacional para se firmar um contrato de princípios da Internet que inclua o jornalismo digital; (iii) contribuir para aprimorar a experiência tanto dos comunicadores quanto a fruição dos interlocutores, entre outras.

Também consideramos focalizar estratégias promissoras que ressaltam as tecnologias digitais, examinando-se robôs jornalistas, algoritmos e outras inovações jornalísticas. O desafio da reinvenção jornalística consiste em desenvolver as competências digitais críticas e a capacidade para sensibilizar e sentir da perspectiva do outro. Certamente o jornalismo digital virá a fazer frente às diferentes possibilidades e aos desafios que surgem na era digital.

Diante do exposto, uma questão que retorna na reflexão final é como a educação pode contribuir com a reinvenção do jornalismo digital? Van Dijck (2019) destaca a necessidade de se ensinar aos mais jovens "a respeito das formas de comunicação" e a busca de promover as "destrezas analíticas", o desenvolvimento do "juízo crítico". Ao que ousamos acrescentar a capacidade para sentir o problema do outro, desenvolver a sensibilidade e melhor situar os conflitos da realidade. Eis-nos diante da possibilidade de reinventar o jornalismo digital e de, sem deslumbramento, refletir criticamente para melhor poder fazer frente às diferentes possibilidades e desafios da era digital.

8.3 HIPERMEDIAÇÕES: A COMUNICAÇÃO DIGITAL INTERATIVA

A contribuição de Scolari (2013) tem certa proximidade com a Comunicação 3.0, ao propor "uma teoria da comunicação digital interativa" que considera as relações tecnologia-cultura-sociedade – "hipermediações" definidas como "trama de processos de intercâmbio, produção e consumo simbólico que engloba uma grande quantidade de sujeitos, meios e linguagens interconectados tecnologicamente". O que se dá por suportes digitais, estruturas hipertextuais, usuários colaboradores, alta interatividade com a interface, modelos colaborativos (wiki, blog, plataformas participativas), confluência e tensão entre o reticular/colaborativo e o massivo e multimedialidade e convergência (Scolari, 2013, p. 116).

Scolari (2013) reflete sobre "como essas hipermediações nos produzem", com o pressuposto de que "as tecnologias não só transformam o mundo, mas também influem na percepção que os sujeitos têm do mundo" (Scolari, 2013, p. 273). Do que se destaca: (i) uma nova subjetividade temporal-espacial que emerge da incorporação de tecnologias móveis a nossa vida cotidiana; (ii) mudança nas bases do saber e fazer comunicacional com a tecnologia digital; (iii) integração de aportes da semiótica, da narratologia, da literatura, da filosofia da linguagem e das teorias de redes; (iv) diálogos com teorias da comunicação de massa, estudos culturais e ciberculturas; (v) processos de produção e distribuição cultural e das formas que estão adotando o consumo midiático; (vi) tais processos têm lugar nas relações sociais que são marcadas por conflitos pela hegemonia que atravessam a sociedade (adaptado de Scolari, 2013).

O ecossistema de Scolari (2013, p. 292) considera, assim, os meios como um sistema animado por contaminações e conflitos pela ocupação dos nichos comunicacionais e a aplicação extensiva do modelo textual em que os usuários das tecnologias são vistos como leitores de textos que cooperam na construção de seu significado e coevolucionam com as tecnologias.

Do que se destaca que não se pode dar toda ênfase só às tecnologias digitais, há que vislumbrar todo um ecossistema digital que foi brevemente referido. Inúmeras são as possibilidades do jornalismo digital e da comunicação digital, como redes conectivas, blogs e sites pessoais e outros, que podem inclusive se tornar um espaço comunicacional contra hegemônico, pois não há como as corporações que dominam e controlam as plataformas procurar monetizar tudo que é publicado.

8.4 POSSIBILIDADES COMUNICACIONAIS

> O surgimento de culturas de fluxo transforma, a um só tempo, os programas audiovisuais, os ritmos da vida, a concepção do trabalho e as hierarquias no campo da cultura. (198.ª hipótese teórica para construir abordagens interdisciplinares. Ollivier, 2012, p. 351)

Além das possibilidades já apresentadas, também há pesquisas empíricas de comunicação, ou seja, baseadas na experiência e na observação, como, por exemplo, as que se encontram na coletânea de Braga, Lopes e Martino (2010) e em que se abordaram questões como reflexividade e relacionismo, estratégia empírica da comunicação, ruptura epistemológica com o empirismo ingênuo e inovação, panorama da pesquisa empírica em comunicação, pesquisa de recepção, proposta sobre método de pesquisa em jornalismo, desafios teórico-metodológicos da televisão, etnografia na comunicação digital, análise qualitativa da conversação informal na internet, tratamento do acontecimento na trama noticiosa, análise da televisão como forma cultural, entre outros.

Além desses estudos, mais relacionados com a Compós Associação Nacional dos Programas de Pós-Graduação em Comunicação, há os da Intercom Sociedade Brasileira de Estudos Interdisciplinares de Comunicação, que mantém a *Revista Brasileira de Ciências da Comunicação*, e ainda há outras entidades que congregam pesquisadores de comunicação: Abecom Associação Brasileira de Escolas de Comunicação, Compolítica Associação Nacional de Comunicação Política, ABCiber Associação Brasileira de Cibercultura, SBPJor Sociedade Brasileira de Pesquisadores do Jornalismo, Abrapcorp Associação Brasileira de Pesquisa em Relações Públicas e Comunicação Organizacional, entre outras instituições.

Igualmente podemos destacar pesquisas sobre a epistemologia da comunicação, como Lopes (2003b), em que, por exemplo, se aborda um marco epistemológico para os estudos de comunicação, e traz definições de epistemologia: "uma forma de indagar a realidade", "um conjunto de conhecimento teórico-metodológico" que "permitem elaborar uma forma de investigar um objeto" ou "estudo dos princípios de investigação que direcionam um olhar para um tema" (Lopes, 2003b, p. 41-42).

Lopes (2003c) também aborda o estatuto disciplinar do campo da comunicação, sugerindo que a escolha dos assuntos aponta para "uma configuração transdisciplinar", com interfaces entre disciplinas e áreas do conhecimento. Na coletânea constam ainda estudos que destacam a importância da reflexão epistemológica, as interfaces que constituem a base do diálogo interdisciplinar, teorias e metodologias que embasam as pesquisas atuais, a disciplinarização da comunicação e o futuro do campo da comunicação.

No entanto, trata-se de mera exemplificação de possibilidades de pesquisas. Precisamos delimitar a presente obra que, mesmo sendo de caráter técnico e científico, não pretende abranger a vasta pesquisa acadêmica na área da comunicação.

Além disso, podem ser mencionados outros aspectos que podem ser relacionados com comunicação, entre os quais podem ser incluídos os seguintes: relações interpessoais entre – superior-subordinados, pares, subordinados-superior e os diferentes grupos de interesse; entrevistas (Jenks; Zevnik, 1999); ouvir (Rogers; Roethlisberger, 1999); dar e receber críticas e *feedback*; fluxos de comunicação; canais formais de comunicação; mensagens ocultas (Mccaskey, 1999) e negociação de conflitos.

Inúmeras são as questões relacionadas com comunicação que ainda se poderia abordar. Optou-se por se referir a algumas possibilidades, pois a lista seria infinita: cinema; rádio e TVs comunitárias; linguagem audiovisual; linguagem gráfica e leiaute; imagem organizacional e identidade visual: marcas, embalagens, logos e logomarcas; relações comunicacionais com clientes e outros públicos: atendimento ao consumidor, monitoramento da experiência de compra; arquitetura (*naming*), gerenciamento e avaliação da marca; rede de relacionamentos profissionais (*relationship networking*); a comunicação numa sociedade globalizada; poder dos meios; agenda social em comunicação; a Web 3.0 e seus impactos; blogosfera – a comunicação de fácil veiculação; comunicação "wiki-wiki" – comunicação rápida, com documentos em hipertexto que podem ser editados por uma rede de colaboradores; problemas da Internet – proteção pública, direito internacional e outras questões; manipulação de informações para "agradar aqueles dos níveis imediatamente acima" (Chomsky; Barsamian, 2003, p. 329).

Fora tantos outros aspectos da comunicação que ainda poderiam ser incluídos na pesquisa. Ao que se pode acrescentar mais tendências que podem contribuir com a reinvenção do jornalismo do futuro. Outra possibilidade parte das reflexões que Christofoletti (2019) propõe sobre "Onde é a saída" para a crise do jornalismo na era digital.

Finalmente, um questionamento que pode surgir é se se esgota a relação com a técnica, que pode ser nociva tanto à sociedade quanto à natureza, o que desencadeia, para além dos efeitos negativos de algoritmização e transformação de tudo em dados, pelas plataformas, movimentos que indicam uma relação de ajustamento entre o homem e a máquina, visando à maior expressividade, eficácia da informação e da comunicação de dados.

É possível tomar como referência os postulados, ainda que ensaísticos, de Ed Finn (2017), que preconizam a possibilidade de a relação com os algoritmos ser mais cooperativa, salientando o seu potencial para dar vazão e concretude à criação humana no sentido de gerar empatia e realizar ações sociais relevantes. Ou, ao contrário, estaríamos no caminho da Comunicação 3.0, em que se valoriza o relacional, o participativo e colaborativo?

CONSIDERAÇÕES, SÍNTESES REFLEXIVAS, MAIS POSSIBILIDADES E PERSPECTIVAS

> *É possível evitar obstáculos ao conhecimento, comumente encontrados nas pesquisas empíricas em Comunicação, entre os quais é possível citar: (1) o vício teoricista de pressupor a passividade do objeto de investigação, uma vez que o pesquisador acaba por lhe impor a sua visão de mundo, transformando a influência sobre o objeto na incapacidade de entender o outro. (Lopes, 2010, p. 37)*

Buscando refletir a propósito da comunicação, é possível fazer considerações inicialmente sobre os tipos de comunicacionais que acontecem tanto na comunicação interpessoal, em que busca a relação social, quanto nas relações mediadas massificadas: comunicação social (massificada), comercial mercadológica, comunicação persuasiva, buscando uma síntese que pode ser visualizada na forma da Figura 11, adiante, na qual se destacam quatro tipos comunicacionais:

Comunicação interpessoal tem como características ser dialógica, com orientação de mão dupla, de um indivíduo a outro, em que na interação há todo contexto simbólico comum aos dois participantes em que se pode perceber a linguagem corporal e em que o espaço compartilhado é comum e o tempo é o atual, acontece a copresença em forma de diálogo, conversação ou interlocução como no caso de se valer de um canal com contato com outra pessoa, sendo a comunicação um-a-outro indivíduo e o efeito pretendido é a relação social.

Comunicação mediada quase-interpessoal que tem como características a quase intersubjetividade devido a ser dialógica ou monológica, com orientação de mão dupla ou de mão única, de um indivíduo mediado a outro, em que na interação não se verifica o contexto simbólico comum aos dois participantes e em que não se pode perceber a linguagem corporal e em que o espaço compartilhado pode ser comum ou estendido e o tempo é o atual, acontece a copresença em forma de diálogo, conversação ou interlocução por meio de telefone ou celular, ou não, no caso de carta, e-mail ou mensagem pela internet que são monológicas que podem ser tornar dialógicas, sendo a comunicação "um-mediado-a-outro-indivíduo" e o efeito pretendido é a relação social e/ou a relação comercial.

Figura 11 – Tipos de comunicação

Tipos de comunicação	Interpessoal	Mediada quase-interpessoal	Mediada massificada	Mediada personalizada
I) Participantes / mediação	Um-a-um	Um-mediada-a-um	Um-mediada-a-muitos	Um-mediada-a-um
II) Formas de atuação	Diálogo, conversa, interlocução	Telefone, celular; carta, e-mail, mensagem pela Internet.	TV, rádio, livros, jornais, revistas, Internet, Relações públicas, propaganda, promoção de vendas, marketing direto, canal de atendimento.	Marketing de relacionamento e venda pessoal
III) Presença	Copresença	Copresença e/ou não presente	Não presente	Copresença
IV) Espaço	Comum	Comum	Estendido	Comum
V) tempo	Presente	Presente e/ou estendido (futuro)	Futuro	Presente
VI) Contexto simbólico	Sim	Não	Não	Sim
VII) Características	Dialógica	Dialógica, monológica	Comercial	Comercial
VIII) Orientação da comunicação	Mão-dupla	Mão-dupla; mão única	Mão única	Mão-dupla
IX) Orientação da ação	Um indivíduo a outro	Um indivíduo mediado a outro	Um indivíduo mediado a muitos outros	Um indivído mediado a outro
X) Efeito pretendido	Relação social	Relação social e/ou comercial	Relação comercial persuasiva	Relação comercial persuasiva

Fonte: o autor

Comunicação mediada massificada tem como características comerciais, com orientação de mão única, de um indivíduo mediado a muitos outros, em que não acontece interação nem há contexto simbólico comum aos participantes nem tão pouco se percebe a linguagem corporal e em que o espaço compartilhado é estendido e o tempo é futuro, não há presença, sendo a comunicação "um-mediado-a-muitos-outros-indivíduos" e o efeito pretendido é a relação comercial persuasiva.

Comunicação mediada personalizada que tem como características ser comercial, com orientação de mão dupla, de um indivíduo que pode ser um gerente (ou assistente) de relacionamento no marketing de relacionamento ou um vendedor mediados pelas tecnologias específicas do marketing de relacionamento e das vendas pessoais a um cliente ou consumidor, em que na interação se verifica o contexto simbólico comum aos dois participantes e em que se pode perceber a linguagem corporal e em que o espaço compartilhado pode ser comum e o tempo é o atual, acontece a copresença em forma de diálogo, conversação ou em interlocução por meio de telefone ou celular mediada por tecnologia como CRM ou técnicas de vendas, sendo a comunicação entre um indivíduo mediado a outro e o efeito pretendido é a relação comercial persuasiva.

Tendo exposto uma proposta de tipologia de comunicação, voltamos a refletir sobre algumas questões relacionadas. Inicialmente esclarece-se que a comunicação interativa foi objeto de Uhry (2010). E, quando tratamos da comunicação orientada à venda, destacamos as formas de comunicação mediadas massificadas como promoção de vendas, marketing direto, relações públicas e propaganda, ao lado da TV, rádio, livros, jornais, revistas, internet, canais de atendimento e outras.

Por outro lado também destacamos a comunicação mediada personalizada como a venda pessoal, que é baseada principalmente na comunicação pessoa a pessoa com base em mediação por meio da técnica de vendas, ou seja, é a forma mais personalizada, junto à outra forma de atuação mercadológica desenvolvida com auxílio de tecnologia CRM (*Customer Relationship Management*), o Gerenciamento de Relacionamento com o Cliente, o marketing de relacionamento, com possibilidade relacional interativa que pode envolver o gerente ou assistente do marketing de relacionamento e o cliente.

Assim refletindo sobre a Figura 12, é possível montar um mapa das relações e situá-los frente às perspectivas de comunicação na sociedade, de maneira que se saliente a forma de se estabelecer relacionamento, ou seja, se uma forma de comunicação mediada é mais massificada ou mais personalizada:

Comunicação mediada massificada é a denominação de um conjunto de formas impessoais (em que não há comunicação intersubjetiva) de comunicação radiofônica, televisiva, jornalística e editorial que usam meios de comunicação massificada como rádio, televisão, revistas, jornais, livros, veículos que não foram localizados no mapa supra, mas estariam à esquerda, junto à publicidade que é veiculada em tais meios.

Figura 12 – Mapa da forma de estabelecer relacionamento

Fonte: o autor

Também se aproximam da comunicação mediada massificada formas como promoção de vendas, relações públicas, marketing direto e comunicação digital, que podem, no entanto, também ser um pouco menos massificadas: relações públicas podem envolver interação com alguns públicos e, em marketing direto, podem-se desenvolver ações mais personalizadas, que podem até permitir interação, como no caso da venda direta por telefone ou celular. E na comunicação digital também podem ser implementadas tanto ações mediadas massificadas quanto mediadas quase-interpessoais como um e-mail ou mensagem pessoal pela Internet.

Com relação à comunicação mediada personalizada, pode-se destacar a venda pessoal, que permite interação face-a-face, com base na mediação das técnicas comerciais de vendas que orientam o vendedor, o que se dá também com o marketing de relacionamento, quanto acontece a comunicação interpessoal do indivíduo com o gerente de contas e sua equipe, a qual está ancorada em tecnologia CRM.

Complementando, esclareça-se que comunicação mediada personalizada se refere à interatividade mediada que pode ser considerada a capacidade de uma forma de comunicação, sistema, equipamento ou veículo de comunicação ou tecnologia de possibilitar relações mediadas mais personalizada entre o profissional de comunicação e marketing (apoiado por tecnologias) e um indivíduo, dois ou um grupo identificado e segmentado.

Trata-se, no entanto, de ações estratégicas que visam objetivos, na visão de Habermas (2003a, 2003b), ou estratégias de Comunicação na sociedade com as quais se busca a eficácia (influenciar, persuadir, manipular ou outros) e/ou a efetividade (acrescer valor à comunidade e ao meio ambiente). Não podem ser consideradas ações comunicativas interpessoais que visam o entendimento, nem muito menos formas de comunicação interativa com a qual se busque a convivência.

E as comunicações mediadas quase-interpessoais são voltadas a convivência e ao relacionamento intersubjetivo, não sendo focadas no comercial-mercadológico do mundo dos negócios. O que distingue comunicação interpessoal e a comunicação mediada quase-interpessoal, caracterizadas como dialógica ou monológica que pode se tornar dialógica, das demais formas de comunicação mediadas (massificada e personalizada) é finalidade comercial destas últimas.

De qualquer forma, pode-se admitir que algumas formas – como venda pessoal e marketing de relacionamento – podem ter maior caráter interativo e personalizado e podem ser consideradas face-a-face, ou seja, menos massificadas que outras, como publicidade, promoção de vendas, relações públicas e marketing direto, como se expôs. E, quanto à comunicação digital, a internet pode também proporcionar interatividade mediada e, ao mesmo tempo, ser considerada massificada como se expôs.

Do que se evidencia que não adotamos a tipologia "quase interação" de Thompson, pois ele mesmo reconhece que "não captam de maneira adequada as características dessa e de outras formas de interação facilitadas pelo desenvolvimento da internet e outras tecnologias" (Thompson, 2013a, p. 11). Como se vê, é também complexa a forma de se relacionar comunicativamente.

E, finalmente, depois das considerações sobre a tipologia da comunicação, e de reflexões e proposições preliminares registradas, o(a) leitor(a) pode estar pensando sobre a relação entre a comunicação organizacional, comunicação de marketing e a comunicação massificada: pode-se dizer que são visões complementares, diferentes lados da comunicação e é preciso conhecer todas, formar uma visão mais panorâmica e refletir criticamente sobre elas, mas, além disso, é preciso transcender, adotar uma macro perspectiva da floresta da comunicação. Continuamos assim em busca de mais possibilidades e de ir além do que registrou.

Refletindo, pode-se compor o seguinte mapa da interface da comunicação e do marketing: destacar teorizações respectivas – comunicação organizacional integrada e comunicação integrada de marketing, que aparecem na parte de cima do mapa, logo abaixo de comunicação massificada (social) e comercial (marketing); depois se evidenciam, na parte central, entre setas que partem dos Comunicadores, as especialidades comunicacionais que são comuns: a publicidade, comum a ambas, relações públicas que pode ser geral (todos os públicos de interesse) e ter uma orientação ao marketing, e o marketing digital que pode ter a visão ampliada para comunicação digital, a denominação que adotamos, como se vê no mapa das relações a seguir:

Figura 13 – Mapa da interface comunicação – marketing

COMUNICADORES

Comunicação massificada
Comunicação organizacional integrada

Comunicação comercial
Comunicação integrada de marketing

SOCIAL

Publicidade
Relações públicas
Comunicação digital

MERCADOLÓGICO

Comunicação radiofônica
Comunicação televisiva
Comunicação jornalística
Comunicação editorial

PÚBLICOS

Marketing direto
Marketing de relacionamento
Venda pessoal
Promoção de vendas

Fonte: o autor

Da análise do mapa supra se evidencia que publicidade, relações públicas e comunicação digital são especialidades comuns tanto à comunicação massificada quanto à comercial. Já as comunicações radiofônica, televisiva, jornalística e editorial – que aparecem à esquerda, no mapa – estão mais relacionadas à comunicação massificada, de que são oriundas, embora também sejam utilizadas na comunicação comercial. As estratégias mais voltadas às vendas – marketing direto, marketing de relacionamento, venda pessoal e promoção de vendas, à direita no mapa – estão conectadas à comunicação comercial de que partem, embora também algumas possam ser empregadas na comunicação massificada (promoção de vendas e marketing direto, por exemplo).

Refletindo sobre o Mapa da interface comunicação – marketing, pode-se inferir que não há nenhuma forma de comunicação que seja exclusiva de uma ou outra especialidade, pois se relacionam e podem vir a ser empregadas, ou seja, todas se relacionam e se interpenetram na grande área de comunicação. E analisando e revendo o Mapa da forma de estabelecer relacionamento (Figura 12), ao lado do Mapa da interface comunicação – marketing (Figura 13), fica evidente que são as comunicações comerciais e massificadas comuns em três especialidades, sendo que a comunicação massificada (social) ainda pode incluir marketing direto e promoção de vendas, evidenciando-se interfaces entre comunicação e marketing. Quanto à comunicação mediada personalizada e comercial, está mais relacionada à comunicação interpessoal do marketing de relacionamento e à venda pessoal, que não são usuais na comunicação massificada (social). Do que se evidencia que as empresas se utilizam normalmente tanto a comunicação massificada quanto a comercial personalizada.

Procurou-se assim mostrar as relações da comunicação massificada, comunicação comercial e comunicação organizacional. Além das três especialidades comuns, fica claro que rádio e televisão são meios de difusão da programação da comunicação radiofônica e televisiva, ao passo que jornalismo e editoração são tecnologias que vão gerar (por intermédio da comunicação jornalística e editorial) jornais, revistas, livros e outras publicações.

Todas as estratégias podem ser relacionadas com comunicação e marketing, por meio da publicidade, de relações públicas, da comunicação digital e mesmo como veículos para divulgar promoção de vendas e marketing direto, por exemplo. O que sugere que há interligação e imbricamento entre as estratégias de Comunicação na sociedade e, ao mesmo tempo, interdependência, embora com ligação entre especialidades, como se evidenciou nos mapas apresentados e analisados.

Quanto à comunicação organizacional e sua relação com a Comunicação na sociedade, a questão foi abordada e inclusive apresentou-se um modelo de "comunicação organizacional integrada", que é outra possibilidade similar à gestão estratégica integrada da comunicação.

Na perspectiva assumida na presente pesquisa parte-se da administração para gerir a comunicação estratégica integrada e o marketing é uma das funções. Na exemplificação apresentada no capítulo anterior mostrou-se que, em sua essência, a teorização da comunicação organizacional e a da administração não são muito diferentes as concepções.

Também se evidenciou que uma estratégia que ganha cada vez mais relevo é a comunicação digital, no qual se salienta uma teorização de hipermediações, que também tem certa aderência à gestão estratégica da comunicação. O que evidencia que tanto as formas tradicionais apresentadas na primeira parte são relevantes e têm de ser consideradas ao se planejar estrategicamente a comunicação, quanto a administração comunicacional deve estar aberta às possibilidades, as tendências que podem indicar o futuro da comunicação.

Assim percorreu-se um percurso expositivo que partiu do público ao mercadológico, sistematizando e registrando-se considerações. Apesar de ter-se apresentado e discutido diversas questões relacionadas com comunicação, proposto em o Mapa relacional a partir das perspectivas de análise e sugerido o desenvolvimento de um plano de integração da comunicação estratégica, fica uma certeza: a questão é complexa e ainda há muito a perceber, conceber e considerar até chegarmos à fase da Comunicação 3.0.

As percepções que emergiram da pesquisa e foram aqui apresentadas precisam ser testadas, analisadas criticamente, colocadas em discussão, validadas por outros pesquisadores, verificando se contribuem para esclarecer e mesmo fazer avançar os estudos da área de comunicação. É um grande desafio.

Com o intuito de contribuir é que se produziu uma obra técnica fruto de pesquisa e prática docente: muitas das ideias aqui levantadas foram construídas em sala de aula, na interlocução com alunos. Por isso há questões propostas para reflexão que podem contribuir com uma apropriação crítica da matéria e mesmo serem úteis para colegas professores e autodidatas.

Acreditou-se que houvesse uma lacuna nas abordagens à comunicação e que seria possível uma contribuição. Tomaram-se fios de pesquisas e ousou-se apresentar um enfoque transdisciplinar das relações comunicacionais na sociedade. Como se expôs, na presente pesquisa se examina de forma transdisciplinar, com vieses crítico e integrado, as relações comunicacionais de várias perspectivas, até mesmo como uma forma utilitária, instrumental, enquanto estratégia de atuação social.

Trata-se a comunicação de algo que pode afetar cada pessoa e cujo conhecimento pode ser útil ao indivíduo enquanto cidadão, consumidor, produtor, validador, gestor, ou mesmo permitir melhor compreender as relações que se estabelecem. Mostrou-se que embora haja um conjunto de formas de atuação comunicacional no social, com vários cursos de formação e especializações, ainda pode haver mais. Além de que na prática os profissionais são polivalentes e estão a atuar onde seja necessária sua expertise, o que independe da área original de formação. O que só enriquece o campo da comunicação.

Há certeza de que, apesar de abordar questões sobre comunicação, administração e marketing, sociologia, trata-se de obra incompleta. Pode-se dizer que os tópicos desenvolvidos foram delineados brevemente, mas existem indicações bibliográficas que permitem o aprofundamento dos estudos. A comunicação é matéria complexa, vasta. Damos alguns passos, mas não se quer, no entanto, se iludir. Há consciência do inconcluso: "mesmo lutando contra a pretensão a essa totalidade, unidade, síntese, com a consciência absoluta e irremediável do caráter inacabado de todo conhecimento, de todo pensamento e de toda obra" (Morin, 2005, p. 38).

Ainda falta muito. Há muita pesquisa pela frente. Por exemplo, precisamos pensar a comunicação do futuro. Como serão as relações comunicacionais no próximo século? As sementes de futuro já estão sendo plantadas hoje. Algumas foram referidas como tendências. Há muitas possibilidades de relações comunicacionais na Internet. Exemplo são os aplicativos como Uber e 99 que relacionam (por meio da Web) motoristas e usuários que precisam se deslocar de forma ágil e mais agradável que andar de ônibus e metrô e mais em conta que táxi. Existem outros aplicativos que, pela Internet, proporcionam relação de comunicação – Netflix, Spotify, Apple Music, AirBNB e outros tantos. Além dos aplicativos que estão sendo desenvolvidos para permitir relações comunicacionais melhores e que podem vir a ser sementes da comunicação do futuro.

Também fica a reflexão de como serão as competências exigidas do profissional de comunicação do futuro. As relações comunicacionais na sociedade serão valorizadas? Quais formações serão relevantes para a atuação prática? Qual o cenário projetivo para a comunicação? Será o digital a tônica das comunicações, ou surgirá uma nova onda, uma nova tecnologia disruptiva?

Tantas questões permanecem. E, por outro lado, retomando a instigante observação de Lopes (2010, p. 37), apresentada no início desta síntese reflexiva, há se destacar que o pesquisador pode acabar "por lhe impor a sua visão de mundo", o que – no caso deste estudo – serve de alerta: ao expor um enfoque da matéria, pode-se apresentar uma visão parcial e tendenciosa. E ao abordar dois vieses? A continuação da citação ("transformando a influência sobre o objeto na incapacidade de entender o outro") pode ser interpretada como o transformar o poder de elaborar o texto na incapacidade de "entender o outro" ponto de vista que difere do seu.

De tal forma percorreu-se um percurso expositivo que partiu dos cidadãos aos consumidores e dos comunicadores aos públicos, sempre procurando sistematizar e registrar considerações e proposições preliminares, além das últimas ousadias – que não deixam de ser preliminares – aqui registradas.

Finalmente, quando se pensa em comunicação, uma primeira imagem que vem à mente é a de uma ponte. Ponte permite atravessar de uma margem à outra. Estando-se em um lado, possibilita atingir o outro lado. Em Uhry (2010) mostrou-se que a comunicação pode ter como propósito a convivência e se apresentou uma trilha de competências fundamentais da comunicação, uma indicação de conhecimentos, habilidades e atitudes que podem contribuir com a convivência entre indivíduos. É como se as possibilidades referidas servissem, de forma similar a uma ponte, para se atingir a outra margem, permitindo a convivência, podendo a comunicação ser um elo que liga (ou afasta) as pessoas.

Neste estudo formalizado em livro, destacou-se as relações comunicacionais em sociedade como o mais relevante, com novos valores a embasá-las. Diante de tais colocações preliminares, a esperança é que, agora, quem sabe, algum(a) pesquisador(a) dê uma olhada no presente livro, reflita a respeito das proposições das relações comunicacionais e do comparativo entre as Comunicações 1.0, 2.0 e 3.0, como você o está fazendo, as analise criticamente, aprimore no que achar adequado e teste tais proposições empiricamente. Passo um dos fios da comunicação às suas mãos que, assim, fica agora associado às concepções relacional, participativa e colaborativa. Que tal continuar a tessitura? Há muita pesquisa pela frente. Vamos lá!

Finalmente registro que devo muito a tantas pessoas mencionadas (ou não), que fazem parte de minha história de vida, e com as quais estive a me comunicar, assim como estou agora fazendo com você. De tal forma, rogo que esta obra possa lhe trazer *insights*, indicar possibilidades, cutucar, sugerir ideias e, principalmente, espero que signifique algo. Sócrates teria dito que "Só é útil o conhecimento que nos torna melhores".

De minha parte, é um prazer me comunicar com você. Obrigado pela oportunidade de estabelecermos nossas relações comunicacionais com foco nas *práticas e possibilidades comunicacionais* e em reflexões críticas sobre a gestão estratégica integrada e uma possível tendência à Comunicação 3.0.

REFERÊNCIAS

ABOI, M. S. **Participatory Communication and economic empowerment**: role of participatory communication in the operation and activities of cooperatives in Kaduna towards economic empowerment. Saarbrücken, Alemanha: LAP Lambert Academic Publishing, 2017.

AGÊNCIA NACIONAL DE TELECOMUNICAÇÕES (ANATEL). **ANATEL**. Disponível em: https://www.anatel.gov.br. Acesso em: 15 set. 2024.

AGÊNCIA NACIONAL DO CINEMA (ANCINE). **Observatório Brasileiro do Cinema e do Audiovisual (OCA)**. Disponível em: https://oca.ancine.gov.br/cinema. Acesso em: 16 jul. 2024.

AKTOUF, O. O simbolismo e a cultura de empresa: dos abusos conceituais às lições empíricas. *In:* CHANLAT, J.-F. (coord.). **O indivíduo na organização**: dimensões esquecidas, vol. II. São Paulo: Atlas, 1993. p. 39-79.

ALMEIDA, A. L. C. Identidade, imagem e reputação organizacional: conceitos e dimensões da práxis. *In:* KUNSCH, M. M. K. (org.). **Comunicação organizacional volume 2**: linguagem, gestão e perspectivas. São Paulo: Saraiva, 2009. p. 215-242.

ALMEIDA, H. B. A ficção como vitrine. **Revista Com Ciência**, edição N. 99, Campinas: SBPC/Labjor, 10 jun. 2008. Disponível em: http://www.comciencia.br/comciencia/handler.php?section=8&edicao=36&id=428. Acesso em: 24 jun. 2008.

ALVESSON, M. **Communication, power and organization**. Berlin: de Gruyter, 1996.

AMEC INTERNATIONAL ASSOCIATION FOR THE MEASUREMENT AND EVALUATION OF COMMUNICATION. **Barcelona declaration of measurement principles**. Disponível em: https://amecorg.com/2012/06/barcelona-declaration-of-measurement-principles/. Acesso em: 28 mar. 2020.

AMERICAN MARKETING ASSOCIATION (AMA). **The American Marketing Association**. Disponível em: https://www.ama.org/the-definition-of-marketing-what-is-marketing/. Acesso em: 31 jan. 2020.

ANDRADE, C. T. S. **Para entender relações públicas**. 2. ed. *São Paulo: Biblos, 1965.*

ANDRADE, M. de. **Macunaíma o herói sem nenhum caráter**. Brasília: CNPQ, 1998.

ARISTÓTELES. **Arte retórica e arte poética**. Rio de Janeiro: Ediouro, 1967.

ASSIS, E. E. Marketing editorial: desafios do século XXI. *In:* YANAZE, M. H. **Gestão de marketing e comunicação**: avanços e aplicações. 2. ed. rev. e ampl. São Paulo: Saraiva, 2011. p. 702-714.

ASSOCIAÇÃO BRASILEIRA DE EMPRESAS DE VENDAS DIRETAS (ABEVD). Disponível em: http://abevd.org.br. Acesso em: 31 jan. 2020.

ASSOCIAÇÃO BRASILEIRA DE MARKETING DE DADOS (ABEMD). Disponível em: http://abemd.org.br. Acesso em: 26 jan. 2020.

ASSOCIAÇÃO DE MARKETING PROMOCIONAL (AMPRO). Disponível em: http://ampro.com.br. Acesso em: 31 jan. 2020.

AZEVEDO. F. **Pequeno dicionário latino-português**. 8. ed. São Paulo: Nacional, 1957.

BAIRON, S. Hipermídia: a margem digital e o cotidiano do consumidor. *In:* PEREZ, C.; BARBOSA, I. S. (org.). **Hiperpublicidade**: Atividades e tendência. São Paulo: Thomson, 2008. p. 368-379. v. 2.

BARBOSA, I. S. Novos contornos da mídia, nova realidade no planejamento publicitário. *In:* KUNSCH, M. M. K. (org.). **Comunicação organizacional estratégica**: aportes conceituais e aplicados. São Paulo: Summus, 2016. p. 365-382.

BARICHELLO, E. M. M. R. Apontamentos sobre as estratégias de comunicação mediadas por computador nas organizações contemporâneas. *In:* KUNSCH, M. M. K. (org.). **Comunicação organizacional volume 1**: histórico, fundamentos e processos. São Paulo: Saraiva, 2009. p. 337-353.

BATISTA, L. L. Promoção de vendas: a teoria da prática. *In:* PEREZ, C.; BARBOSA, I. S. (org.). **Hiperpublicidade**: fundamentos e interfaces. São Paulo: Thomson, 2008. p. 352-368. v. 1.

BAUDRILLARD, J. Significação da publicidade. *In*: ADORNO, T. W. *et al.* (Introdução, comentários e seleção LIMA, L. C.). **Teoria da cultura de massa**. 7. ed. rev. Rio de Janeiro: Paz e Terra, 2005. p. 291-299.

BAUMAN, Z. **Globalização**: as consequências humanas. São Paulo: Jorge Zahar, 1999.

BECKER, M. L. Mídia alternativa: antiempresarial, anti-industrial, anticapitalista? *In:* WOITOWICZ, K. J. (org.). **Recortes da mídia alternativa:** histórias & memórias da comunicação no Brasil. Ponta Grossa: Ed. UEPG, 2009. p. 273-286.

BELCH, G. E.; BELCH, M.A. **Propaganda e promoção:** uma perspectiva da comunicação integrada de marketing. 7. ed. São Paulo: McGrawHill, 2008.

BLIKSTEIN, I.; ALVES, M. A.; GOMES, M. T. Nota técnica: os estudos organizacionais e a comunicação no Brasil. *In:* CLEGG, S. R.; HARDY, C.; NORD, W. R. (org.). **Handbook de estudos organizacionais:** ação e análise organizacionais. Org. da ed. brasileira: CALDAS, M.; FACHIN, R.; FISCHER, T. São Paulo: Atlas, 2004. v. 3, p. 77-125.

BRAGA, J. L.; LOPES, M. I. V.; MARTINO, L. C. (org.). **Pesquisa empírica em comunicação** Livro Compós 2010. São Paulo: Paulus, 2010.

BRETZE, M. Marketing direto. *In:* DIAS, S. R. *et al.* (coord.). **Gestão de marketing**: professores do Departamento de Mercadologia da FGV-EAESP e convidados. São Paulo: Saraiva, 2003. p. 395-439.

BRIGGS, A; BURKE, P. **Uma história social da mídia.** Rio de Janeiro: Jorge Zahar, 2004.

BROCHAND, B. *et al.* **Publicitor.** Lisboa: Dom Quixote, 1999.

BRUNER, R. E.; HARDEN, L.; HEYMAN, B. **Marketing on-line.** São Paulo: Futura, 2001.

BUENO, W. C. Articulação de teoria e prática na pesquisa em comunicação organizacional: o Programa de Pós-graduação em Comunicação Social da Umesp. *In:* KUNSCH, M. M. K. (org.). **Relações públicas e comunicação organizacional**: campos acadêmicos e aplicados de múltiplas perspectivas. São Caetano do Sul: Difusão, 2009. p. 249-261.

BÜHLER, K. **Teoria da linguagem.** Campinas: Kirion, 2020.

CABRAL, A. V., Filho. As políticas públicas de comunicação em busca de novos sujeitos históricos. *In:* COUTINHO, E. G. (org.). **Comunicação e contra-hegemonia.** Rio de Janeiro: Ed. UFRJ, 2008. p. 235-249.

CABRAL, A. V., Filho; CABRAL, E. D. T. Jürgen Habermas (1939-). *In:* AGUIAR, L.; BARSOTTI, A. (org.). **Clássicos da comunicação**: os teóricos. Petrópolis: Vozes, 2017. p. 241-255.

CAL, D. Elisabeth Noelle-Neumann (1916-2010). *In*: AGUIAR, L.; BARSOTTI, A. (org.). **Clássicos da comunicação**: os teóricos. Petrópolis: Vozes, 2017. p. 277-207.

CAMARGO, R. Z. A publicidade como possibilidade. *In:* PEREZ, C.; BARBOSA, I. S. (org.). **Hiperpublicidade**: fundamentos e interfaces. São Paulo: Thomson, 2008. p. 124-154. v. 1.

CAMBRIDGE ADVANCED LEARNER'S DICTIONARY. **Cambridge**: Cambridge University Press, 2003.

CANCLINI, N. G. **Consumidores e cidadãos:** conflitos multiculturais da globalização. 6. ed. Rio de Janeiro: Ed. UFRJ, 2006.

CANDIDO, A. **Literatura e sociedade**. 9. ed. rev. Rio de Janeiro: Ouro sobre Azul, 2006.

CARDOSO, C. G. Novas formas de comunicação organizacional na sociedade da informação. *In:* KUNSCH, M. M. K. (org.). **Comunicação organizacional volume 1**: histórico, fundamentos e processos. São Paulo: Saraiva, 2009a. p. 355-366.

CARDOSO, C. G. Comunicação e gestão da informação: uso de interfaces visuais dinâmicas em portais web. *In:* KUNSCH, M. M. K. (org.). **Relações públicas e comunicação organizacional**: campos acadêmicos e aplicados de múltiplas perspectivas. São Caetano do Sul, Difusão, 2009b. p. 229-243.

CARREIRA, J. C. Da estratégia do anunciante à comunicação publicitária: o caminho do significado. *In:* PEREZ, C.; BARBOSA, I. S. (org.). **Hiperpublicidade**: fundamentos e interfaces. São Paulo: Thomson, 2008. p. 91-123. v. 1.

CARVALHO, C. S. Relações públicas: mediação sistêmica no gerenciamento de conflitos e crises organizacionais. *In:* KUNSCH, M. M. K. (org.). **Relações públicas:** história, teorias e estratégias nas organizações contemporâneas. São Paulo: Saraiva, 2009. p. 309-325.

CARVAS JUNIOR, W. Relações públicas no gerenciamento de crises. *In:* KUNSCH, M. M. K. (org.). **Obtendo resultados com relações públicas**. 2. ed. São Paulo: Thomson, 2006. p. 236-244.

CASALI, A. M. Um modelo do processo de comunicação organizacional na perspectiva da "Escola de Montreal". *In:* KUNSCH, M. M. K. (org.). **Comunicação organizacional volume 1:** histórico, fundamentos e processos. São Paulo: Saraiva, 2009. p. 107-134.

CASTELLS, M. **A galáxia da internet**: reflexões sobre a internet, os negócios e a sociedade. Rio de Janeiro: Zahar, 2003.

CASTELLS, M. Internet e sociedade em rede. *In:* MORAES, D. (org.). **Por uma nova comunicação**. Rio de Janeiro: Record, 2004. p. 255-287.

CERANTOLA, W. A. Comunicação interna: conceitos, liderança e alternativas de gestão. *In:* KUNSCH, M. M. K. (org.). **Comunicação organizacional estratégica**: aportes conceituais e aplicados. São Paulo: Summus, 2016. p. 213-224.

CERTO, S. C.; PETER, J. P. **Administração estratégica**: planejamento e implantação da estratégia. São Paulo: Makron Books, 1993.

CHENEY, G.; CHRISTENSEN, L. T. Organizational identity: linkages between internal and external communication. *In:* JABLIN, F. M.; PUTNAM, L. L. (ed.). **The new handbook of organizational communication**. Thousand Oaks: Sage, 2001. p. 231-269.

CHANLAT, A.; BÉDARD, R. Palavras: a ferramenta do executivo. *In:* CHANLAT, J.-F. (Coord.). **O indivíduo na organização**: dimensões esquecidas. 2. ed. São Paulo: Atlas, 1993. vol. I.

CHOMSKY, N.; BARSAMIAN, D. **Propaganda e consciência popular**. Bauru: Edusc, 2003.

CHRISTOFOLETTI, R. **A crise do jornalismo tem solução**? Barueri: Estação das letras e cores, 2019.

COBRA, M. **Administração de vendas**. 4. ed. São Paulo: Atlas, 1994.

COELHO, C. N. P. A publicidade e a cultura contemporânea: uma visão crítica. *In:* PEREZ, C.; BARBOSA, I. S. (org.). **Hiperpublicidade**: fundamentos e interfaces. São Paulo: Thomson, 2008. p. 155-183. v. 2.

COELHO, T. **O que é indústria cultural**. 16. reimp. São Paulo: Brasiliense, 1996.

COLUMBIA JOURNALISM REVIEW. **The 11 best experiments in journalism**. Disponível em: https://www.cjr.org/the_experiment/the_experiment_students_search_for_medias_cutting_edge.php. Acesso em: 15 set. 2015.

COMITÊ GESTOR DA INTERNET NO BRASIL (CGI). **Pesquisa sobre o uso das Tecnologias de Informação e Comunicação nos domicílios brasileiros TIC** Domicílios 2023. Disponível em: https://cgi.br/. Acesso em: 16 jul. 2024.

CONRAD, C.; HAYNES, J. Development of key constructs. *In:* JABLIN, F. M.; PUTNAM, L. L. (ed.). **The new handbook of organizational communication.** Thousand Oaks: Sage, 2001. p. 47-77.

CONSELHO EXECUTIVO DAS NORMAS-PADRÃO (CENP). **Normas-padrão da atividade publicitária:** 1. Conceitos básicos. Disponível em: https://www.cenp.com.br/banco-de-dados/74d94a8d-aaeb-4646-a937-f481b09be940. Acesso em: 23 jul. 2024.

COORDENAÇÃO DE APERFEIÇOAMENTO DE PESSOAL DE NÍVEL SUPERIOR (CAPES). **Tabela de Áreas de Conhecimento/Avaliação.** Disponível em: https://www.capes.gov.br/images/Documento_de_área_2019/COMUNICACAO.pdf. Acesso em: 4 ago. 2020.

CORELLA, M. A. R. Subsistemas organizacionais e comunicação. *In:* KUNSCH, M. M. K. (org.). **Relações públicas e comunicação organizacional:** campos acadêmicos e aplicados de múltiplas perspectivas. São Caetano do Sul: Difusão, 2009. p. 95-109.

CORRÊA, E. S. Comunicação digital e novas mídias institucionais. *In:* KUNSCH, M. M. K. (org.). **Comunicação organizacional volume 1:** histórico, fundamentos e processos. São Paulo: Saraiva, 2009. p. 317-335.

CORRÊA, E. S. A comunicação na sociedade digitalizada: desafios para as organizações contemporâneas. *In:* KUNSCH, M. M. K. (org.). **Comunicação organizacional estratégica:** aportes conceituais e aplicados. São Paulo: Summus, 2016. p. 59-76.

COSTA, A. R.; CRESCITELLI, E. **Marketing promocional para mercados competitivos.** São Paulo: Atlas, 2003.

COUTINHO, E. G. **Comunicação e contra-hegemonia.** Rio de Janeiro: Ed. UFRJ, 2008.

COUTINHO, M.; YANAZE, L. K. Comunicação digital. *In:* YANAZE, M. H. **Gestão de marketing e comunicação:** avanços e aplicações. 2. ed. rev. e ampl. São Paulo: Saraiva, 2011. p. 476-494.

CRAMEROTTI, A. **Aesthetic journalism:** how to inform without informing. Bristol: Intellect Books, 2009.

CREDIDICIO, F.; YANAZE, M. H. *In:* YANAZE, M. H. **Gestão de marketing e comunicação:** avanços e aplicações. 2. ed. rev. e ampl. São Paulo: Saraiva, 2011. p. 616-626.

CURVELLO, J. J. A. Relações públicas e comunicação organizacional no Núcleo de Pesquisa da Intercom. *In:* KUNSCH, M. M. K. (org.). **Relações públicas e comunicação organizacional**: campos acadêmicos e aplicados de múltiplas perspectivas. São Caetano do Sul: Difusão, 2009. p. 305-318.

D'ANDREA, C. **Pesquisando plataformas online**: conceitos e métodos. Salvador: EdUFBA, 2020.

DeBARROS, A. Harvest of Change: Virtual Reality project is a journalism first. **The Des Moines Register**. Disponível em: www.desmoinesregister.com/story/money/agriculture/2014/09/17/harvest-of-change-virtual-farm-virtual-reality/15785377/. Acesso em: 21 jan. 2021.

DEETZ, S. Conceptual foundations. *In:* JABLIN, F. M.; PUTNAM, L. L. (ed.). **The new handbook of organizational communication**. Thousand Oaks: Sage, 2001. p. 3-46.

DEUZE, M. **Media life**. Cambridge: Polity Press, 2012.

DEUZE, M. Viver como um zumbi na mídia (é o único meio de sobreviver). **Matrizes**, [*S. l.*], ano 7, n. 2, p. 113-129, jul./dez. 2013.

DIAKOPOULOS, N. **Automating the news**: how algorithms are rewriting the Media. Cambridge: Harvard University Press, 2019.

DIAS, R. S. O papel inovador da mídia radical na publicização dos movimentos de resistência global. *In:* WOITOWICZ, K. J. (org.). **Recortes da mídia alternativa**: histórias & memórias da comunicação no Brasil. Ponta Grossa: Ed. UEPG, 2009. p. 301-312.

DIMANTAS, H. Comunidades virtuais: heterodoxia informacional. *In:* PEREZ, C.; BARBOSA, I. S. (org.). **Hiperpublicidade**: atividades e tendência. São Paulo: Thomson, 2008. p. 380-396. v. 2.

DIMANTAS, H. **Zonas de colaboração**: conversas da meta reciclagem. São Paulo: Ed. SENAC SP, 2013.

DIRECT MARKETING ASSOCIATION (DMA). **Fact book on direct response marketing**. New York: Direct Marketing Association, 1982.

DONALDSON, B. Venda e gerenciamento de vendas. *In:* BAKER, M. J. **Administração de marketing**. Rio de Janeiro: Campus, 2005. p. 255-262.

DOWBOR, L. **Pesquisa em comunicação**. 7. ed. São Paulo: Loyola, 2003a.

DOWBOR, L. (org.). **Epistemologia da comunicação**: comunicação contemporânea. São Paulo: Loyola, 2003b.

DOWBOR, L. Sobre o estatuto disciplinar do campo da comunicação. *In:* DOWBOR, L. (org.). **Epistemologia da comunicação**: comunicação contemporânea. São Paulo: Loyola, 2003c. p. 277-293.

DOWBOR, L. Reflexividade e relacionismo como questões epistemológicas na pesquisa empírica em comunicação. *In:* BRAGA, J. L.; LOPES, M. I. V.; MARTINO, L. C. (org.). **Pesquisa empírica em comunicação**. Livro Compós 2010. São Paulo: Paulus, 2010. p. 27-49.

DOWBOR, L. Mediação e recepção: algumas conexões teóricas e metodológicas nos estudos latino-mericanos de comunicação. **MATRIZes**, São Paulo, v. 8, n. 1, p. 65-80, jan./jun. 2014.

DRUCKER, P. F. **Prática de administração de empresas**. Rio de Janeiro: Fundo de Cultura, 1962.

DRUCKER, P. F. **Management**: tasks, responsabilities, practices. New York: Harper&Row, 1974.

DRUCKER, P. F. **O gerente eficaz**. Rio de Janeiro: Zahar, 1977.

DUARTE, E. Por uma epistemologia da comunicação. *In:* LOPES, M. I. V. (org.). **Epistemologia da comunicação**: comunicação contemporânea. São Paulo: Loyola, 2003. p. 41-54.

DUARTE, J.; MONTEIRO, G. Potencializando a comunicação nas organizações. *In:* KUNSCH, M. M. K. (org.). **Comunicação organizacional volume 2**: linguagem, gestão e perspectivas. São Paulo: Saraiva, 2009. p. 333-359.

EISENBERG, E. M.; RILEY, P. Organizacional culture. *In:* JABLIN, F. M.; PUTNAM, L. L. (ed.). **The new handbook of organizational communication**. Thousand Oaks: Sage, 2001. p. 291-322.

EMERY, E.; AULT, P. H.; AGEE, W. K. **Introduction to mass communications**. New York: Dodd, Mead & Cia., 1960.

ESCOBAR, C. H.; HOUAISS, A. Propaganda. **Enciclopédia Mirador Internacional**. São Paulo: Encyclopaedia Britannica do Brasil, 1986. p. 9338-9345. v. 17.

ESPARCIA, A. C. Um panorama das relações públicas no contexto europeu. *In:* KUNSCH, M. M. K. (org.). **Relações públicas e comunicação organizacional**:

campos acadêmicos e aplicados de múltiplas perspectivas. São Caetano do Sul: Difusão, 2009. p. 165-178.

FAIRHURST, G. T. Dualisms in leadership research. *In:* JABLIN, F. M.; PUTNAM, L. L. (ed.). **The new handbook of organizational communication**. Thousand Oaks: Sage, 2001. p. 379-439.

FARIAS, L. A. O campo acadêmico do ensino e da pesquisa em comunicação organizacional e relações públicas no Brasil. *In:* KUNSCH, M. M. K. (org.). **Comunicação organizacional volume 1**: histórico, fundamentos e processos. São Paulo: Saraiva, 2009. p. 45-60.

FARIAS, L. A. Patrocínio, apoio e mecenato: importância e estratégias de uso. *In:* PEREZ, C.; BARBOSA, I. S. (org.). **Hiperpublicidade**: fundamentos e interfaces. São Paulo: Thomson, 2008. p. 412-431. v. 1.

FEDERAÇÃO NACIONAL DOS JORNALISTAS (org.). **Formação superior em jornalismo**: uma exigência que interessa à sociedade. Florianópolis: FENAJ, 2008.

FERRACCIÚ, J. S. S. **Promoção de vendas**: na teoria e na prática. São Paulo: Makron, 1997.

FERRACCIÚ, J. S. S. Promoção de vendas. *In:* DIAS, S. R. *et al.* (coord.). **Gestão de marketing**: professores do Departamento de Mercadologia da FGV-EAESP e convidados. São Paulo: Saraiva, 2003. p. 345-359.

FERRARI, M. A. Relações públicas contemporâneas: a cultura e os valores organizacionais como fundamentos para a estratégia da comunicação. *In:* KUNSCH, M. M. K. (org.). **Relações públicas**: história, teorias e estratégias nas organizações contemporâneas. São Paulo: Saraiva, 2009a. p. 243-262.

FERRARI, M. A. Cenário latino-americano de comunicação e relações públicas. *In:* GRUNIG, J. E.; FERRARI, M. A.; FRANÇA, F. **Relações públicas**: teoria, contexto e relacionamentos. São Caetano do Sul: Difusão, 2009b. p. 125-199.

FERREIRA, A. G. **Dicionário do Latim-Português**. Porto: Porto Editora, 1983.

FERREIRA, W. Comunicação dirigida: instrumento de relações públicas. *In:* KUNSCH, M. M. K. (org.). **Obtendo resultados com relações públicas**. 2. ed. rev. São Paulo: Thomson, 2006. p. 91-101.

FIGUEIRA NETO, A. O. A mídia – o conceito e as atividades. *In:* PEREZ, C.; BARBOSA, I. S. (org.). **Hiperpublicidade**: atividades e tendências. São Paulo: Thomson, 2008. p. 235-276. v. 2.

FINET, D. Sociopolitical environments and issues. *In:* JABLIN, F. M.; PUTNAM, L. L. (ed.). **The new handbook of organizational communication**. Thousand Oaks: Sage, 2001. p. 270-290.

FINN, E. **What algorithms want**: imagination in the age of computing. Cambridge: MIT Press, 2017.

FISCHER, T.; TAVARES, E. Gestão social: os dilemas da efetividade e eficiência. *In*: SEMINÁRIO MINISTÉRIO PÚBLICO E TERCEIRO SETOR, 2., 2005, Salvador. **Anais** [...]. Salvador: UFBA: Ciags, 2005.

FONTANILLE, J. **Semiótica do discurso**. São Paulo: Contexto, 2019.

FONTES, V. Intelectuais e mídia – quem dita a pauta? *In:* COUTINHO, E. G. (org.). **Comunicação e contra-hegemonia**. Rio de Janeiro: Ed. UFRJ, 2008. p. 145-161.

FRANÇA, F. Gestão de relacionamentos corporativos. *In:* GRUNIG, J. E.; FERRARI, M. A.; FRANÇA, F. **Relações públicas**: teoria, contexto e relacionamentos. São Caetano do Sul: Difusão, 2009. p. 209-269.

FRANSMAN, M. **The new ICT ecosystem**: implications for policy and regulation. Cambridge: University Press, 2007.

FREITAS, S. G. Cultura organizacional e comunicação. *In:* KUNSCH, M. M. K. (org.). **Obtendo resultados com relações públicas**. 2. ed. São Paulo: Thomson, 2006. p. 53-62.

GARCIA, M. J. G. F. A formação dos gestores em cultura e comunicação organizacional: o ponto de vista da semiótica discursiva. *In:* KUNSCH, M. M. K. (org.). **Comunicação organizacional volume 2**: linguagem, gestão e perspectivas. São Paulo: Saraiva, 2009. p. 105-124.

GEERTZ, C. **A interpretação das culturais**. Rio de Janeiro: LTC, 2008.

GIACOMINI FILHO, G. Ética no marketing e na propaganda. *In:* PEREZ, C.; BARBOSA, I. S. (org.). **Hiperpublicidade**: atividades e tendência. São Paulo: Thomson, 2008. p. 398-428. v. 2.

GOBE, A. C. *et al.* **Administração de vendas**. São Paulo: Saraiva, 2001.

GODÓI, E.; RIBEIRO, A. A contribuição das ciências da linguagem para o estudo da comunicação organizacional. *In:* KUNSCH, M. M. K. (org.). **Comunicação organizacional volume 2**: linguagem, gestão e perspectivas. São Paulo: Saraiva, 2009. p. 159-188.

GOMES, N. D. **Publicidade** comunicação persuasiva. Porto Alegre: Sulina, 2003.

GOMES, N. D.; CASTRO, M. L. D. Publicidade: um olhar metodológico. *In:* PEREZ, C.; BARBOSA, I. S. (org.). **Hiperpublicidade**: fundamentos e interfaces. São Paulo: Thomson, 2008. p. 3-13. v. 1.

GORDON, I. **Marketing de relacionamento**: estratégias, técnicas e tecnologias para conquistar clientes e mantê-los para sempre. São Paulo: Futura, 2002.

GÖRGEN, J. Apontamentos sobre a regulação dos sistemas e mercados de comunicação no Brasil. *In:* SARAVIA, E.; MARTINS, P. E. M.; PIERANTI, O. P. (org.). **Democracia e regulação dos meios de comunicação de massa**. Rio de Janeiro: Ed. da FGV, 2008. p. 197-221.

GRACIOSO, F. Para onde vai a nossa propaganda? *In:* PEREZ, C.; BARBOSA, I. S. (org.). **Hiperpublicidade**: atividades e tendência. São Paulo: Thomson, 2008. p. 480-486. v. 2.

GREIMAS, A. J. **Semiótica do discurso científico. Da modalidade.** Monografias de semiótica e linguística. São Paulo: Difel Difusão Editorial, SBPL, 1976.

GREIMAS, A. J. **Sobre o sentido:** II Ensaios semióticos. São Paulo: Nankin: EdUsp, 2014.

GREIMAS, A. J. **Da imperfeição**. 2. ed. São Paulo: Estação das Letras e Cores: CPS, 2017.

GREIMAS, A. J.; COURTÉS, J. **Dicionário de semiótica**. São Paulo: Cultrix, 1983.

GREIMAS, A. J.; FONTANILLE, J. **Semiótica das paixões**: dos estados de coisas aos estados de alma. São Paulo: Ática, 1993.

GRUNIG, J. E. A função das relações públicas na administração e sua contribuição para a efetividade organizacional e societal. **Comunicação & Sociedade**: Relações públicas e contemporaneidade, São Bernardo do Campo: Unesp, ano 24, n. 39, p. 67-92, 1. sem. 2003.

GRUNIG, J. E. Uma teoria geral das Relações Públicas. *In:* GRUNIG, J. E.; FERRARI, M. A.; FRANÇA, F. **Relações públicas**: teoria, contexto e relacionamentos. São Caetano do Sul: Difusão, 2009. p. 15-111.

GRUNIG, L. A.; GRUNIG, J. E.; FERRARI, M. A. Perspectivas do *"Excellence study"* para a comunicação nas organizações. *In:* KUNSCH, M. M. K. (org.). **Relações públicas e comunicação organizacional**: campos acadêmicos e aplicados de múltiplas perspectivas. São Caetano do Sul: Difusão, 2009. p. 69-94.

HAAS, C. R. **A publicidade**: teoria, técnica e prática. 2. ed. Lisboa: Pórtico, 1998.

HABERMAS, J. **Teoría de la acción comunicativa**: Complementos y estudios previos. 2. ed. Madrid: Cátedra, 1994.

HABERMAS, J. **Teoría de la acción comunicativa**. Vol. I: Racionalidad de la acción y racionalización social. Madrid: Taurus, 2003a.

HABERMAS, J. **Teoría de la acción comunicativa**. Vol. II: Crítica de la razón funcionalista. Madrid: Taurus, 2003b.

HABERMAS, J. **Mudança estrutural da esfera pública**: investigações quanto a uma categoria da sociedade burguesa. 2. ed. Rio de Janeiro: Tempo Brasileiro, 2003c.

HALLIDAY, T. L. Discurso organizacional: uma abordagem retórica. *In:* KUNSCH, M. M. K. (org.). **Comunicação organizacional volume 2**: linguagem, gestão e perspectivas. São Paulo: Saraiva, 2009. p. 31-52.

HAMBRICK, D. Z.; MARQUARDT, M. Cognitive Ability and Vulnerability to Fake News. **Scientific American**. February 6, 2018. Disponível em: https://www.scientificamerican.com/article/cognitive-ability-and-vulnerability-to-fake-news/. Acesso em: 28 nov. 2018.

HASWANI, M. F. **Comunicação pública**: bases e abrangências. São Paulo: Saraiva, 2013.

HAX, A. C.; MAJLUF, N. S. **The strategy concept and process**: a pragmatic approach. Englewoord Cliffs, NJ: Prentice-Hall, 1991.

HAYASHI, E. **Cinco tendências do Marketing Digital** para manter no radar. ComputerWord. Disponível em: http://computerworld.com.br/cinco-tendencias-do-marketing-digital-para-manter-no-radar. Acesso em: 13 dez. 2015.

HERMAN, E. S.; CHOMSKY, N. **Manufacturing consent**: the political economy of the mass media. New York: Pantheon Books, 2002.

HERNANDES, N. **A mídia e seus truques**. São Paulo: Contexto, 2006.

HOLLOWAY, R. J.; HANCOCK, R. S. **Marketing**. Rio de Janeiro: LTC, 1973.

HONNETH, A. Teoria crítica. *In:* GIDDENS, A.; TURNER, J. (org.). **Teoria social hoje**. São Paulo: Ed. Unesp, 1999. p. 503-552.

HOPKINS, C. **A ciência da propaganda** *(Scientific advertising)*. Tradução de Hely de F. Paiva. 5. ed. São Paulo: Cultrix, 1993.

HOUAISS, A.; VILLAR, M. S. **Dicionário Houaiss da Língua Portuguesa**. Rio de Janeiro: Objetiva, 2009.

HOVLAND, C. I. Effects of the mass media of communication. *In:* LINDZEY, G. (ed.). **Handbook of social psychology**. Cambridge: Addison-Wesley, 1954.

I GRAU, A. N. Comunicação organizacional *versus* relações públicas. *In:* KUNSCH, M. M. K. (org.). **Relações públicas e comunicação organizacional**: campos acadêmicos e aplicados de múltiplas perspectivas. São Caetano do Sul: Difusão, 2009. p. 17-42.

IASULAITIS, S.; NEBOT, C. P. Websites eleitorais como instrumentos para o cibermarketing, o voto informado ou a participação cidadã? O uso de webs pelos candidatos a *ayuntamientos* de Madrid no pleito de 2011. *In:* PANKE, L.; MACEDO, R. G.; ROCHA, D. (org.). **A mobilização social no contexto político e eleitoral**. Capivari: Nova Consciência, 2013. p. 99-124.

INCIO, F. A. R.; NAVARRO, E. R.; ARELLANO, E. G. R.; MELÉNDEZ, L. V. Participatory communication as a key strategy in the construction of citizenship. **Linguistics and Culture Review**, [S. l.], v. 5, p. 890-900, 2021.

INSTITUTO BRASILEIRO DE GEOGRAFIA E ESTATÍSTICA (IBGE). **Pesquisa Nacional por Amostra de Domicílios Contínua – PNAD Contínua Acesso à internet e à televisão e posse de telefone móvel celular para uso pessoal 2023**. Disponível em: https://biblioteca.ibge.gov.br/visualizacao/livros/liv102107_informativo.pdf. Acesso em: 20 ago. 2024.

INSTITUTO PRÓ-LIVRO. **Retratos da Leitura no Brasil 5**. São Paulo: Sextante, 2021. Disponível em: https://www.prolivro.org.br/wp-content/uploads/2021/06/Retratos_da_leitura_5_o_livro_IPL.pdf. Acesso em: 18 jul. 2024.

JABLIN, F. M. Organizational entry, assimilation, and disengagement/exit. *In:* JABLIN, F. M.; PUTNAM, L. L. (ed.). **The new handbook of organizational communication**. Thousand Oaks: Sage, 2001. p. 732-818.

JABLIN, F. M.; PUTNAM, L. L. (ed.). **The new handbook of organizational communication.** Thousand Oaks: Sage, 2001.

JABLIN, F. M.; SIAS, P. M. Communication competence. *In:* JABLIN, F. M.; PUTNAM, L. L. (ed.). **The new handbook of organizational communication.** Thousand Oaks: Sage, 2001. p. 819-864.

JAKOBSON, R. **Linguística e comunicação.** 11. ed. São Paulo: Cultrix, 1992.

JENKINS, H. **Cultura da convergência.** 2. ed., 2. reimp. São Paulo: Aleph, 2012.

JENKS, J. M.; ZEVNIK, B. L. P. O ABC da entrevista de emprego. *In:* ARGYRIS, C. *et al.* **Comunicação eficaz na empresa.** Rio de Janeiro: Campus, 1999. p. 57-63.

KAISER, B. **Manipulados:** como a Cambridge Analytica e o Facebook invadiram a privacidade de milhões e botaram a democracia em xeque. Rio de Janeiro: Harper Collins, 2020.

KIRKPATRICK, J. **Em defesa da propaganda.** São Paulo: Geração Editorial, 1997.

KITCHEN, P. J.; TOURKY, M. E. Integrated Communication or Integrated Marketing Communication. *In:* KITCHEN, P. J.; TOURKY, M. E. **Integrated Marketing Communications.** London: Palgrave Macmillan, jan. 3, 2022. DOI: https://doi.org/10.1007/978-3-030-76416-6_5. b

KOTLER, P. **Administração de marketing**: análise, planejamento, implementação e controle. 5. ed. São Paulo: Atlas, 1998.

KOTLER, P. **Os 10 pecados mortais do marketing.** 4. ed. Rio de Janeiro: Campus, 2004.

KOTLER, P.; KARTAJAYA, H.; SETIAWAN, I. **Marketing 3.0**: as forças que estão definindo o novo marketing centrado no ser humano. Rio de Janeiro: Elsevier, 2010.

KOTLER, P.; KARTAJAYA, H.; SETIAWAN, I. **Marketing 4.0**: do tradicional ao digital. Rio de Janeiro: Sextante, 2017.

KUBOTA, L. C.; SOUSA, R. A. F. Tecnologias da informação e comunicação: competição, políticas e tendências. *In:* KUBOTA, L. C. *et al.* (org.). **Tecnologias da informação e comunicação.** Brasília: Ipea, 2012. p. 9-19.

KUCINSKI, B. Prefácio: o poder da imprensa e os abusos do poder. *In:* LIMA, V. A. **Regulação das comunicações.** São Paulo: Paulus, 2011. p. 9-17.

KUNCZIK, M. **Manual de comunicação:** conceitos de jornalismo. 2. ed. São Paulo: ComArte: Edusp, 2001.

KUNSCH, M. M. K. **Relações públicas e modernidade**. Novos paradigmas da Comunicação Organizacional. 2. ed. São Paulo: Summus, 1997.

KUNSCH, M. M. K. **Planejamento de relações públicas na comunicação integrada**. 4. ed. rev. e ampl. São Paulo: Summus, 2003.

KUNSCH, M. M. K. Comunicação organizacional: surgimento e evolução das práticas, conceitos e dimensões. *In:* PEREZ, C.; BARBOSA, I. S. (org.). **Hiperpublicidade**: fundamentos e interfaces. São Paulo: Thomson, 2008. p. 369-390. v. 1.

KUNSCH, M. M. K. (org.). **Comunicação organizacional volume 1**: histórico, fundamentos e processos. São Paulo: Saraiva, 2009a.

KUNSCH, M. M. K. (org.). **Comunicação organizacional volume 2**: linguagem, gestão e perspectivas. São Paulo: Saraiva, 2009b.

KUNSCH, M. M. K. (org.). **Relações públicas:** história, teorias e estratégias nas organizações contemporâneas. São Paulo: Saraiva, 2009c.

KUNSCH, M. M. K. (org.). **Relações públicas e comunicação organizacional**: campos acadêmicos e aplicados de múltiplas perspectivas. São Caetano do Sul: Difusão, 2009d.

KUNSCH, M. M. K. (org.). **Comunicação organizacional estratégica***:* aportes conceituais e aplicados. São Paulo: Summus, 2016.

LAMPREIA, J. M. **A publicidade moderna**. 2. ed. Lisboa: Presença, 1989.

LANDOWSKI, E. **Interações arriscadas**. São Paulo: Estação das Letras e Cores e Centro de Pesquisas Sociossemióticas, 2014.

LASSWELL, H. D. A estrutura e função da comunicação na sociedade. *In:* COHN, G. **Comunicação e indústria cultural**. São Paulo: Nacional, 1975. p. 105-117.

LAVIDGE, R. J.; STEINER, G. A. A model for predictive measurements of advertising effectiveness. **Journal of Marketing**, Oct. 1961.

LEAL FILHO, L. L. A TV digital pode nos libertar do apartheid. **Cult**, n. 115, ano 10, p. 46-48, jul. 2007.

LEAL, O. F. **A leitura social da novela das oito**. Petrópolis: Vozes, 1986.

LEÓN, O. Para uma agenda social em comunicação. *In:* MORAES, D. (org.). **Por uma nova comunicação**. Rio de Janeiro: Record, 2004. p. 401-414.

LÉVY, P. **Cibercultura**. São Paulo: Editora 34, 1999.

LICKS, V. Dinâmica do desenvolvimento de novos produtos e aplicações em telecomunicações. *In:* KUBOTA, L. C. *et al.* (org.). **Tecnologias da informação e comunicação**. Brasília: Ipea, 2012. p. 21-52.

LIMA, V. A. de. **Mídia**: crise política e poder no Brasil. São Paulo: Perseu Abramo, 2006.

LIMA, V. A. de. **Regulação das comunicações**: história, poder e direitos. São Paulo: Paulus, 2011.

LIMEIRA, T. M. V. Fundamentos de marketing. *In:* DIAS, S. R. *et al.* (coord.). **Gestão de marketing**: professores do Departamento de Mercadologia da FGV-EAESP e convidados. São Paulo, Saraiva, 2003. p. 1-35.

LIMEIRA, T. M. V. Administração das comunicações de marketing. *In:* DIAS, S. R. *et al.* (coord.). **Gestão de marketing**: professores do Departamento de Mercadologia da FGV-EAESP e convidados. São Paulo: Saraiva, 2003b. p. 271-307.

LINDSTROM, M. **A lógica do consumo**. Rio de Janeiro: Nova Fronteira, 2009.

LOLLI, J. F.; PRATA, N. A rede pública brasileira de rádios e a produção de podcasts um estudo a partir da Empresa Brasil de Comunicação EBC. **Mediação**, [*S. l.*], v. 25, n. 35, 2023. Disponível em: http://revista.fumec.br/index.php/mediacao/article/view/9793. Acesso em: 15 set. 2024.

LONGHI, R. R.; CAETANO, K. Valor-experiência no contexto do jornalismo experiencial. **Galaxia**, São Paulo, n. 42, set./dez. 2019, p. 82-95.

LOPES, M. I. V. **O rádio dos pobres**: comunicação de massa, ideologia e marginalidade social. São Paulo: Loyola, 1988.

LOPES, M. I. V. Por um paradigma transdisciplinar para o campo da comunicação. *In:* DOWBOR, L. *et al.* (org.). **Desafios da comunicação**. Petrópolis: Vozes, 2001. p. 112-116.

LOPES, V. S. C. **Gestão da imagem corporativa**: um estudo sobre a mensuração e valoração dos resultados em comunicação. 2005. Tese (Doutorado em Comunicação) – Escola de Comunicação e Artes, Universidade de São Paulo, São Paulo, 2005.

LOPES, V. S. C. Avaliação e mensuração em relações públicas e em comunicação organizacional. *In:* KUNSCH, M. M. K. (org.). **Comunicação organizacional estratégica**: aportes conceituais e aplicados. São Paulo: Summus, 2016. p. 339-351.

MADSEN, V. T. Internal social media: a promise of participatory communication and organizational transparency. *In:* FALKHEIMER, J.; HEIDE, M. (ed.). **Research Handbook on Strategic Communication**. Cheltenham: Edward Elgar, 2022. p. 431-444. DOI: 10.4337/9781800379893.00036

MARCHIORI, M. R. As interconexões entre cultura organizacional e comunicação. *In:* KUNSCH, M. M. K. (org.). **Comunicação organizacional volume 2**: linguagem, gestão e perspectivas. São Paulo: Saraiva, 2009. p. 293-320.

MARCONDES FILHO, C. **Televisão**: a vida pelo vídeo. São Paulo: Moderna, 1990.

MARTEL, F. **Mainstream**: a guerra global das mídias e das culturas. Rio de Janeiro: Civilização Brasileira, 2012.

MARTÍN-BARBERO, J. Pistas para entre-ver meios e mediações: prefácio à 5.ª edição espanhola. *In:* MARTÍN-BARBERO, J. **Dos meios às mediações**: comunicação, cultura e hegemonia. 2. ed. Rio de Janeiro: Ed. UFRJ, 2003. p. 11-22.

MARTÍN-BARBERO, J. **Ofício de cartógrafo**: travessias latino-americanas da comunicação na cultura. São Paulo: Loyola, 2004.

MARTÍN-BARBERO, J. Preámbulo a un mapa de las mutaciones comunicativas y culturales. *In:* MARTÍN-BARBERO, J. **De los medios a las mediaciones**: Comunicación, cultura y hegemonía. 6. ed. Barcelona: Anthropos, 2010. p. VII-XX.

MARTÍN-BARBERO, J.; REY, G. **Os exercícios do ver**: hegemonia audiovisual e ficção televisiva. São Paulo: Senac, 2001.

MARTINO, L. C. **Escritos sobre epistemologia da comunicação**. Porto Alegre: Sulina, 2017.

MARTINO, L. M. S. **Teoria das mídias digitais**: linguagens, ambientes e redes. 2. ed. Petrópolis: Vozes, 2021.

MATTOS, M. Â.; BARROS, E. J. M.; OLIVEIRA, M. E. (org.). **Metapesquisa em comunicação**: o interacional e seu capital teórico nos textos da Compós. Porto Alegre: Sulina, 2018.

MATTOS, S. **Mídia controlada**: a história da censura no Brasil e no mundo. São Paulo: Paulus, 2005.

MAZETTI, H. M. Mídia alternativa para além da contra-informação. *In:* WOITOWICZ, K. J. (org.). **Recortes da mídia alternativa**: histórias & memórias da comunicação no Brasil. Ponta Grossa: Ed. UEPG, 2009. p. 287-300.

McCASKEY, M. B. Mensagens ocultas enviadas pelos gerentes. *In:* ARGYRIS, C. *et al.* **Comunicação eficaz na empresa**. Rio de Janeiro: Campus, 1999. p. 177-192.

McCOMBS, M. **Teoria da agenda**: a mídia e a opinião pública. Petrópolis: Vozes, 2009.

McDONALD, M. **Planos de marketing**: planejamento e gestão estratégica – como criar a implementar. 2. Tiragem. Rio de Janeiro: Campus, 2004.

McKENNA, R. **Marketing de relacionamento** (*Relationship marketing*): estratégias bem-sucedidas para a era do cliente. Rio de Janeiro: Campus, 1993.

McPHEE, R. D.; POOLE, M. S. Organizational structures and configurations. *In:* JABLIN, F. M.; PUTNAM, L. L. (ed.). **The new handbook of organizational communication**. Thousand Oaks: Sage, 2001. p. 503-543.

MELO, J. M. **Para uma leitura crítica da comunicação**. São Paulo: Paulinas, 1985.

MELO ROCHA, R. Comunicação e consumo: por uma leitura política dos modos de consumir. *In:* BACCEGA, M. A. (org.). **Comunicação e culturas do consumo**. São Paulo: Atlas, 2008. p. 119-131.

MERTON, R. K.; LAZARSFELD, P. F. Comunicação de massa, gosto popular e a organização da ação popular. *In:* ADORNO, T. W. *et al.* (Introdução, comentários e seleção LIMA, L. C.). **Teoria da cultura de massa**. 7. ed. rev. Rio de Janeiro: Paz e Terra, 2005.

MEUNIER, J.-P.; PERAYA, D. **Introdução às teorias da comunicação**. Petrópolis: Vozes, 2008.

MICELI, S. **A noite da madrinha**. São Paulo: Companhia das Letras, 2005.

MIGUEL, N. A. A venda pessoal. *In:* DIAS, S. R. *et al.* (coord.). **Gestão de marketing**: professores do Departamento de Mercadologia da FGV-EAESP e convidados. São Paulo: Saraiva, 2003. p. 309-344.

MINISTÉRIO CIÊNCIA, TECNOLOGIA, INOVAÇÃO E COMUNICAÇÕES. **Indicadores**. Brasília, 2018. Disponível em: http://www.mctic.gov.br/mctic/opencms/indicadores/DadosAbertos.html. Acesso em: 25 set. 2018.

MINTZBERG, H. The manager's job: folklore and fact. **Harvard business review,** [*S. l.*], v. 53, n. 4, jul./ago. 1975.

MIRANDA, E. C. B.; MELLO, L. A. R. S. Tendências tecnológicas mundiais em telecomunicações e a influência dos processos de normalização e padronização. *In:* KUBOTA, L. C. *et al.* (org.). **Tecnologias da informação e comunicação.** Brasília: Ipea, 2012. p. 95-134.

MODAHL, M. **Agora ou nunca:** reinventando a empresa para vencer na Internet. Rio de Janeiro: Campus, 2000.

MORAES, D. Comunicação alternativa em rede e difusão contra-hegemônica. *In:* COUTINHO, E. G. (org.). **Comunicação e contra-hegemonia.** Rio de Janeiro: Ed. UFRJ, 2008. p. 39-64.

MOREIRA, J. C. T. **Administração de vendas.** São Paulo: Saraiva, 2000.

MORIN, E. **Cultura de massa no século XX.** vol. 2 necrose. Rio de Janeiro: Forense, 2002.

MORIN, E. **O método 3** o conhecimento do conhecimento. Porto Alegre: Sulina, 2005.

MOURA, C. P. Análise da bibliografia e do espaço digital na pesquisa em relações públicas. *In:* KUNSCH, M. M. K. (org.). **Relações públicas e comunicação organizacional:** campos acadêmicos e aplicados de múltiplas perspectivas. São Caetano do Sul: Difusão, 2009. p. 203-228.

MOURA, C. P.; SCROFERNEKER, C. A.; SIMÕES, R. J. P. Comunicação das organizações nos estudos do Programa de Pós-graduação em Comunicação da Famecos/PUC-RS. *In:* KUNSCH, M. M. K. (org.). **Relações públicas e comunicação organizacional:** campos acadêmicos e aplicados de múltiplas perspectivas. São Caetano do Sul: Difusão, 2009. p. 285-304.

MÜNCH, R. A teoria parsoniana hoje: a busca de uma nova síntese. *In:* GIDDENS, A.; TURNER, J. (org.). **Teoria social hoje.** São Paulo, Ed. Unesp, 1999. p. 175-228.

MUMBY, D. K. Power and politics. *In:* JABLIN, F. M.; PUTNAM, L. L. (ed.). **The new handbook of organizational communication.** Thousand Oaks: Sage, 2001. p. 585-623.

NASSAR, P. O uso das novas tecnologias de acesso ao virtual. *In:* KUNSCH, M. M. K. (org.). **Obtendo resultados com relações públicas.** 2. ed. rev. São Paulo: Thomson, 2006. p. 149-162.

NEUHAUSER, P.; BENDER, R.; STROMBERG, K. **Cultura.com:** como adaptar empresas ao mundo.com. São Paulo: Manole, 2001.

NIKOI, E.; BOATENG, K. **Collaborative communication:** processes and decision making in organizations. Hershey, USA: Business Science Reference, 2013.

NOELLE-NEUMANN, E. **La espiral del silencio.** Barcelona: Paidós, 1995.

NONAKA, I.; TAKEUCHI, H. **Criação de conhecimento na empresa:** como as empresas japonesas geram a dinâmica da inovação. Rio de Janeiro: Campus, 1997.

NOPAL, F. N.; SOFYAN, A. Strategi Integrated Marketing Communications (IMC) Marrs.Id untuk Menarik Minat Beli Konsumen. **Bandung Conference Series:** Communication Management, [S. l.], v. 3, n. 1, 2023.

O'MALLEY; L.; TYNAN; C. Marketing de relacionamento. *In:* BAKER, M. J. **Administração de marketing.** Rio de Janeiro: Campus, 2005. p. 24-37.

OGDEN, J. R. **Comunicação integrada de marketing:** modelo prático para um plano criativo e inovador. São Paulo: Prentice Hall, 2002.

OGDEN, J. R.; CRESCITELLI, E. **Comunicação integrada de marketing:** conceitos, técnicas e prática. 2. ed. São Paulo: Prentice Hall, 2008.

OLIVEIRA, I. L. Espaços dialógicos e relacionais nas organizações e sua natureza ético-política. *In:* KUNSCH, M. M. K. (org.). **Comunicação organizacional volume 2:** linguagem, gestão e perspectivas. São Paulo: Saraiva, 2009. p. 321-332.

OLIVEIRA, J. A. (Re)vendo a linguagem: uma análise crítica da comunicação organizacional. *In:* KUNSCH, M. M. K. (org.). **Comunicação organizacional volume 2:** linguagem, gestão e perspectivas. São Paulo: Saraiva, 2009. p. 189-212.

OLLIVIER, B. **As ciências da comunicação:** teorias e aquisições. São Paulo: Senac, 2012.

ORGANISATION DE COOPÉRATION ET DÉVELOPPEMENT ÉCONOMIQUES OCDE. **Perspectives de l'économie numérique de l'OCDE 2017.** DOI: https://dx.doi.org/10.1787/9789264282483-fr

ORGANIZAÇÃO DAS NAÇÕES UNIDAS (UNITED NATIONS) ONU. **Declaração Universal dos Direitos Humanos.** Disponível em: https://www.ohchr.org/EN/UDHR/Pages/Language.aspx?LangID=por. Acesso em: 26 jan. 2019.

ORTH, T.; SOARES, J. D. Empresa Brasil de Comunicação EBC: a comunicação pública em declínio. **Revistas Katálysis**, [S. l.], v. 23, n. 3, set./dez. 2020. Disponível em: https://doi.org/10.1590/1982-02592020v23n3p439. Acesso em: 1 set. 2024.

PASQUALE, P. P.; LAMMARDO NETO, C.; GOMES, C. L. C. C. **Comunicação integrada de marketing**. Rio de Janeiro: Elsevier, 2012.

PAVLIK, J. V. The rise of virtuality: transforming cyberjournalism though experiential journalism. *In:* CONGRESSO INTERNACIONAL DE CIBERJORNALISMO, 7., 2016, Campo Grande. **Anais** [...]. Campo Grande: UFMS, 2016.

PAVLIK, J. V. Education: enabling learning through immersive, interactive, customizable, and multi-sensorial digital platforms. **Ubiquitous Learning**: An International Journal, [S. l.], v. 10, n. 1, p. 15-22, 2017.

PAVLIK, J. V. Experiential media and transforming storytelling: A theoretical analysis. **The journal of creative industries and cultural studies**, [S. l.], v. 3, p. 46-67, 2019a.

PAVLIK, J. V. **Journalism in the age of virtual reality**: How experiential media are transforming news. New York: Columbia University Press, 2019b.

PEATTIE, S.; PEATTIE, K. Promoção de vendas. *In:* BAKER, M. J. **Administração de marketing**. Rio de Janeiro: Campus, 2005. p. 325-343.

PEÇANHA, V. **Obrigado pelo marketing**: um guia completo de como encantar pessoas e gerar negócios utilizando o marketing de conteúdo. São Paulo: Benvirá, 2017.

PEPPERS, D.; ROGERS, M. **Marketing um a um**: marketing individualizado na era do cliente. Rio de Janeiro: Campus, 1996.

PEPPERS, D.; ROGERS, M. **Empresa 1:1**: instrumentos para competir na era da interatividade. Rio de Janeiro: Campus, 1997.

PEPPERS, D.; ROGERS, M.; DORF, B. **Marketing one to one**. São Paulo: Makron, 2001.

PEREZ, C. Semiótica e gestão de marcas. *In:* PEREZ, C.; BARBOSA, I. S. (org.). **Hiperpublicidade**: fundamentos e interfaces. São Paulo: Thomson, 2008a. p. 319-339. v. 1.

PEREZ, C. Planejamento publicitário. *In:* PEREZ, C.; BARBOSA, I. S. (org.). **Hiperpublicidade**: atividades e tendência. São Paulo: Thomson, 2008b. p. 23-44. v. 2.

PEREZ, C.; BARBOSA, I. S. (org.). **Hiperpublicidade**: fundamentos e interfaces. São Paulo: Thomson, 2008. v. 1.

PERUZZO, C. M. K. Da aparência à essência das relações públicas: abordagem na perspectiva da teoria crítica do modo de produção capitalista. *In:* KUNSCH, M. M. K. (org.). **Relações públicas**: história, teorias e estratégias nas organizações contemporâneas. São Paulo: Saraiva, 2009a. p. 157-183.

PERUZZO, C. M. K. Relações públicas nos movimentos sociais e nas "comunidades": princípios, estratégias e atividades. *In:* KUNSCH, M. M. K. (org.). **Relações públicas**: história, teorias e estratégias nas organizações contemporâneas. São Paulo: Saraiva, 2009b. p. 417-434.

PIERANTI, O. P. Hora de repensar o modelo regulatório das comunicações? As recomendações da OCDE para o sistema público de radiodifusão no Brasil. **Galáxia**, [S. l.], v. 46, 2021. Disponível em: https://doi.org/10.1590/1982-2553202151227. Acesso em: 15 set. 2024.

PODER 360. **Tiragem impressa dos maiores jornais perde 520 mil exemplares em 3 anos.** Disponível em: https://www.poder360.com.br/midia/tiragem-impressa-dos-maiores-jornais-perde-520-mil-exemplares-em-3-anos/. Acesso em: 12 set. 2018.

PODER 360. **Jornais no Brasil perdem tiragem impressa e venda digital ainda é modesta.** Disponível em: https://www.poder360.com.br/midia/jornais-no-brasil-perdem-tiragem-impressa-e-venda-digital-ainda-e-modesta/. Acesso em: 26 nov. 2019.

POSTEMA, S.; DEUZE, M. Artistic journalism: confluence in forms, values and practices, **Journalism Studies**, 25 mar 2020. Disponível em: 10.1080/1461670X.2020.1745666. Acesso em: 7 dez. 2020.

PRADO, J. A. B. Maxwell E. McCombs (1938-). *In:* AGUIAR, L.; BARSOTTI, A. (org.). **Clássicos da comunicação**: os teóricos. Petrópolis: Vozes, 2017. p. 328-345.

PRIMO, A. Interações mediadas e remediadas: controvérsias entre as utopias da cibercultura e a grande indústria midiática. *In:* PRIMO, A. (org.). **A internet em rede**. Porto Alegre: Sulina, 2013.

PRIOLLI, G. Jr. A TV pública é importante? **Cult**, [S. l.], n. 115, ano 10, julho 2007, p. 49-52.

PUBLISHNEWS. **Varejo de livros no Brasil**. Disponível em: https://www.publishnews.com.br/materias/2024/07/12/varejo-de-livros-no-brasil-chega-ao-6-periodo-de-2024-com-crescimento-acumulado-de-722-no-faturamento. Acesso em: 18 jul. 2024.

PULITZER Prizes Journalism, 2021. Disponível em: https://www.pulitzer.org/cms/sites/default/files/content/the_pulitzer_prizes_2021_winners_and_finalists.pdf. Acesso em: 12 dez. 2021.

PUTNAM, L. L. Metáforas da comunicação organizacional e o papel das relações públicas. *In:* KUNSCH, M. M. K. (org.). **Relações públicas e comunicação organizacional**: campos acadêmicos e aplicados de múltiplas perspectivas. São Caetano do Sul, Difusão, 2009. p. 43-67.

PUTNAM, L. L.; PHILLIPS, N.; CHAPMAN, P. Metáforas da comunicação e da organização. *In:* CLEGG, S. R.; HARDY, C.; NORD, W. R. (org.). **Handbook de estudos organizacionais**: ação e análise organizacionais. Org. da ed. brasileira: CALDAS, M.; FACHIN, R.; FISCHER, T. São Paulo: Atlas, 2004. p. 77-125. v. 3.

PUTNAN, L. L.; FAIRHURST, G. T. Discourse analysis in organizacions. *In:* JABLIN, F. M.; PUTNAM, L. L. (ed.). **The new handbook of organizational communication**. Thousand Oaks: Sage, 2001. p. 78-136.

RAMOS, R. **Os sensacionalismos do sensacionalismo**: uma leitura dos discursos midiáticos. Porto Alegre: Sulina, 2012.

RANGEL, N. Super ideias: publicidade sem enganação e menos propaganda para crianças. **Superinteressante**, São Paulo, n. 322, ago. 2013, p. 20.

RICH, E.; KNIGT, K.; NAIR, S. **Artificial Intelligence**. 3. ed. India: McGraw Hill, 2017.

RIES, A.; RIES, L. **A queda da propaganda**: da mídia paga à mídia espontânea. Rio de Janeiro: Campus, 2002.

ROCCO, M. T. F. **Linguagem autoritária**: televisão e persuasão. São Paulo: Brasiliense, 1988.

ROCHA, E. **A sociedade do sonho**: comunicação, cultura e consumo. Rio de Janeiro: Mauad, 1995.

ROCHA, E. Mídia, cultura e comunicação. **Revista Com Ciência**, Campinas: SBPC/Labjor, n. 99, 10 jun. 2008. Disponível em: http://www.comciencia.br/comciencia/handler.php?section=8&edicao=36&id=427. Acesso em: 24 jun. 2008.

ROCHA, E.; BARROS, C. Entre mundos distintos: notas sobre comunicação e consumo em um grupo social. *In:* BACCEGA, M. A. (org.). **Comunicação e culturas do consumo**. São Paulo: Atlas, 2008. p. 186-202.

RODRIGUES, A. D.; DIONÍSIO, E.; NEVES, H. G. (org.). **Comunicação social e jornalismo**: 1.º volume. O fabrico da actualidade. Lisboa: A regra do jogo, 1981.

ROEDEL, H. Uma guerra de posição por dentro da indústria cultural brasileira: contra-hegemonia nas telenovelas de Dias Gomes. *In:* COUTINHO, E. G. (org.). **Comunicação e contra-hegemonia**. Rio de Janeiro: Ed. UFRJ, 2008. p. 215-233.

ROGERS, C. R.; ROETHLISBERGER, F. J. Barreiras e portas para a comunicação. *In:* ARGYRIS, C. *et al.* **Comunicação eficaz na empresa**. Rio de Janeiro: Campus, 1999. p. 31-42.

ROMAN, A. R. Organizações: um universo de discursos bem-ditos, mal-ditos e não-ditos. *In:* KUNSCH, M. M. K. (org.). **Comunicação organizacional volume 2**: linguagem, gestão e perspectivas. São Paulo: Saraiva, 2009. p. 124-157.

ROTHBERG, D. **Jornalismo público**. São Paulo: Ed. Unesp, 2021.

RÜDIGER, F. **As teorias da Cibercultura**: perspectivas, questões e autores. Porto Alegre: Sulina, 2011.

SALAVERRÍA, R. Siete periodismos con futuro. *In:* ROITBER, G.; PICCATO, F. (org.). **Periodismo disruptivo**: dilemas y estrategias para la innovación. Buenos Aires: La Crujía, 2015. p. 137-143.

SANT'ANNA, A. **Propaganda**: teoria, técnica e prática. 6. ed. São Paulo: Pioneira, 1996.

SANTAELLA, L. **Comunicação & pesquisa**. São Paulo: Hacker Editores, 2001.

SANTAELLA, L. **Cultura e artes do pós-humano**: da cultura das mídias à cibercultura. São Paulo: Paulus, 2003.

SCHULER, M. A cultura organizacional como manifestação da multidimensionalidade humana. *In:* KUNSCH, M. M. K. (org.). **Comunicação organizacional volume 2**: linguagem, gestão e perspectivas. São Paulo: Saraiva, 2009. 243-274.

SCHULTZ, D. E. IMC receives more appropriate definition. **Marketing news**. September 15, 2004. p. 8-9.

SCHULTZ, D. E.; TANNENBAUM, S. I.; LAUTERBORN, R. F. **O novo paradigma do marketing** (Integrated marketing communications). São Paulo: Makron, 1994.

SCOLARI, C. A. **Hacer clic**: hacia una semiosemiótica de las interacciones digitales. Barcelona: Ed. Gedisa, 2004.

SCOLARI, C. **Hipermediaciones**: elementos para una teoría de la comunicación digital interactiva. Barcelona: Ed. Gedisa, 2013.

SCOTT, D. M. **As novas regras do marketing e de relações públicas**. Rio de Janeiro: Elsevier, 2008.

SEITZ, H. M. Marketing de relacionamento: as relações da empresa com seu mercado. *In:* PEREZ, C.; BARBOSA, I. S. (org.). **Hiperpublicidade**: fundamentos e interfaces Volume 1. São Paulo: Thomson, 2008. p. 269-283.

SEMENIK, R. J.; BAMOSSY, G. J. **Princípios de marketing**. São Paulo: Makron, 1995.

SERVAES, L.; SERVAES, J. Participatory Communication for Social Change. *In:* MELKOTE, S. R.; SINGHAL, A. **Handbook of Communication and Development**. Massachutteets USA: Elward Elgar Publ., 2021. p. 120-141.

SHARMA, V.; MAHAJAN, Y.; KAPSE, M. From outreach to outcome: exploring the impact of integrated marketing communication on the performance of small and medium-sized enterprises. **Cogent Business & Management**, [*S. l.*], v. 11, n. 1, 2024.

SHIMP, T. **Propaganda e Promoção**: aspectos complementares da comunicação integrada de marketing. Porto Alegre: Bookmann, 2002.

SILVA, M. B. Relações públicas e as interconexões com o marketing nas estratégias organizacionais. *In:* KUNSCH, M. M. K. (org.). **Relações públicas**: história, teorias e estratégias nas organizações contemporâneas. São Paulo: Saraiva, 2009. p. 365-389.

SIMÕES, R. P. Por uma rede teórica para relações públicas: uma forma abreviada de teoria. *In:* KUNSCH, M. M. K. (org.). **Relações públicas**: história, teorias e estratégias nas organizações contemporâneas. São Paulo: Saraiva, 2009. p. 143-155.

SODRÉ, M. **O monopólio da fala** função e linguagem da televisão no Brasil. Petrópolis: Vozes, 1977.

STEFFEN, A. M. W. R. Relações públicas, comunicação e poder: um olhar sobre a atividade a partir da análise do conceito de público. *In:* KUNSCH, M. M. K. (org.). **Relações públicas**: história, teorias e estratégias nas organizações contemporâneas. São Paulo: Saraiva, 2009. p. 327-348.

STERNE, J. **Marketing na web**: integrando a web à sua estratégia de marketing. Rio de Janeiro: Campus, 2000.

STEVENS, R.; LOUDON, D.; WRENN, B.; WARREN, W. **Planejamento de marketing**. São Paulo: Makron Books, 2001.

STOHL, C. Globalizing organizational communication. *In:* JABLIN, F. M.; PUTNAM, L. L. (ed.). **The new handbook of organizational communication**. Thousand Oaks: Sage, 2001. p. 323-378.

STONE, B. **Marketing direto**. São Paulo: Nobel, 2000.

STRONG, E. K. **The psychology of selling**. New York: McGraw, 1925.

SUGARMAN, B. **Internet information blueprint**: starting a brand-new internet business through YouTube information marketing & freelance service arbitrage idea. Kindle Edition. Disponível em: https://www.amazon.com/Internet-Information-Blueprint-Online-Marketing-ebook/dp/B077TN5GZT. Acesso em: 1 set. 2020.

SUTCLIFFE, K. Organization environments and organizations information processing. *In:* JABLIN, F. M.; PUTNAM, L. L. (ed.). **The new handbook of organizational communication**. Thousand Oaks: Sage, 2001. p. 197-230.

TALAYA, A. E. *et al.* Comunicación comercial. *In:* TALAYA, A. E. **Principios de marketing**. 2. ed. Madrid: Esic, 2006. p. 623-791.

THAUNY, J. Contribuições para o exercício da democracia através dos movimentos sociais virtuais de atuação global: os avanços conquistados pela comunidade Avaaz. *In:* PANKE, L.; MACEDO, R. G.; ROCHA, D. (org.). **A mobilização social no contexto político e eleitoral**. Capivari: Nova Consciência, 2013. p. 83-97.

THOMPSON, J. B. **A mídia e a modernidade**: uma teoria social da mídia. 14. ed. Petrópolis: Vozes, 2013.

TONI, D. Administração da imagem de organizações, marcas e produtos. *In:* KUNSCH, M. M. K. (org.). **Comunicação organizacional volume 1**: histórico, fundamentos e processos. São Paulo: Saraiva, 2009. p. 235-268.

TORQUATO, G. **Comunicação empresarial / comunicação institucional**: conceitos, estratégias, sistemas, estrutura, planejamento e técnicas. São Paulo: Summus, 1986.

TORQUATO, G. **Cultura – poder – comunicação e imagem**: fundamentos da nova empresa. São Paulo: Pioneira, 1991.

TORQUATO, G. **Tratado de comunicação organizacional e política**. São Paulo: Cengage Learning, 2008.

TRINDADE, E. Merchandising televisivo: tie-in. *In:* PEREZ, C.; BARBOSA, I. S. (org.). **Hiperpublicidade**: fundamentos e interfaces. São Paulo: Thomson, 2008. p. 340-351. v. 1.

TUFTE, T.; MEFALOPULOS, P. **Participatory Communication**: A Practical Guide. World Bank Working Paper no. 170, 2010. Washington, USA: World Bank Group. Disponível em: https://documents.worldbank.org/en/publication/documents-reports/documentdetail/682081468166154717/participatory-communication-a-practical-guide. Acesso em: 20 jun. 2024.

UHRY, R. **Estratégias de comunicação interativa**: competências de comunicação em Língua Portuguesa. Pesquisa n. 154. Curitiba: Ed. UFPR, 2010.

UHRY, R. Teoria das Relações Comunicativas. *In:* CONGRESSO BRASILEIRO DE CIÊNCIAS DA COMUNICAÇÃO INTERCOM, 44., 2021, Recife. **Anais** [...]. São Paulo: Intercom, 4-9 out. 2021. v. 1. p. 1-15. Disponível em: https://portalintercom.org.br/anais/nacional2021/resumos/dt8-tc/ricardo-uhry.pdf. Acesso em: 10 mar. 2022.

UHRY, R. **Práticas jornalísticas premiadas e a revitalização do discurso noticioso**: no contexto das relações comunicativas. 265 p. Tese (Doutorado em Comunicação e Linguagens) – Universidade Tuiuti do Paraná, Curitiba, 2023.

UHRY, R. Fundamentals of the art of communication. **Scientific journal of applied social and clinical science**, [S. l.], v. 3, n. 16, 2023b.

UHRY, R. **Relações comunicativas**: uma visão panorâmica. Curitiba: Ed. UFPR, 2024.

UHRY, R.; CAETANO, K. Possibilities to reinvent digital journalism to face the challenges of the news technological times. **Communication and linguistics studies**, [S. l.], v. 7, n. 3, p. 49-56, aug. 11, 2021.

UHRY, R.; CAETANO, K. Mapeando as relações comunicativas em premiações jornalísticas. **Matrizes**, [S. l.], v. 17, n. 2, p. 225-256, maio/jun. 2023.

VAN DIJCK, J. La **Cultura de la conectividade**: uma história crítica de las redes sociales. Buenos Aires: Siglo Veintiuno Editores, 2019.

VAN RAIJ, C. F. M. Análise de um discurso organizacional. *In:* KUNSCH, M. M. K. (org.). **Comunicação organizacional volume 2**: linguagem, gestão e perspectivas. São Paulo: Saraiva, 2009. p. 85-104.

VAN RULER, B.; VERCIC, D. Perspectivas europeias das relações públicas. **Comunicação & Sociedade**: Relações públicas e contemporaneidade, São Bernardo do Campo: Unesp, ano 24, n. 39, p. 155-172, 1. sem. 2003.

VAVRA, T. G. **Marketing de relacionamento** *(after marketing)*: como manter a fidelidade de clientes através do marketing de relacionamento. São Paulo: Atlas, 1993.

WEBER, M. H. **Comunicação e espetáculos da política**. Porto Alegre: Ed. Universidade UFRGS, 2000.

WILLIAMS, R. **Los medios de comunicación social.** Tradução de *Communications* por M. Carbonell. Barcelona: Ed. Península, 2013.

WITZEN, H. S. **Telemarketing**. São Paulo: Makron, 1989.

WOITOWICZ, K. J. (org.). **Recortes da mídia alternativa**: histórias & memórias da comunicação no Brasil. Ponta Grossa: Ed. UEPG, 2009.

WORLD WIDE WEB FOUNDATION. **Principles for a Contract for the Web**. Disponível em: https://contractfortheweb.org/. Acesso em: 17 jul. 2024.

WRIGHT, P.; KROLL, M. J.; PARNELL, J. **Administração estratégica**: conceitos. São Paulo: Atlas, 2000.

YANAZE, M. H. **Gestão de marketing e comunicação**: avanços e aplicações. 2. ed. rev. e ampl. São Paulo: Saraiva, 2011.

YANAZE, M. H.; MARKUS, K. Marketing e relações públicas nas organizações: desafios e perspectivas. *In:* KUNSCH, M. M. K. (org.). **Comunicação organizacional estratégica**: aportes conceituais e aplicados. São Paulo: Summus, 2016. p. 295-306.

YESHIN, T. A integração de comunicações de marketing. *In:* BAKER, M. J. **Administração de marketing**. Rio de Janeiro: Campus, 2005. p. 280-295.

ZOZZOLI, J. C. O contexto da propaganda nas teorias da comunicação: emergência da publicidade contemporânea e alicerces de suas principais feições teóricas. *In:* PEREZ, C.; BARBOSA, I. S. (org.). **Hiperpublicidade**: *fundamentos e interfaces*. São Paulo: Thomson, 2008. p. 14-31. v. 1.